| 高等教育现代化研究丛书 |

董泽芳◇主编

# 应用型本科高校教师工作考核制度研究

YINGYONGXING BENKE GAOXIAO JIAOSHI GONGZUO KAOHE ZHIDU YANJIU

陈　寒／著

華中師範大學出版社

**新出图证(鄂)字 10 号**

**图书在版编目(CIP)数据**

应用型本科高校教师工作考核制度研究/陈寒著.—武汉:华中师范大学出版社,2023.4

(高等教育现代化研究丛书/董泽芳主编)

ISBN 978-7-5769-0083-5

Ⅰ.①应… Ⅱ.①陈… Ⅲ.①高等学校—人事制度—研究 Ⅳ.①G647.23

中国国家版本馆 CIP 数据核字(2023)第 045346 号

**应用型本科高校教师工作考核制度研究**

©陈　寒　著

**责任编辑:**卢格蕙　**责任校对:**王　炜　**封面设计:**罗明波

**编辑室:**学术出版中心　**电话:**027-67867792

**出版发行:**华中师范大学出版社有限责任公司

**社址:**湖北省武汉市洪山区珞喻路 152 号　**邮编:**430079

**电话:**027-67863426(发行部)　**传真:**027-67863291

**网址:**http://press.ccnu.edu.cn　**电子邮箱:** press@mail.ccnu.edu.cn

**印刷:** 湖北恒泰印务有限公司　**督印:** 刘　敏

**开本:** 710mm×1000mm　1/16　**印张:** 17.5

**版次:** 2023 年 6 月第 1 版　**印次:** 2023 年 6 月第 1 次印刷

**字数:** 254 千字　**定价:** 86.00 元

欢迎上网查询、购书

# 总　序

教育是国之大计、党之大计。党的二十大报告提出了“实施科教兴国战略，强化现代化建设人才支撑”的重要论断，围绕教育优先发展、科技自立自强、人才引领驱动等作出新的全面部署。这为我们在全面建设社会主义现代化国家新征程上加快建设教育强国、科技强国、人才强国指明了方向。

高校承担着人才培养、科学研究、社会服务、文化传承创新与国际交流合作等重要职能，是教育高地、科技高地、人才高地的融合体。习近平总书记指出，高等教育发展水平是一个国家发展水平和发展潜力的重要标志。国家对高等教育的需要比以往任何时候都更加迫切，对科学知识和卓越人才的渴求比以往任何时候都更加强烈。实现高等教育现代化是实现教育现代化的核心内容，是建设教育强国、科技强国与人才强国的重要保障，是全面实现中国式现代化的强大基础，是推进中华民族伟大复兴的先导工程。

实现我国高等教育现代化，既要顺应国际高等教育的发展潮流，符合全球高等教育发展的共同愿景，体现世界一流的高等教育理念、体系、质量和水平；也要具有鲜明的中国特色，契合中国的国情，坚持社会主义办学方向，重视对优秀传统文化、核心价值理念和正确教育思想的弘扬，走出一条在高等教育大国基础上建设高等教育强国的道路；还要遵循我国现代化发展、教育现代化发展与人才发展自身的规律。高等教育现代化是一个立足本国、向他国学习，并不断自我创新的过程。基于此，我国高等教育现代化应该是立足于人口规模巨大国情的现代化，是追求人的全面发展、全体人民共同富裕、物质文明和精神文明协调并进、人与自然和谐共生的现代化，走和平发展道路的现代化。

实现我国高等教育现代化要把握机遇，用好机遇。当今世界正处于国际形势大变动时期，中国的发展也进入新时代，综观国际、国内形势，我国正处在进一步发展的重要战略机遇期，这为高等教育现代化发展提供了千载难逢的机遇。如世界经济格局新变化为高等教育现代化提供了强大的外部动力，“科教兴国”与“人才强国”战略为高等教育现代化建设提供了重要的战略支撑，经济持续发展与对高教投入加大为高等教育现代化发展提供了必要的物质保障，全党全社会对“教育优先发展”战略的认识深化为高等教育现代化发展创造了良好的精神环境，广泛的国际开放与合作背景拓宽了我国高等教育现代化国际交流平台，等等。在促进我国高等教育现代化发展的进程中，我们必须以高度的使命感把握机遇，用好机遇。

实现我国高等教育现代化也必须正视问题、研究问题。这些问题主要有：一是有些理念滞后，表现在很多大学对大学主体是什么、为什么办大学以及大学应该怎样办等缺乏深层次的理性认识；二是价值取向偏颇，表现在重功利价值轻学术价值，重科技价值轻人文价值，重局部近期价值轻整体长远价值，重个人发展价值轻社会发展价值，重效率价值轻公平价值，重适应社会的价值轻社会导引的价值，重分化的价值轻整合的价值，重维护稳定价值轻改革创新等方面，价值取向上的偏颇必然导致办学方向的迷茫、培养目标的模糊与高等教育功能的萎缩；三是发展定位不当，表现在我国当前许多高校在定位上仍然存在着办学目标雷同、服务面向不清、办学层次混乱、发展模式单一、办学特色淡化等问题；四是经费投入不足，表现在我国生均财政经费偏低，不同地区高校生均经费差距很大，公办高校经费投入与规模发展不相适应，不少高校的硬件建设和软件建设受到极大限制；五是制度建设薄弱，表现在大学与政府、社会的关系尚未理顺，大学自身的主体性的失落，有些大学内部也因种种原因出现行政权力异化，如职能官位化、作风衙门化、学术行政化等现象；六是教师现状堪忧，表现在部分高校教师人文素质偏低、敬业意识淡薄、价值观念偏颇和师德教风不佳等方面；七是培养模式僵化，反映在部分高校培养目标过专、专业划分过细、专业设置求全、教学方法重灌、学习方法过死、评价方法单一等；八是教学质量堪忧，主要反映在学生的自主学习能力不高、实践能力偏弱、创新人才较差等方面。我们必须以高度的责任感研究问题、破解难题。

本套丛书正是基于上述认识，围绕我国社会现代化进程中高等教育现代化面临的问题进行了探究。如有专著根据高等教育现代化是为了实现科教强国、人才强国的目标，将有效开发高校人力资源作为研究对象，以当今国际形势变动、国内发展转型、学校自身变革对高校教师开发以及人才培养的需求为研究切入点，重点评介了国内外高校人力资源开发与管理的相关理论，结合对当前高校人力资源开发与管理现状的调查研究，着重分析了高校人力资源选、用、管、评的机制优化与实施策略。有专著依据我国高等教育现代化追求公平与质量并重的目标，阐释了评价考生入学公平的最终标准是人人都能接受适合自己的高质量高等教育，人人都能成为社会的有用之才，人人都有出彩的机会；高等教育分流机制创新的根本目的是促进高等教育公平，前提条件是保证教育质量，高等教育分流机制创新必须合目的性、合规律性、合条件性。有专著认为实现乡村振兴是我国高等教育现代化的重要任务，提出了“培育一粒种子，带动一个专业，服务一群产业，扶持一方经济”“以师兴乡”的办学理念，开展了研究生层次乡村工匠之师培养培训创新实践与理论研究，总结出了“三界共振＋三双共振＋三术共振”要素之和及其相互作用的“全息共振”模式。有专著围绕高等教育对乡村振兴的智力支持的理念，采用访谈、个案等形式对某些具有典型性的农村社区进行实证调查，分析了高等教育对乡村振兴进行智力渗透方面的成绩与问题，提出了实现高等教育为乡村振兴提供切实有效智力支持的对策建议。有专著基于“制度—环境—行为”和“行为—环境—制度”两条主线，围绕制度、社会结构与组织环境、行为主体三大中心及其相互作用，对应用型本科高校教师工作考核制度的变迁机制和运行现状进行了探究。有专著立足于高等教育现代化是追求全体人民共同富裕、城乡协调发展的现代化，提出高师实践教学改革应以实习支教为抓手，整合教师教育实践教学改革和农村师资补充，建构地方政府推动下高校实习生、高校教师、乡村教师与城镇教师循环流转的“四元多维”模式，以促进贫困地区教育发展。有专著基于高职院校服务战略产业的方向，研究了区域战略性新兴产业对人才的需求，调查了职业院校人才培养现状，探讨和建构了推进职业院校服务区域战略性产业的路径和相关政策保障。有专著根据高等教育现代化的目标，从新制度主义理论视角出发，研究了推动高校分类发展，引导应用型本科高校特色发展，完善教师权益保障制度、工资薪酬制度和职称评定制度等的思路与对策。有专著以 112 所地方本科师范院校为样本，对组织目标、组织结构、组织行为等方面的转型问题进行了研究，提出了建立省级统筹下的教师教育体系、形成分类评估的制度、促进适合区域特色的本土化发展之路等对策。有专著基于知识生产模式理论的分析视角，综合运用多种方法，研究了西南地区地方高校的学科建设问题，剖析了地方高校与学科、地方高校与知识、学科与知识的逻辑关系，总结了西南地区地方高校学科建设的基本经验，梳理了地方高校学科建设中的主要问题，提出了在高等教育现代化进程中优化地方高校学科建设的基本路径。有专著以教育博士专业学位研究生培养模式为研究对象，以知识生产模式转型为理论视角，考察了我国教育博士专业学位研究生培养中的问题，提出了构建“系统集群—结构要素”组合的教育博士专业学位研究生培养模式和改革路径。

本套丛书在选题上都是紧紧围绕高等教育现代化发展，立足于问题研究，着眼于学科发展，致力于实践服务，既有宏观的政策考察，也有中观的制度分析，更有微观的对策探讨；书中提出的可行性建议与举措，对促进我国高等教育改革与发展具有一定的参考价值，希望能为构建中国式现代化高等教育体系，推进高等教育现代化发展贡献微薄之力。本套丛书的作者有些是资历尚浅的青年学者，书中有些观点和论证还显稚嫩和不足，但他们对教育深厚的人文情怀与现实关切令人感动。

中国高等教育现代化建设是一个系统工程，还有许多值得研究的问题。由于作者水平所限，以及对高等教育现代化发展的规律认识不深，本套丛书必有诸多不足，希望诸位读者不吝赐教。在此要特别感谢华中师范大学出版社领导、编辑部主任及各位编辑对本套丛书的大力支持。

董泽芳

2023 年 5 月 12 日

# 目　录

# 第一章　导　论

每个人都以各自的方式述说这个世界。

——舒国滢

## 第一节　研究缘起

教师工作质量折射着学校的综合实力，直接影响着人才培养目标的实现程度，是高等教育永远无法回避的重要议题。高校教师工作考核制度作为监测和衡量教师工作情况的主要依据，决定着教师工作的努力方向，影响着教师队伍建设的质量。在高等院校转型发展大背景下，应用型本科高校的发展备受关注。应用型本科高校教师工作考核制度直接影响着其教师工作能否满足应用转型发展的要求。但是，由于我国应用型本科高校发展过程中的“先天不足”和“后天畸形”，其教师工作考核制度在模仿甚至照搬传统本科院校的道路上日渐迷失了建设方向，使教师工作长期与应用和实践脱轨，甚至被戏称为应用型本科高校转型发展中的“黑洞”。基于此，本研究试图通过对应用型本科高校教师工作考核制度进行历史追溯和现状分析，以探究应用型本科高校教师工作考核制度的发展趋势与改进机制，促进应用型本科高校教师工作真正向应用转型。

## 一、研究背景

### （一）教师工作转型是高校应用转型发展的关键

据调查统计，自 1999 年高校扩招以来，有大约三分之二的高职高专升格为新建本科院校。截至 2018 年底，我国共有新建本科院校 702 所，占同期本科院校（1243 所）的 56.48％[①]。为促进该类院校的健康发展，教育部从 2009 年开始对新建本科院校进行合格评估，引导这批高校走地方应用型办学道路。随着合格评估的开展和新建本科院校向应用转型的推进，调查数据显示，100％的新建本科院校已经把办学类型定位于应用型本科[②]。加上一些老牌本科院校向应用转型，便意味着应用型本科高校已经成为我国高等教育的半壁江山，承担着半数以上高等教育人才的培养任务。如何提升应用型人才的培养质量，促进院校应用转型的顺利开展，直接关系着我国高等教育事业的发展。

1952 年，艾森豪威尔将军任哥伦比亚大学校长，他在参加学校教授们为他举行的欢迎大会上表示，能够见到大学的“雇员们”万分荣幸。这时，拉比教授（1944 年诺贝尔物理学奖获得者）站起来说：“先生，教授们并不是哥伦比亚大学的‘雇员’，教授们就是哥伦比亚大学。”[③] 清华大学史上任期最长的校长梅贻琦亦曾指出，所谓大学，非有大楼之谓，乃有大师之谓。教师在高校发展过程中既承担科研创新重任，又肩负人才培养和社会服务职责，是高校的主体和核心，是人才培养质量和办学水平的关键。在各类大学排名指标体系中，与教师直接和间接相关的指标权重大都在 45％以上。其中，泰晤士高等教育世界大学排名、校友会中国大学排名、美国新闻与世界报道世界大学排名、

---

① 高等教育司. 高教司司长吴岩：2019 年，打好全面振兴本科教育攻坚战［EB/OL］.（2019-01-28）［2019-03-10］. http://www.moe.gov.cn/s78/A08/moe_745/201901/t20190128_368232.html.

② 陈东冬. 转型视角下新建本科院校师资队伍评价体系研究［M］. 北京：人民出版社，2017：2.

③ 程星. 细读美国大学［M］. 北京：商务印书馆，2006：66.

QS世界大学排名这几个比较著名的大学排名的指标体系中，与教师相关的指标权重分别占45.25%、49.02%、70%、85%。具体情况，详见表1。

**表1 不同大学排名指标体系中与教师相关的指标及其权重情况（单位:%）**

| 名称 | 教师相关的指标总权重 | 与教师直接相关的指标及其权重 | 与教师间接相关的指标及其权重 |
|---|---|---|---|
| 泰晤士高等教育世界大学排名 | 45.25% | 生师比（4.5%）；师均收入（2.25%）；国际国内教师比（2.5%）；师均学位论文数（6%） | 科研影响力（30%） |
| 校友会中国大学排名 | 49.02% | 杰出师资（12.51%）；高端科研成果（16.92%）；基础科研项目（8.83%）；教学水平（5.89%） | 创新创业教育（4.13%）；德育教育（0.74%） |
| 美国新闻与世界报道世界大学排名 | 70% | 发表的论文（10%）；出版的学术著作（2.5%）；前10%被引用的论文数（12.5%）；前10%被引用的论文比例（10%）；在各自领域中前1%被引用的论文数（5%）；在各自领域中前1%被引用的论文比例（5%） | 全球学术声誉（12.5%）；区域学术声誉（12.5%） |
| QS世界大学排名 | 85% | 国际教师比例（5%）；生师比（20%）；论文被引数（20%） | 学术同行评价（40%） |

虽然，随着应用型本科高校的转型发展，其人才培养目标定位、院校发展规划、硬件设备等日益完善，但是，应用型本科高校教师的工作路径在很大程度上因袭了传统本科院校的运行方式，并没有彰显出应用型本科高校的独特性，导致应用型本科高校教师工作难以完全满足应用型本科高校特色发展和应用型人才培养的要求。

为推进应用型本科高校教师队伍转型发展，2015年教育部、国家发展改革委和财政部联合颁布的《教育部、国家发展改革委、财政部关于引导部分地方普通本科高校向应用型转变的指导意见》要求“调整教师结构，改革教师聘任制度和评价办法”并“加强‘双师型’教师队伍建设”①。2016 年，教育部发布了《教育部关于深化高校教师考核评价制度改革的指导意见》，要求“根据高校的不同类型或高校中不同类型教师的岗位职责和工作特点，以及教师所处职业生涯的不同阶段，分类分层次分学科设置考核内容和考核方式，健全教师分类管理和评价办法”②。另外，在合格评估 7 个一级指标和 20 个二级指标中，“教师队伍”作为一级指标，下设“数量与结构”“教育教学水平”和“培养培训”三个二级指标③。2020 年，中共中央、国务院印发了《深化新时代教育评价改革总体方案》，明确要求“推进高校分类评价”“探索建立应用型本科评价标准，突出培养相应专业能力和实践应用能力”④。2021 年，十三届全国人大四次会议通过《中华人民共和国国民经济和社会发展第十四个五年规划和 2035 年远景目标纲要》，明确指出“推进高等教育分类管理和高等学校综合改革”⑤。

教师工作的应用转型是应用型本科高校转型发展的关键，直接决定着应用型本科高校办学定位和人才培养目标的实现程度。应用型本科高校要想真正实现转型发展，当前的关键在于通过提高教师的实践教学水平、应用研究比例和社会服务能力，不断增强院校的应用特性，提高应

---

① 教育部. 教育部国家发展改革委财政部关于引导部分地方普通本科高校向应用型转变的指导意见［EB/OL］.（2015-10-21）［2017-03-08］. http://www.moe.gov.cn/srcsite/A03/moe_1892/moe_630/201511/t20151113_218942.html.

② 教育部. 教育部关于深化高校教师考核评价制度改革的指导意见［EB/OL］.（2016-08-25）［2017-03-08］. http://www.moe.edu.cn/srcsite/A10/s7151/201609/t20160920_281586.html.

③ 教育部. 教育部办公厅关于开展普通高等学校本科教学工作合格评估的通知［EB/OL］.（2011-12-23）［2017-03-08］. http://old.moe.gov.cn//publicfiles/business/htmlfiles/moe/s7168/201403/165457.html.

④ 中华人民共和国中央人民政府. 中共中央 国务院印发《深化新时代教育评价改革总体方案》［EB/OL］.（2020-10-13）［2021-01-02］. http://www.gov.cn/zhengce/2020－10/13/content_5551032.htm.

⑤ 人民出版社. 中华人民共和国国民经济和社会发展第十四个五年规划和 2035 年远景目标纲要［M］. 北京：人民出版社，2021：72.

用型人才培养的质量。

（二）教师工作考核制度是教师工作转型的指挥棒

有人说，摩西在沙漠中徘徊了40年，却始终没有进入“迦南”，是因为没有“迦南”的操作性定义[①]。同样，应用型本科高校教师无法进入“高级应用型人才培养者”的角色，其关键在于他们对如何进入并做好这一角色缺乏操作性定义。虽然“人性的一个普遍表现，就是对于成长的渴望”[②]，但是，在缺乏引导的状态下，这种“渴望”很可能被现实磨平。特别是大学作为“松散结合的系统”，始终处于“有组织的无秩序状态”，在应用型本科高校发展模式尚未完全成熟的背景下，应用型本科高校的教师（特别是青年教师）在职业和个人发展中有一定的盲目性，就如同行走在沙漠中的摩西。

教师工作的开展是一种有意识的持续活动。在这个过程中，为保障高效与正确，教师工作需要有明确的发展重点和要求、清晰的规划和目标。教师工作考核制度便为教师工作的开展提供了一个明确的目标及其达成标准，使教师在工作方向上具有确定性，在行动中避免盲目性，并为教师专业发展提供“计划—执行—诊断—改进”的循环策略，从而将教师工作引向一个谨慎又目标明确的过程。适当的教师工作考核制度能够为教师“做什么”和“如何测量他们做得怎样”提供依据，在很大程度上充当着教师工作的“操作性定义”，在教师工作开展中具有导向、诊断和调控功能，从而指引着教师走出荒芜的沙漠，寻找到职业生涯的绿洲。

与此同时，在高等教育急速扩张的背景下，我国高校教师队伍迅速扩张。教育统计数据显示，我国普通高等学校专任教师数量在短短19年的时间里，从1999年到2020年增加了140余万人[③]。虽然随着应用型本

① GUSKEY T R. 教师专业发展评价［M］. 方乐，张英，等译. 北京：中国轻工业出版社，2005：13.

② 马斯洛. 人本哲学［M］. 成明，译. 北京：九州出版社，2003：104.

③ 资料来源：教育部发展规划司教育统计数据.

科院校强调内涵式发展，专任教师增长速度逐渐下降，但每个学院专任教师的人数依然多则近百人，少则三四十人。特别是近年来随着应用型本科办学规模不断扩大，大量“新手”包括青年教师涌入，教师工作呈现出更加复杂化和多样化特征，教师队伍转型发展面临更大的挑战。

引导应用型本科高校教师工作转型是一项系统工程。合理的教师工作考核制度是教师工作开展的指挥棒，能够引导教师的工作方向，是教师工作的价值引领和行动指南。面对庞大而多样化的教师队伍，应用型本科高校教师工作转型发展需要通过强有力的教师工作考核制度去引导，以帮助原有的教师探索应用型人才培养的新路径，同时为新教师适应应用型本科高校的工作环境提供指南。

### （三）当前应用型本科高校教师工作考核制度受到质疑

应用型本科高校作为特定历史背景与制度环境的产物，有其自身的独特性，并在发展过程中逐渐呈现出应用型、地方性、过渡性、大众性等特点[①]，其发展路径理应与传统本科院校有所区别。但是，受社会结构、文化观念的影响，应用型本科高校为追求组织的合法性，一直在模仿传统老牌本科院校的发展路径。其教师工作考核制度，更是存在与传统本科院校趋同的现象，导致教师工作不能满足应用型本科高校转型发展的要求。

虽然应用型本科高校教师工作考核制度的改革正在逐步开展，但由于路径依赖和应用型本科高校发展的阶段性，其教师工作考核制度依然不能完全适应高级应用型人才培养和院校特色发展对教师工作提出的要求。通过对应用型本科院校教师工作考核办法或相关规定进行梳理，我们发现当前应用型本科院校教师工作考核制度呈现出诸多弊病。正如一度流行于网络的《自白书》中说的那样，“明明是要求身高达标，可你们一开始却告诉我体重达标”[②]。2018 年底曾在网络引起一时轰动的

---

① 王峰．新建本科院校核心价值观及其培育策略［J］．现代大学教育，2013（3）：89-91.

② 百度百科．周鼎［EB/OL］．［2017-03-08］．https://baike.baidu.com/item/周鼎/16468263?fr=aladdin#2.

《黔省某学院博士遭遇记》，对贵州师范学院的教师考核制度表示了强烈的不满，该文指出，“近两年来，尤其是最近的干部大调整之后，由于学校管理不善，博士们的日子日益艰难，职称评聘更是彻底绝望。许多人选择离开”①。当前的教师工作考核制度，不仅难以契合应用型本科高校的目标定位和发展理念，不利于应用型本科高校的成功转型和持续发展，更是将教师队伍逼上了“不发表则灭亡”的道路，使教师的工作长期与“应用”和“实践”脱轨，使人才培养也长期难以与“高级应用型人才”对接。

应用型本科高校的特殊性决定了其教师工作的独特性。作为高等教育的半壁江山，应用型本科高校教师工作考核制度的迷失，不仅不利于应用型本科高校的转型发展和教师队伍建设，更不利于我国高等教育中应用型人才的培养。

正如夸美纽斯所说，“制度是学校一切工作的灵魂，哪里制度稳定，哪里便一切稳定；哪里制度动摇，哪里便一切动摇；哪里制度松垮，哪里便一切松垮和陷入混乱”②。制度站在理论与现实的交叉点上，是一个由规则、对象、理念、载体组成的系统③。良好的教师工作考核制度，可以减少考核活动的不确定性，保障考核活动中利益的平衡，并为考核实践的顺利开展提供必要的支撑④。因此，作为顶层设计，制度问题是根本问题，直接决定了教师工作考核活动的运行机制。但是在以往的讨论中，我们往往把教师工作考核的弊端归结于其他具体的原因，却忽视了对其顶层设计的直接反思。

因此，如何遵循应用型本科高校的办学定位和自身特色，构建科学合理的教师工作考核制度，引导应用型本科高校教师工作的转型，建设适切的教师队伍，是当前迫切需要解决的问题。

---

① 激流．黔省某学院博士遭遇记［EB/OL］．（2018-12-20）［2017-03-08］．http://www.jiliuwang.net/archives/78972.

② 任钟印．夸美纽斯教育论著选［M］．任宝祥，译．北京：人民教育出版社，1990：243.

③ 辛鸣．制度论：关于制度哲学的理论建构［M］．北京：人民出版社，2005：49-55.

④ 曹如军．试论大学教师评价的制度基础［J］．大学教育科学，2010（2）：52-54.

## 二、研究意义

应用型本科高校作为我国高等教育的半壁江山，承担了半数高等教育人才培养的责任和义务。作为致力于应用型人才培养的组织，应用型本科高校教师工作具有不同于传统本科院校的独特性，如教学中强调理论与实践的融合，科研中关注基于实践和应用的研究，社会服务工作更加广泛和普遍。但是，现行的教师工作考核制度却没有体现出应用型本科高校教师工作的特殊性和应用型人才培养的特殊要求。因此，如何构建合理的应用型本科高校教师工作考核制度既是一个理论难题，也是一个实践困境。由此看来，本研究既具有理论意义，又具有实践价值。

### （一）理论意义

第一，有利于丰富应用型本科高校教师工作考核制度理论研究。应用型本科高校作为我国高等教育中独具特色的半壁江山，其教师工作的开展直接影响着我国高等教育人才培养的质量。当前，应用型本科高校教师工作考核制度在发展和运行过程中存在诸多问题。然而，现有的教师评价相关研究多是针对传统的普通本科院校，具体涉及应用型本科高校教师工作考核制度的研究少之又少。且在这些为数不多的研究中，又多是宏大叙事的经验反思或理论总结。本研究以新制度主义理论为视角，综合考量制度、环境和行为主体之间的交互作用，对应用型本科高校教师工作考核制度的变迁机制和运行现状进行分析。在此过程中，本研究从宏观、中观和微观三个层次全面梳理了应用型本科高校教师工作考核制度的变迁历程，对 30 所样本院校教师工作考核制度文本进行了内容分析，并运用访谈法对应用型本科高校教师工作考核制度的运行结果进行了调查研究。这在一定程度上能够丰富应用型本科高校教师工作考核制度研究内容的不足，弥补现有研究中实证考察的欠缺。同时，本研究以“新制度主义”为理论视角，从制度现状、制度变迁和制度比较三方面进行了分析，避免了因为研究主体和内容单一所导致的片面性，在一定程度上能够丰富现有研究的内涵。

第二，有利于深化对应用型本科高校教师工作考核制度的应然认识。本研究对应用型本科高校教师发展和评价的相关研究进行了梳理，对应用型本科高校的范畴、特征、类型和定位进行了界定，对应用型本科高校教师工作的特殊性和应用型本科高校教师工作考核制度的操作性定义进行了说明。在此基础上，对我国应用型本科高校教师工作考核制度的变迁机制和运行现状进行了分析，以哈德斯菲尔德大学为个案介绍了合理的应用型本科高校教师工作考核制度的应然特征，对当前我国应用型本科高校教师工作考核制度的变革路径提出建议。这在一定程度上能够达到抛砖引玉的效果，增强人们对应用型本科高校教师工作考核制度的应然认识。

（二）实践意义

对应用型本科高校教师工作考核制度的研究来源于实践，又将反作用于实践。

首先，本研究通过对应用型本科高校教师工作考核制度的变迁机制进行分析，理顺了制度的演变过程，发掘了社会结构和行为主体在制度变迁中的作用机制和制度变迁的特征，能够为相关研究者和工作人员更好地认识应用型本科高校教师工作考核制度的历史演变过程和应然走向提供借鉴。

其次，本研究通过对 30 所样本院校教师工作考核制度文本的内容分析，剖析了应用型本科高校当前教师工作考核制度存在的具体问题及其对教师工作的现实影响，为应用型本科高校管理者和其他利益相关者敲响警钟，使应用型本科高校教师认识到其工作的特殊性，使相关管理者认识到应用型本科高校教师工作考核制度改革的必要性和迫切性，进而促进应用型本科高校教师工作与应用型本科高校发展定位契合度的增强。

再次，本研究在对应用型本科高校教师工作考核制度进行分析的基础上，以英国哈德斯菲尔德大学这一典型且卓有成效的应用型本科高校为个案，对其教师工作考核制度的运行现状和特点进行了剖析。这一方面能够增强人们对同类型院校教师工作考核制度的了解，另一方面也有利于为我国应用型本科高校教师工作考核制度的变革提供参考。

## 第二节 文献综述

在学术研究和日常用语中，教师工作考核与教师工作评价通常具有相同的意蕴。虽然严格意义上讲，教师工作考核与教师工作评价是相互联系又有所区别的两个范畴。但是，在学术研究中，研究者们更偏向使用“评价”一词，而在实际操作中，相关工作人员更倾向于使用“考核”一词。就目前的研究而言，两者在使用中却并没有明显的区别。因此，本研究将教师工作考核与教师工作评价视为相同范畴（关于两者的详细论述，详见第二章）。在本部分，笔者以“教师工作评价”为主要关键词，对相关国内外研究进行了梳理。

20 世纪 30 年代以来，随着西方教育评价理论的发展，国内外诸多学者对教师评价进行了大量的研究。随着高等教育由边缘走向社会中心，研究者们越来越多地将注意力聚焦到应用型地方院校。为了对现有的相关研究进行梳理和归纳，本研究按照高校教师工作评价研究、高校教师工作评价制度研究、新制度主义理论在高校教师工作评价制度研究中的应用、应用型本科高校教师发展与评价研究四条主线对已有的研究成果进行梳理。

### 一、高校教师评价研究

#### （一）高校教师评价存在的合理性

“评价究竟有没有合理性可言，这既是评价合理性的理论前提，又是评价合理性问题的研究结果。”① 对于高校教师评价存在的合理性研究，可以分为两个层面：一是对评价本身存在的合理性的元层次研究；二是对高校教师工作评价这类具体评价活动存在的合理性研究，这涉及对高校教师评价方法论（哲学层次）和具体操作程序（社会科学研究层次）的探讨。

---

① 冯平. 评价论［M］. 北京：东方出版社，1995：246.

1. 评价本身存在的合理性

评价是根据客观事实对价值或意义进行的判断，人们对评价存合理性的诘难，根源于人们对价值判断何以可能进行的追问，即我们有没有充分的理由去证明我们赖以做出评价的价值准则是合理的。

18 世纪 30 年代，大卫·休谟在其著作《人性论》中提出了历史上著名的问题——休谟问题，即从“是（to be）”能否推出“应该（ought to be）”[①]。这实际上是如何看待事实与价值、认识与评价的关系。虽然休谟对该问题没有进行直接回答，但对从“是”能够推出“应该”表示怀疑。摩尔在此基础上进一步深化，将事实判断和价值判断的统一称之为“自然主义谬误”[②]。希拉里·普特南在《理性、真理和历史》一书中提出“缸中之脑”（Brain in a vat）实验[③]，并基于此追问：你如何担保你自己不是在这种困境之中？我们对于世界的认识是否与客观世界一致？正如拉瑞·劳丹认为，20 世纪最棘手的哲学问题是合理性问题[④]。“上帝死了，要重新评价一切”，这种价值危机反映到评价领域中，便形成了评价危机。

近代西方哲学家们追求知识的确定性，否认评价的合理性，认为“想要寻求实在的美或实在的丑，就像想要确定实在的甜或实在的苦一样，是一种徒劳无益的探索”[⑤]。康德在对纯粹理性与实践理性的划分中，否认了事实与价值之间的可统一性，认为评价的合理性问题本身是

---

① 休谟. 人性论［M］. 张晖，译. 北京：北京出版社，2007：509-510.

② 王刚. 休谟问题研究述评［J］. 自然辩证研究，2008（3）：26-30.

③ “缸中之脑”（Brain in a vat）实验介绍：一个人（可以假设是你自己）被邪恶科学家施行了手术，他的脑袋被从身体上切了下来，放进一个盛有维持脑存活营养液的缸中。大脑的神经末梢连接在计算机上，这台计算机按照程序向大脑传送信息，以使这个人保持一切完全正常的幻觉。对于他来说，似乎人、物体、天空还都存在，自身的运动、身体感觉都可以输入。这个大脑还可以被输入或截取记忆（截取掉大脑手术的记忆，然后输入他可能经历的各种环境、日常生活）。他甚至可以被输入代码，感觉到他自己正在这里阅读一段有趣而荒唐的文字。有关这个假想的最基本的问题是：你如何担保你自己不是在这种困境之中？

④ LAUDAN L. Science as problem-solving［J］. Science，1978，199（27）：415-416.

⑤ 北京大学哲学系美学教研室. 西方美学家论美和美感［M］. 北京：商务印书馆，1980：108.

荒谬的，“如果一个人问这个问题，而另一个人试图回答这个问题，那么他们就会造成一种滑稽的场面：一个人在公羊身上挤奶，另一个人捧着筛子在下面接奶”①。A. J. 艾耶尔也坚定地认为，价值判断“是无意义的伪命题，纯粹的情感表达”②。在一个用“可误性”取代“确定性”的背景下，评价存在的荒谬性似乎得到了进一步证明。正如李普曼认为，“我们似乎站在一个没有尽头的、倒退的起点上踌躇不前，怀疑论者、相对论者、实证论者以及其他形形色色的人争相对评价表示怀疑”③。

随着研究者们对评价存在合理性的元层次思考日渐深入，评价存在的合理性日益得到确定。A. J. 艾耶尔等人对价值判断合理性的否定，遭到了激烈的批判。马丁·德·阿西强认为 A. J. 艾耶尔的理论“断送了宗教、伦理学、美学，断送了自我、个人、自由意志、责任和一切有价值的东西”④。冯平全面系统地辩驳了艾耶尔的论断并论证了评价存在的合理性，他针对“艾耶尔死亡之谷”，从价值判断与事实判断的区别、价值判断有真假可言、价值判断的客观性是认识的客观性、评价标准的相对一致性四个论点来反驳艾耶尔荒谬结论的三个误区——价值判断仅表达感情、价值判断无真假可言和无公认客观一致的价值标准，并在此基础上就评价存在的合理性进行了界说，认为“形而上学的思维方式，是将评价合理性置于悖谬之中的方法论根源”，评价的合理性是相对于一定历史条件而言，合理的评价应该包括三个层次：第一，真的标准，即对于评价课题的信息必须是符合实际的；第二，美的尺度，即具有逻辑的自洽性与和谐性；第三，善的尺度，即评价所引导的行为必须是符合目的的⑤。

---

① 冯平. 评价论［M］. 北京：东方出版社，1995：246.

② AYER A J. Language, truth and logic［M］. Lon Don: Dover Publications, 1955: 116-130.

③ 李普曼. 当代美学［M］. 邓鹏，译. 北京：光明日报出版社，1986：458.

④ 斯蒂文森. 伦理学与语言［M］. 姚新中，等译. 北京：中国社会科学出版社，1991：301.

⑤ 冯平. 评价论［M］. 北京：东方出版社，1995：245-295.

与此同时，众多研究者尝试从各个层面对评价存在的合理性进行论证。有的研究者从评价的价值角度，来论证评价的合理性。例如，W. D. 拉蒙特指出，人们之所以需要评价，是因为人们需要在现实的多种可能和人的多种欲望中做出选择①；张理海指出，正是在评价事物过程中，人才能展示出自己的价值追求，并将社会评价作为“人区别于动物的一种基本存在方式”②。有的学者从价值判断的一致性来证明评价存在的合理性，如张琼芬认为，“由于存在着人类社会价值认识的最高标准，以及一定范围内的共同规范和评价尺度，价值判断的合理性是能够确立并实现的”③；李宝斌指出，“人类社会生存与发展是评价合理性的最高尺度”④。

除此之外，无数的事实也在证明评价本身已经成为国内外各领域的重要事项。如国际项目“21 世纪技能的评价和教学（Assessment and Teaching of 21st Century Skills)”的开展、美国教育考试服务中心(ETS)“基于认知的学习性评价（Cognitively Based Assessment of , for , and as Learning)”的推进等。国家和社会对评价及其改革也日益重视，基于评价的投资和支持力度持续加大，“教育与评价事业的商业化趋势已经成为共识”⑤。

人们对于评价存在合理性的追问并不是在评价产生之初就开始的，而是在具体研究了各项评价活动后才开始怀疑评价存在的合理性。尽管如此，这并没有阻碍评价事业的发展与运用。随着研究者对评价存在合理性的元层次研究日渐深入，评价存在的合理性日益得到确定。进入 21 世纪以来，人们对于评价合理性的质疑日渐消失，研究者们更多的

---

① 拉蒙特. 价值判断［M］. 马俊峰，等译. 北京：中国人民大学出版社，1992：45.

② 张理海. 社会评价论［M］. 武汉：武汉大学出版社，1999：1.

③ 张琼芬. 关于价值判断合理性问题的探讨［J］. 玉溪师范学院学报，2001 (17)：64-66.

④ 李宝斌. 转型时期通往教育自觉的高校教师评价［M］. 北京：中国社会科学出版社，2014：32.

⑤ 克兰诺斯基，史密斯. 教育评价：标准、判断和调整［M］. 沈蕾，译. 南京：江苏凤凰教育出版社，2016：3.

将关注点集中于怎样使评价更加合理。但是令人遗憾的是，由于我国对评价的关注较晚，在研究传统中又缺少对价值与意义追问的基因，有关评价存在合理性的元层次研究并不多。

2. 高校教师评价存在的合理性

正如詹姆斯·M. 郎认为，没有什么比教师评价更能滋生出谎言，更能引起愤怒和指责[①]。人们对于高校教师评价合理性的质疑来源于两方面：一是根源于对学术自由的捍卫，认为大学作为一个"按照自身规律发展的独立的有机体"[②]，对教师进行评价损害了教师自主，挑战了学术自由，是对他们"自尊心的一种威胁"[③]；二是来源于对大学教师评价实践的不满，认为大学教师评价的物化逻辑，使"管理部门经常用不正确的方法来评估教师的工作"[④]。因此，对高校教师评价合理性的辩护便是从这两方面展开的。

(1) 高校教师评价并非对学术自由的挑战

针对教师评价与学术自由的辩护，主要包括三个方面。第一，高等教育越来越卷入社会事务中，需要回应利益相关者的"问责"。克拉克·克尔指出，随着政治论的高等教育哲学与认识论的高等教育哲学并驾齐驱，大学已经不是单一的社群，而是多个权力中心共同制衡的机构[⑤]。"学术自由之存在，不是为了大学教师的利益，而是为了服务社会的福祉，最终为了人类的福祉。"[⑥] 高等教育进入社会，势必要求有相应的评估活动来回应利益相关者的"问责"。第二，大学自治和学术自

---

① LANG J M. On course: a week-by-week guide to your first semester of college teaching [M]. Massachusetts: Harvard University Press, 2010: 150-151.

② HART J M. German universities: a narrative of personal experience [M]. Routledge: Thoemmes Press, 1994: 50.

③ 森特拉. 大学教师工作评估 [M]. 许建钺，等译. 北京：北京航空航天大学出版社，1992：1.

④ 森特拉. 大学教师工作评估 [M]. 许建钺，等译. 北京：北京航空航天大学出版社，1992：1.

⑤ 克尔. 大学的功用 [M]. 陈学飞，等译. 南昌：江西教育出版社，1993：96.

⑥ 金耀基. 大学之理念 [M]. 北京：生活·读书·新知三联书店，2001：173-174.

由是有限度的。布鲁贝克认为，“就像战争的意义太重大，不能完全交给将军们决定一样，高等教育也相当重要，不能完全留给教授们决定”①。而教师评价正是调节教师专业自由与限度的一种举措，从而使教师进一步明晰其职业责任和义务②。第三，学术已经作为一种职业出现，“大学教师涉足商业的行为已经不是偶然”③。当学术成为一种谋生的手段，知识不再被垄断，研究活动成为产品，这便意味着大学教师与被剥夺生产资料的工人阶级毫无异样，他们需要接受雇主（高校或政府）的监督和管理④。

（2）高校教师评价有其存在的价值和必要性

不可否认，高校教师评价实践过程中存在着诸多不合理现象。但是，这些不合理并不能从根本上否认高校教师评价本身的价值和现实需要。正如森特拉所指出的，“教学评估没有简单而万无一失的方法”⑤。虽然这些问题不可能完美的解决，但大学可以通过构建一个相对合理的教师评价模型来尽量地克服这些问题。

就高校教师评价的价值而言，中外相关研究均表明教师评价的价值至少体现在两个方面，即学校管理和教师发展。如森特拉认为，“评价大学教师是为了确定他们是否应该晋升或给予奖励，同时也为了改进工作”⑥。赵志鲲认为，教师评价是大学管理的重要内容，一方面有利于奖励竞争，构建择优机制和激励机制；另一方面能够对教师的工作有全面准确的认识，以促进教师成长⑦。沈红认为，大学教师评价的目的在

① 布鲁贝克．高等教育哲学［M］．郑继伟，等译．杭州：浙江教育出版社，1987：32.

② 曹如军．应用型本科教师评价研究［M］．长春：吉林大学出版社，2013：1-2.

③ 沈红．大学教师评价制度的物化逻辑及其二重性［J］．教育研究，2016（3）：46-55.

④ 韦伯．韦伯论大学［M］．孙传钊，译．南京：江苏人民出版社，2006：151-152.

⑤ 森特拉．大学教师工作评估［M］．许建钺，等译．北京：北京航空航天大学出版社，1992：2.

⑥ 森特拉．大学教师工作评估［M］．许建钺，等译．北京：北京航空航天大学出版社，1992：25.

⑦ 赵志鲲．论学术自有视野下的大学教师评价制度［J］．江苏高教，2011（4）：92-96.

于实现个人、学科和大学三方面的发展[①]。

就高校教师评价的现实需要而言，现有的研究主要包括三个方面。第一，高等教育快速发展的后遗症需要教师评价。为应对高等教育大规模快速扩张，短期内引进了大量的教师，但这一阶段教师引进和考核方法都比较粗糙。扩张之后，随着学生人数减少，教师人数近乎处于限额，有必要让教师用事实证明他们有资格接受长期聘任，以保障和提高教师的质量。第二，公众对教育质量的关注日益增强需要教师评价。随着高等教育大众化，利益相关者日益要求高校就自己所取得的成效与改进做出说明，而高校必须证明它们是有价值和意义的，教师评价则属于这类证明中的一部分。第三，教师是各类院校评估中的重要指标。如前文所示，教师始终是各类院校评估中的重要内容，学校为了提升在评估中的地位，不得不将教师评价放在重要位置[②]。

对于高校教师评价合理性的研究，是建立在对评价存在合理性的元层次研究基础上的。国内外相关学者对评价和高校教师评价存在合理性的质疑与辩护，不断推动着评价事业和高校教师评价的发展与变革。虽然目前高校教师评价依然存在诸多问题，但这并不能否认其存在的合理性。我们的关注点应该更多地集中于如何让高校教师评价的具体实践变得更加科学、合理。正如罗素所言，“这个世界是我们的世界，要把它变成天堂或地狱都在于我们”。

### （二）高校教师评价的价值取向及模式

价值取向是指以什么作为价值关系主体和把主体的何种需要摆在首位的问题。价值取向的选择与政治、经济和文化发展的水平，人们的价值立场、认知程度等众多因素有关，决定了人们的行动目的和行为路径。教育评价模式涉及评价的定义、功能、对象、主体、方法、标准、

---

① 沈红．论大学教师评价的目的［J］．高等教育研究，2013（11）：43-48.

② 李宝斌．转型时期通往教育自觉的高校教师评价［M］．北京：中国社会科学出版社，2014：2.

过程、服务对象、资料收集的范围及其对自身的元评价，具有构造、解释、启发、预测等多种功能①。每一种评价模式都具有自身优势和局限，包含着不同的价值取向。评价模式是一定价值取向的反映，是连接价值取向与操作性行为的范式，能够增进“人们对于评估过程各个侧面的理解”②。

西方学者对教师评价的模式及价值取向进行研究的时间较早，并取得了卓越的成果，其很多研究成果已经被翻译成多种语言，在世界范围内推广和学习。我国关于教师评价模式及价值取向的研究起步较晚，其研究基本遵循着西方的研究思路。

1. 国外相关研究

西方学者早在20世纪初就开始对教育评价的模式及价值取向进行研究，其代表性学者有泰勒（Tyler R W）、斯塔弗尔比姆（Stufflebeam D L）、斯克里文（Scriven M）、斯塔克（Stake R E）、欧文斯（Owens T）和沃尔夫（Wolf R）、古巴（Cuba E G）和林肯（Lincoln Y S）、纳托尔（Latoner）和克利夫特（Crift）等人。按照其价值取向进行梳理，国外相关研究中典型的教师工作评价模式，大致可以划分为以下几种。

（1）证明取向的教师评价模式

证明取向的教师评价模式强调明确的目标和标准化测量，关注技术的品质，具有较强的针对性，但是由于其焦点可能过于狭窄或肤浅，往往很难广泛地评价优点或价值。就其资料收集的方法，该模式或侧重量化或侧重质性。

量化方法为主的教师评价模式，伴随着测量热潮而兴起。桑代克发表的《心理与社会测量导论》开启了证明取向的教师评价序曲。文中指

① 内伏. 教育评价概念的形成：对文献的分析评论［A］//瞿葆奎. 教育学文集·教育评价. 北京：人民教育出版社，1989：342-362.

② GUSKEY T R. 教师专业发展评价［M］. 方乐，张英，等译. 北京：中国轻工业出版社，2005：37.

出，“凡是存在的东西都有数量，凡有数量的东西都可测量”[①]。但是，单纯的测量无法对诸如态度、情感等难以量化的事物进行测验。基于对测量的批判，拉夫尔·泰勒通过“八年研究（课程与评价研究）”，正式形成了行为目标评价模式，这成为证明取向教师评价模式的典型代表。泰勒指出“评价是一种确定行为发生实际变化的程度的过程”，评价程序应当明确限定目的和目标驱动。

泰勒之后，众多学者在量化的证明取向评价模式基础上进行了扩展。Metfessl 和 Michael 认为有必要广泛地参与评价，并对泰勒模式进行了扩充：强调评价过程包含多个群体并扩充了用于评价的资料收集方法[②]；Hammond 在泰勒模式的基础上，认为与判断目标是否实现一样重要的是找出目标没有实现的原因，提出了三维（教学、机构、行为）和多因素交织形成的 90 个空间的评价模型[③]。这类模式基于科学实证主义的认识论，认为目标是评价教师的唯一标准，为教师评价带来了明确的秩序和目标，曾经盛行一时，后来兴起的各种评价模式基本上都是在对目标评价模式的改进或批判基础上形成的。但是，该类评价模式中，其目标的凝固性与教师工作的复杂性和多样性相矛盾，忽视了人的主体性和创造性，因而受到了诸多批判。

质性方法为主的典型代表是沃尔夫（Wolf R）的反向评价模式。这种评价模式主张让持有不同甚至相反教育评价观点的评价者共同参与评价和考量，通过采用诘问与反诘问的方法，以评委会审议形式确定最终评价结果[④]。后来，Levine、Owens、Popham 和 Carlson 等人对该模式

---

① 泰勒. 怎样评价学习经验的效用［A］//瞿葆奎. 教育学文集·教育评价. 北京：人民教育出版社，1989：263.

② MEETFESEEL N S，MICHEAL W B. A paradigm involving multiple criterion measures for the evaluation of the effectiveness of school programs［J］. Educational and Psychological Measurement，1967，27（4）：931-943.

③ WORTHEN B R，SANDERS J R. Education evaluation［M］. New York：Longman，1989：88.

④ WOLF R L. Trial by Jury：a new evaluation method［J］. Phi Delta Kappan，1975，57：185-187.

进行了发展和验证。虽然这种评估模式注重信息多元化、主体大众性、认识相对性等，但由于其语言过于尖锐，“真理的追求总是居于第二”，该模式很少在现实生活中被应用[①]。

（2）改善取向的教师评价模式

改善取向的教师评价模式关注评价的改善和决策功能，是在批判和弥补目标导向评价模式的基础上产生的，其典型代表模式有两种。

第一，斯塔弗尔比姆（Stufflebeam D L）的 CIPP 模式。该模式又被称为决策导向的评价模式。斯塔弗尔比姆认为，评价的目的不是证明，而是收集信息以便做出公正的判断。在此思想下，他提出了包括场景、输入、过程、产品四个部分的 CIPP 评价模式[②]。

第二，斯克里文（Scriven M）的无目标评价模式。该模式又被称为消费者导向的评价模式。斯克里文认为明确的界定目标会限制评价过程并可能导致一些重要的结果被忽视[③]。无目标评价模式强调评价过程“去目标”，以保证评价的客观和充分。这种价值取向的教师评价模式不再追求结果的客观性和目标的达成度，它强调对优点和价值的充分评价，注重运用多种资料收集方法进行交叉检测，认为应当把教师全部有价值的活动都纳入评价范围之中，而不仅仅是与目标有关的活动。但是，改善取向的教师评价模式由于过分关注形成性评价，而忽视总结性评价，其客观性容易遭受质疑。在一定程度上，这种评价模式只适合于高阶的决策者。

（3）关怀取向的教师评价模式

关怀取向的教师评价模式以对人性的关怀为根本出发点，倡导对评

---

① MADAUS G F, SCRIVEN M, STUFFLEBEAM D L. Evaluation models: viewpoints on educational and human services evaluation [M]. Amsterdam: Kluwer Academic Publishers, 2000: 64.

② STUFFLEBEAM D L. The relevance of the CIPP evaluation model for educational accountability [J]. Journal of Research and Development in Education. 1971, 5 (1): 19-25.

③ SCRIVEN M. Pros and cons about goal-free evaluation [J]. Evaluation Comment, 1972, 3 (4): 1-7.

价情景的理解。他们偏好于建构主义者导向，多采用质性研究方法，关注文化多元、价值相对、实体多元的后现代哲学思维，其典型代表模式有两种。

第一，应答模式。这种模式要求评估者对委托人的评估需求持续保持互动并加以回应，尊重实际问题的价值，强调多元、弹性、互动、整体、主观。斯塔克（Stake R E）是该模式的先驱①。此后，Denny、MacDonald、Parlett、Hamilton 等人支持并发展了该模式。

第二，建构模式。在强烈反对实证主义评价的基础上，这种模式强调教育评价的范围应该关注所有与评价有关的人的价值体系，尊重参与者的自由意志，强调地方性、特殊性和开放性。古巴（Cuba）与林肯（Lincoln）首次将该模式应用于评价②。这类评价模式虽然关注所有利益相关者的意义和价值，并具有强烈的启发意义，但是该模式缺乏固定的实践操作程序，且需要耗费较大的物力，其实践操作性不强，容易陷入毫无效益的沼泽之中。

2. 国内相关研究

（1）对西方教师评价模式及价值取向的介绍

自 20 世纪 80 年代开始，我国逐渐开始介绍和翻译国外有关的教育评价著作，如翻译了日本田中耕治的《教育评价》、美国布鲁姆的《教育评价》、美国森特拉的《大学教师工作评估》等。通过这些译著，国外先进的教育评价理念及模式被介绍到国内，国内学者也开始在理解的基础上撰写介绍国外研究的文本。该类研究多以两种形式出现：一是作为以“教育评价”或“教师评价”为主题的专著或硕士、博士学位论文。如芦咏莉、申继亮的《教师评价》一书，在系统地介绍英美教师评价发展过程的基础上，就教师评价模型进行了系统的介绍；杨长青在

① STAKE R E. A theoretical statement of responsive evaluation [J]. Studies in Educational Evaluation，1976 (2)：19-22.

② BHOLAS H S. They are learning and discerning：evaluation of an adult education project of the national literacy cooperation of South Africa [J]. Studies in Educational Evaluation，1998 (24)：153-177.

《象牙塔的标尺——激励视角下的高校教师评价研究》一书中，系统地介绍了国外高校教师评价发展的趋势。二是期刊论文中对国外某一种或多种教育评价价值取向及模式的解析。如蔡晓良、庄穆介绍了国外教育评价模式演进路径及启示①；孙颖基于增值性评价和标准性评价，探讨了美国有效教师评价模式的价值取向②。

（2）对我国高校教师评价价值取向的反思

现有的相关研究多认为，我国高校教师评价在价值取向上存在诸多偏差，导致高校教师评价备受诟病。如齐红娟、康钊认为我国大学教师评价存在市场主义、行政管理主义价值偏差，进而影响了大学的发展③；沈红、刘盛认为以“量化为主”的大学教师评价制度是物化逻辑渗透的结果，这导致大学教师评价在理性和实践中的不合理④。

（3）提出我国高校教师评价应遵循的价值取向和模式

对该类研究进行梳理发现，它们多强调人本主义取向，认为大学教师具有“社会人”“知识人”“创造人”的属性，大学教师评价要关注教师作为“人”的需求和生命的价值⑤。强调共生、平等、理解与对话，建议从奖惩性、认证性评价转向发展性评价，以更好地发挥评价的导向作用，促进教师的价值追求和专业发展⑥。同时，认为我国高等教育评价（包括高校教师评价）变迁过程中面临着多重价值冲突，应在协调冲突的基础上构建多元价值的教育（教师）评价制度，以回应高等教育利益相关者的不同需求⑦。

---

① 蔡晓良，庄穆．国外教育评价模式演进及启示［J］．高教发展与评估，2013，29（2）：37-43.

② 孙颖．试析美国有效教师评价方式的价值取向［J］．教育理论与实践，2015，35（28）：40-43.

③ 齐红娟，康钊．我国大学教师评价价值取向探析［J］．教育教学论坛，2014（2）：22-24.

④ 沈红，刘盛．大学教师评价制度的物化逻辑及其二重性［J］．教育研究，2016（3）：46-55.

⑤ 邹小婷．主体间性视域下高校教师评价再审视［J］．教育评论，2010（6）：49-52.

⑥ 曹如军．大学教师与大学教师评价：人性理论的视角［J］．江苏高教，2010（6）：79-81.

⑦ 张继平．从冲突走向和谐：高等教育评估价值取向的社会学研究［D］．武汉：华中师范大学，2009.

通过对高校教师评价价值取向及模式的相关研究进行梳理，可知高校教师评价价值取向呈现出从关注社会需要到关注人的需要，从关注目标实现到对人性的关怀，从关注客观到关注价值，从关注结果到关注全过程的趋势。这既是社会变化对高校教师评价提出的新要求，也是高校教师评价发展的有效路径。在此过程中，“人”日益成为中心，“人的价值”日益成为焦点，“人的发展”日益成为目的。但是，国外对教师评价价值取向和模式的研究硕果累累，我国的相关研究却几无新意，理念与模式多来源于国外，原创性不足。

（三）高校教师评价的主体

评价主体是指由谁来进行评价。在过去近 70 年的研究中，国内外研究者对高校教师工作评价的主体基本达成了共识，一般认为高校教师工作评价的主体至少应该包括学生、同行、自我、上级。但是现有的研究实践多集中于对学生、同行的探索，较少关注自我和上级的评价。这可能是由于自我评价的趋利避害性和上级评价中权利的不平等所致。

1. 学生评价

早在 20 世纪 20 年代，美国高校便开始将学生作为教师教学评价的主体之一。随后英国、加拿大、澳大利亚也开始将学生评价引入高校教师工作评价系统。到 20 世纪 60 年代，学生评价的方式被诸多大学所采用。在对学生评价的研究中，最初的关注点集中于学生评价的可靠性和有效性。“虽然有人强烈地反对把学生评价列为评估教师的内容，这一做法仍在普遍使用，并得到了教师和学生的广泛的赞同。”[①] 在 20 世纪 80 年代以前，研究者对学生评教的可靠性尚有诸多争议，争议的重心在于学生是否有足够的能力和智慧进行评价[②]。但是，经过 Bayer 对全美国高校教师的抽样调查、Centra 与 Creech 的实验研究以及众多学者

① 森特拉. 大学教师工作评估 [M]. 许建钺，等译. 北京：北京航空航天大学出版社，1992：2.

② EMERY C R，KRAMER T R，TIAN R G. Return to academic standards：a critique of student evaluations of teaching effectiveness [J]. Quality Assurance in Education，2003 (11)：37-47.

的论证，20 世纪 90 年代后人们对学生评教的有效性基本上达成了共识。尽管如此，学生评价仍受诸多因素影响，并不能将其作为唯一的衡量指标。如 Cineas 探讨了学生评价在教师职称晋升中的作用①，Ing 分析了不同变量对学生评价有效性的影响②，由于学生评价在 20 世纪 80 年代中期才开始进入我国高校，学者们对该议题的研究基本上是在国外已有的研究成果上进行的，因而基本上没有对学生评价可靠性的争议研究。进入 21 世纪后，我国的相关研究开始与国外的研究潮流接轨，将注意力集中于学生评价中的指标体系、实施过程影响因素、结果运用、功能等操作性问题。

2. 同行评价

同行评价是由从事该领域或接近该领域的专家来评定教师工作有效性的一种机制，包括校内同行和校外同行。同行评价的方式最早始于 1665 年皇家学会哲学会刊对论文的选择，20 世纪后期同行评价在教育和科研中作为一项制度逐渐被确立起来，并于 1982 年引入我国。教师评价中同行评价的内容一般包括教学评价和科研评价，其目的在于促进教学发展或晋升选拔。但是，正如现有的研究结果所展示的那样，“同行评估是一个敏感和有争议的领域”。

一方面，部分研究者认为同行评议具有合理性。“同行教师的观察不同于管理人员和学生”，对于教师的学术水平和科研成果，他们能提出“特别重要的意见”③；同行评议是提高教师评价效能和教育质量的一种路径，有利于改进教学④；同行评议有利于保障学术自由，并确立

① CINEAS J K. A study of faculty perceptions of the use of student evaluation of teaching in faculty assessment，promotion and tenure decisions [D]. Boca Raton：Lynn University，2008.

② ING P G. Instrctions，response anchors，and scal length：how do variations affect student evaluations of teaching effectiveness [D]. Windsor：University of Windsor，2008.

③ 森特拉. 大学教师工作评估 [M]. 许建钺，等译. 北京：北京航空航天大学出版社，1992：80.

④ MURRAY C E，GRANT G. Teacher peer review：possibility or pipedream? [J]. Contemporary Education，1998，69 (4)：202-204.

学术的高标准[①]。且诸多学者如 Morsh、Wilder、Murray、Black 和 Clark 等人的实验研究亦是表明，同行评价与学生和领导评价存在高度相关，具有较高的信度。

另一方面，部分研究者认为同行评议过程中充满了道德挑战，这将影响同行评议结果的科学性[②]。当同行评价用于长期聘任或晋升时，会出现“文人相捧”或“文人相轻”的状况[③]；同行评议过程中潜意识的“学术霸权”，会导致对创新的遏制[④]；同行专家的选择面临着“大同行”与“小同行”之间的矛盾[⑤]。Frenker 的实验研究发现，当把评价用于决策时，教师对同行评价具有强烈的反感[⑥]。尽管如此，研究者并不否认同行评价是一种实用的方法，只是需要对其质量进行控制。在此基础上，相关研究认为应该在同行的选择、价值取向、评价方法和技术、结果的运用等方面进行完善，以保障同行评议的公正性和客观性。

3. 自我评价

自我评价是自我认识的一种有效途径。教师的自我评价是教师对自身工作情况的认识与分析。自我评价一般表现为两类：一是非正式的自我评价，主要表现为在日常工作中教师有意或无意的反思；二是正式的自我评价，主要表现为教师在评分表中为自己的工作效果打分以及教师年度报告和晋升报告中自我评定的部分。随着人本主义和建构主义理念评价的盛行，高校教师的主体地位和价值日益受到关注，人们日益强调

① 高军. 我国大学学术评价制度研究［D］. 南京：南京师范大学，2008.

② CAWLEY V. An analysis of the ethics of peer review and other traditional academic publishing practices［J］. International Journal of Social Science and Humanity，2011，1（3）：205-215.

③ 森特拉. 大学教师工作评估［M］. 许建钺，等译. 北京：北京航空航天大学出版社，1992：81.

④ 周玉容，沈红. 大学教学同行评价：优势、困境与出路［J］. 复旦教育论坛，2015（3）：47-52.

⑤ 杜瑛. 高等教育评价范式转换研究［M］. 上海：上海教育出版社，2013：227-228.

⑥ CHUBIN D E，HACKETT E J，TREIMAN S. Peerless science：peer review and US science policy［J］. Physics Today，1991，44（10）：115-116.

教师自我评价的重要性和价值，并兴起了注重自我评价的各种新的评价方法，诸如教学档案评价等。

但是，“在决定能否获得长期聘任或晋升中，教师的自我评定或汇报一般被认为是次要因素”①。因为正如Robert提醒人们的那样，绝大多数人看待自己与别人看待他们是不一致的。Choy、Blackburn和Clark、Braskamp等人的研究证明，教师的自我评分往往与同行评分和学生评分不一致。因此，一般认为，当涉及聘任、晋升或增加薪金时，应该谨慎地使用自我评价。尽管如此，自我评价对于改进教学和促进教师专业发展是有益的。Marsh、Overall和Kesler的研究表明，教师们明显地清楚自己的优缺点，只不过在评价中倾向于对自己有利的方面②。虽然诸如伊利诺伊大学、桑·乔斯大学均将“教师自我评价表”作为帮助教师发展的一种途径。但是，这种途径仅仅对那些“认真和坦诚的教师非常有用”③。

当然，在教师工作评价过程中，也可能涉及委员会评价、社会评价等各利益相关方的参与，但因为有关研究较少，故在此不再赘述。在现有的研究中，有的主张以学生评价为主，有的认为应侧重于同行评议，有的认为教师自我评价应占有重要位置。因不同学者所持有的评价理念和认识不同，各种观点均有其合理性。但是，教师评价是一项系统的工程，应综合考虑各利益相关方的评价，特别是涉及晋升或奖励时，应综合各方权重，以保证教师评价结果的公正客观。

### （四）高校教师评价的内容

大学的目标和教师的职责决定了科学研究、学生指导和社会服务的

---

① 森特拉. 大学教师工作评估［M］. 许建钺，等译. 北京：北京航空航天大学出版社，1992：53.

② MARSH H W，OVERALL J U，KESLER S P. Validity of student evaluations of instructional effectiveness：a comparison of faculty self-evaluations and evaluations by their students［J］. Journal of Educational Psychology，1979，71（2）：149-160.

③ 森特拉. 大学教师工作评估［M］. 许建钺，等译. 北京：北京航空航天大学出版社，1992：58.

重要性[①]。现有的研究基本认为，高校教师工作评价的内容应至少涉及教学、科研和社会服务。按照不同的评价目的，其评价的侧重点可能有所差异，但是无论是入职考察、年度考核、聘期考核还是职称评审，均离不开对这三项工作内容的综合考量。

1. 教学评价

随着教学理论的不断发展和人们对教育质量的关注，教学评价的地位日益突出。Centra 对各项指标在评估教师工作时的相对重要性研究表明，教学评价这一指标始终被放在首位[②]。国内外学者对高校教学评价亦是进行了大量的研究，其研究成果达成了以下共识：①教学评价的目的是促进教师教学能力发展和教学质量提高，其中教师发展是根本，教学质量提高是目的[③]。②教学评价主体应包括领导、专家、教师自身、学生等利益相关者[④]。③教学评价的方法从不同的角度有多种分类，比较常见的分类包括：按照评价目的划分为形成性评价和终结性评价，按照评价方法分为定性评价与定量评价等[⑤]。④教学评价的内容至少应该包括教师素质、教学内容（组织、结构、清晰度）、教学技巧与方法、教学效果四个方面[⑥]。尽管研究者对教学评价的重要性已经达成共识，但在现实的晋升或职称评定时，教学评价并没有得到足够的重视。正如 Thorne、Scott、Beaird 所指出的，俄勒冈州大学的教师晋升评价中，把出版物看作是决定因素[⑦]。也正因为如此，高校教学与科研

---

① 森特拉．大学教师工作评估［M］．许建钺，等译．北京：北京航空航天大学出版社，1992：126.

② 森特拉．大学教师工作评估［M］．许建钺，等译．北京：北京航空航天大学出版社，1992：3-7.

③ BEACH D，REINHARTZ J．Supervision：focus on instruction［M］．New York：Harper & Row Publishers，1989：45-60.

④ 俞佳君．以学习为中心的高校教学评价研究［D］．武汉：华中师范大学，2015.

⑤ 郑延福．大学本科教师教学质量评价研究［D］．北京：中国矿业大学，2012.

⑥ GLASS G V．Teacher evaluation：policy brief［R］．Arizona State University，2004.

⑦ THORNE G L，SCOTT C S，BEAIRD J H．Assessing faculty performance：final project report［R］．Oregon：Oregon State System of Higher Education，Teaching Research Division，1976.

之间的争论从未停止。

2. 科研评价

科研评价是对科学研究的过程及结果进行价值判断的过程。科研评价的标准主要包括文献索引、学会奖、专利和市场等，评价的方法主要包括文献计量分析、同行评议、经济计量方法、案例研究、回溯分析和定标比超六种。虽然学术评价的内容和方法已经比较明确，并形成了一定的评价模式，但是，目前科研评价中依然存有两个比较尖锐的问题。

一是质量与数量问题。“高产作者”和“高质作者”是有区别的。Meltzer、Clark、Schrader 等人对科研质量与数量的调查也显示，两者的相关性比较低。其中，Schrader 对心理学教师的抽样调查发现，两者的相关系数只有 0.6。同样，我国 2006 年 SCI 论文发表数量世界排名第 9，但论文平均引数却排名 124①。鉴于此，如何避免以论文数量代替质量，以论文发表级别代替论文水平便成为科研评价中不得不面对的一个现实问题。特别是当学术评价与晋升、聘任、津贴等利益挂钩时，极易导致“学者们在不发表则淘汰的压力下将注意力集中到发表数量上”②，进而导致创新的缺失、对核心期刊的钻营、对科研主管部门的公关、学术造假等现象③。因此，有的研究认为，应当把研究的相关性和持续性作为一种考量或应对高质量的文章给予特殊的权重。

二是评价标准与学科类型问题。不同学科的知识属性、研究范式、学科文化和成果形式等方面存在明显差异，文章发表的速度和形式与学科类型有关。现有的研究表明，人文和社会科学与自然科学的科研成就有所差异④。因此，现有的研究大都一致认为，基于差异进行科研评价是必要的。虽然具体的实践中也出现了诸如虚拟结算等尝试，但是由于

① 曹建文. 北大中文系论文代表作制度探路学术评价体系改革 [EB/OL]. (2006-01-04) [2017-04-14]. http://www.gmw.cn/01gmrb/2006-01/04/content_355251.htm.

② RITZER G. The McDonal dization of society: an investigation into the changing character of contemporary social life [M]. California: Pine Forge Press, 1993: 75.

③ 杜伟. 高校科研评价现状与完善路径探析 [J]. 高等教育研究，2004 (4): 61-64.

④ 顾建民. 学科差异与学术评价 [J]. 高等教育研究，2006 (2): 42-46.

差异的多样性及操作的复杂性，真正实现基于差异的科研评价依然尚待研究。

3. 社会服务评价

1862 年《莫雷尔法案》的颁布，开启了高校发挥社会服务职能的先河。此后，高等教育与社会之间的关系日益紧密。服务职能的目标不仅是服务社会，而且是形塑社会①。教师作为履行社会服务工作的主体，社会服务是教师工作的重要内容。但令人遗憾的是，高校教师的社会服务却很少能够得到承认和回报。

森特拉的研究表明，仅有 2%的人认为社会服务是评估教师的一个重要因素，33%的人认为社会服务根本不能作为评估内容②。同样，在政策层面，对高校教师社会服务的关注多是宏观视域下的要求和规约；在学术层面，鲜有学者把高校教师社会服务评价作为研究主题③。教师社会服务工作的评价似乎成了一个默认的无需深究的话题。笔者认为，出现这种现象的一个重要原因是人们对社会服务的概念没有达成共识。正如 Haberman 和 Quinn 所指出的那样，社会服务是一个极其复杂的概念④。尽管不同学者对社会服务内容进行了划分，如 Dresse 将社会服务分为国家任务、继续教育、帮助社区团体，但是在具体的教师评价过程中我们很难对社会服务的范畴进行区分。因此，教师的社会服务评价一般只会在教师自我评价报告中出现。

4. 教学与科研之间的关系

虽然学者们对于高校教师评价内容包括教学、科研和社会服务这三个维度基本达成了共识，但是对于它们之间的关系却长期存在争论。其

① BOYER E L. Scholarship reconsidered: priprities of the professoriate [M]. Princeton: Carnegie Foundation for the Advancement of Teaching, 1990: 6.

② CENTRA J A. How universities evaluate faculty performance: a survey of department heads [J]. College Faculty, 1977: 26.

③ 曹如军. 高校教师社会服务能力：内涵与生成逻辑 [J]. 江苏高教，2013 (2): 80-82.

④ HABERMAN M, QUINN D L. Assessing faculty's community service [J]. College Faculty, 1976: 11.

中争论最大的便是教学与科研的关系。从纽曼算起，对两者关系的争议已经有200多年的历史。正如克拉克所说，在大学教育中，没有任何问题比教学与科研之间的关系更为根本，也没有任何问题在学术界内外有如此肤浅的想法和倒退性的批评①。

自20世纪50年代以来，研究者对教学与科研的关系进行了大量的研究，但却始终没有达成共识。一方面，教学与科研相统一的原则被人们所普遍接受，特别是国内的研究者如潘懋元、张楚廷、陈玉坤等人②大都支持该观点。另一方面，国内外学者Feldman③、Webster④、Ramsden和Moses⑤、李宝斌和许晓东⑥等人的研究表明，教学与科研之间基本没有关联甚至是负相关。在此基础上，也有学者指出教学与科研之间是一种非线性相关，两者的关系具有间接性、多样性、层次性⑦。Stack的实证研究证明，教学与科研的关系跟课程、教师的特点、分析单位有关，线性关系下教学与科研不相关，但是对引文分布进行偏度校正后，两者呈现显著的正相关⑧。

与教学相比，科研更易于量化和凸显进步，社会与高校普遍对科研

---

① CLARK B R. The modern integration of research activities with teaching and learning [J]. Journal of Higher Education，1997，68（3）：241-255.

② WEI H，CHENG X，ZHAO K. On the relationship between research productivity and teaching effectiveness at research universities [J]. Frontiers of Education in China，2007，2（2）：298-306.

③ CENTRA J A. Research productivity and teaching effectiveness [J]. Research in Higher Education，1983，18（4）：379-389.

④ WEBSTER D S. Does research productivity enhance teaching? [J]. Educational Record，1985，66（4）：60-62.

⑤ RAMSDEN P，MOSES I. Associations between research and teaching in australian higher education [J]. Higher Education，1992，23（3）：273-295.

⑥ 李宝斌，徐晓东. 高校教师评价中教学科研失衡的实证与反思 [J]. 高等工程教育研究，2011（2）：76-81.

⑦ 刘献君，吴洪福. 非线性视域下大学教学与科研研究 [J]. 高等工程教育研究，2010（5）：77-86.

⑧ STACKS S. Research productivity and student evaluation of teaching in social science classes：a research note [J]. Research in Higher Education，2003，44（5）：539-556.

更加重视，导致在教师工作评价中教学始终处于弱势地位。而社会服务，因其考核标准的争议性，效果产生的延时性与潜在性，似乎成了一个被默认的无需深究的话题。因此，最终导致世界各国教师工作评价均或多或少地呈现出科研为主、教学为辅、社会服务可有可无的状况。但不可否认的是，欧美等发达国家的教师评价在处理三者之间的关系上虽依然不能令人满意，但却尽量在促使教学与科研的平衡（尽管社会服务仍被忽视），而我国现行的教师评价在各种类型的院校中基本上均呈现科研独大的局面。

## 二、高校教师工作评价制度研究

随着高等教育的不断发展，高校教师工作评价越来越成为高等教育研究领域中的重点。有些学者开始从制度的视角出发，探寻当前高校教师工作评价问题背后深层次的制度原因。该类研究主要从两方面展开：一是对我国高校教师工作评价制度的审视和展望，二是对国外高校教师工作评价制度的考察。

### （一）对我国高校教师工作评价制度的审视和展望

当前对我国高校教师工作评价制度的审视和展望研究主要从两个维度展开。

1. 高校教师工作评价制度的发展历程

这类研究通过对我国教师工作评价制度的演进历程进行梳理和考察，以分析教师评价制度改进的方向。如张钧、邵琳将我国高校教师评价制度的演进分为“恢复—发展—健全”三个阶段，对教师评价制度发展过程中呈现的问题进行反思，认为教师评价制度的改革方向应该是将绩效评价与发展评价相结合，尊重教师在评价中的主体地位，构建多主体参与的协调机制①。张成武认为我国教师评价制度的发展历程应划分为发展初期（1978—1986）、全面建设与法治化阶段（1987—1995）和

① 张钧，邵琳. 基于我国教师评价制度演进的思考［J］. 东北师大学报（哲学社会科学版），2017（5）：191-196.

健全与完善时期（1996 至今）三个阶段，在此基础上评述了各时期教师工作评价制度变化的具体情况和合理性与存在问题[①]。由于我国教师工作评价制度发展的阶段性比较突出，不同研究者对其发展阶段的划分比较统一。因此，该类研究基本上呈现出整齐划一的特点。

2. 高校教师工作评价制度的现状分析

该类研究通过对教师工作评价制度的运行现状进行分析，提出促进大学教师评价制度改进的具体策略。在这类研究中，不同研究者的视角有所区别。

（1）从整体出发，对当前高校教师工作评价制度进行整体审视

曹如军运用经验分析法，从整体上对我国高校教师评价制度存在的共性缺陷及其原因进行了分析，认为当前教师评价制度存在重事轻人、内容条块分割、指标精细化一等问题，应从纠正制度目标、统筹评价内容、简化评价指标、细化程序制度等角度出发，确立今后教师工作评价制度的发展思路[②]。李文平运用问卷调查法，基于“2014 中国大学教师调查”，利用 T 检验、F 检验和回归模型，来探究影响大学教师对教师评价制度的满意度。研究结果发现教师对评价制度的满意度随个体发展、工作自主、工作成就、金钱财富的提升呈上升态势，不同特征的教师对评价制度的满意度有所差异，建议教师工作评价制度的设计应充分重视利益相关者的意见，更好地促进教师个体发展和工作自主程度的提升[③]。

（2）以某一视角为切入点，针对性分析高校教师工作评价制度中存在的具体问题

教师工作评价制度是一项复杂的制度安排，涉及诸多利益相关者和要素。当前的研究者为了能够深入分析教师工作评价制度中所存在的问

① 张成武. 我国新时期教师评价的制度化历程、现存问题与对策研究［D］. 重庆：西南大学，2004.

② 曹如军. 高校教师评价制度存在的问题及其改进［J］. 国家教育行政学院学报，2012（3）：73-77.

③ 李文平. 大学教师对教师评价制度的满意度调查分析［J］. 高校教育管理，2017（3）：95-104.

题，往往会基于某一维度和视角进行探究。这类研究主要有两个分析视角。

第一，基于某一理论基础对教师评价制度进行分析。有的研究者从人性论的视角出发，对教师工作评价制度中的人性假设冲突进行分析。如陈华认为，当前教师工作评价制度中“理性人”的人性假设与道德规范中“德性人”的人性假设存在冲突，导致教师评价制度与师德规范之间存在根本性的矛盾，应将师德精神注入教师工作评价制度，加强教师工作评价对师德修养的导向作用①。有的研究者基于物化逻辑探讨教师评价制度中“量化为主”的现象。如沈红、刘盛对当前大学教师评价制度的物化逻辑及其二重性进行了分析，认为“量化为主”的评价制度是物化逻辑渗透的结果，虽然有现实的合理性，但却阻碍了教师的发展和知识的创新，当前的教师工作评价制度应加强顶层设计，注重过程的民主化和内生性，为“物化”立界，以增强大学教师的主体性与反思性②。有的研究者基于制度伦理角度，探讨目前教师工作评价制度中的伦理困境。如喻冰洁、王景英认为当前教师工作评价制度存在正当性危机、个体与社会利益裂隙、权利与义务失衡、自由精神丧失等制度伦理困境，应从制度的公正性、价值观出发，达成制度实效和效率③。

第二，基于教师工作评价制度的某一内容，对当前的教师工作评价制度进行研究。如任艳红从高校教学评价制度视角出发，探寻高校教学评价制度的合理性根源，解释教学评价制度遵循的教育理念和教育学意义，并对现行教学评价制度运行结果进行分析，提出了基于有效教学、教学学术、教师教学专业可持续发展“三维一体”的制度重构设想④。

---

① 陈华. 教师评价制度与师德规范的人性假设冲突［J］. 湖南师范大学教育科学学报，2014（6）：60-64.

② 沈红，刘盛. 大学教师评价制度的物化逻辑及其二重性［J］. 教育研究，2016（3）：46-55.

③ 喻冰洁，王景英. 制度伦理视域下的教师评价制度：困境、原因及改进［J］. 现代教育管理，2014（5）：66-69.

④ 任艳红. 高校教学评价制度的反思与重构［D］. 西安：陕西师范大学，2011.

李广海从学术评价制度出发，认为当前工具理性主导了学术评价制度，导致了学术活动的异化，因而呼唤价值理性的觉醒，促进学术逻辑的回归和高校学术评价制度变革[①]。

（二）对国外高校教师工作评价制度的考察

为了推进我国高校教师工作评价制度的改进和发展，一些研究者将目光聚焦于国外高校教师工作评价制度的实施和运行，以寻求促进我国教师工作评价制度变革的新思路。如王广彦对美国和加拿大的教师工作评价制度基本模式进行了分析，认为这两国的教师工作评价制度呈现出评价标准注重分层分类、评价方式采用三角原则、评价程序严格规范等特点，我国高校应该借鉴其评价模式，建立科学的评价指标体系，在完善同行评价和学生评价的基础上，适当引入竞争性评价原则[②]。王灵心对美国研究型大学教师工作评价制度的历史沿革、制度理念进行了介绍，在此基础上以加州大学伯克利分校为个案，来对比中国与美国研究性大学教师工作评价制度的异同及其原因，认为我国研究性大学教师工作评价制度应该在遵循多元化、开放化和本土化的基础上，重视大学教师、非正式规则和发展性教师评价的作用[③]。李涵颖对美国佐治亚大学教师晋升评价制度进行了文本分析与实践考察，介绍了教师晋升评价的递进性原则、学系判断原则和平权原则，详细叙述了教师晋升评价的具体内容，认为佐治亚大学的教师评价呈现出专业性、公平性、兼容性和健全性特征，但其教师工作评价制度中也包括递进性效果存在争议，副教授晋升缺乏动力，评价标准偏低和晋升辅导不健全等问题，我国的教师工作评价制度应取其精华，去其糟粕[④]。

---

① 李广海．理性的平衡：高校学术评价制度变革的逻辑及操作指向［J］．教育研究，2017（8）：85-90．

② 王光彦．美、加高校教师评价制度研究［J］．教育发展研究，2007（20）：48-53．

③ 王灵心．中美研究型大学教师评价制度比较研究［D］．青岛：中国海洋大学，2015．

④ 李函颖．美国佐治亚大学教师晋升评价制度：文本分析与实践考察［J］．苏州大学学报（教育科学版），2017（3）：113-121．

## 三、新制度主义理论在高校教师工作评价制度研究中的应用

随着人们对教师工作评价制度的日益关注，新制度主义作为理论视角和分析框架，也逐渐开始被应用到教师工作评价制度的相关研究中。但令人遗憾的是，新制度主义作为一个强有力的分析框架，在教师工作评价制度的分析中并不常用。在知网中，以“教师评价”和“新制度主义”为主题词进行检索，仅有 37 篇相关研究。其中，有 17 篇博士论文、10 篇硕士论文和 10 篇期刊论文。

### （一）运用制度变迁理论分析高校教师工作评价制度的变迁机制

制度变迁理论为分析制度变迁中的选择机制和利益相关者的互动关系提供了一个有效的分析框架。在相关研究中，杨毅运用新制度主义的变迁理论，对新中国高校教师聘任制度的变迁历程进行了研究，将新中国成立以来高校教师聘任制度分为三个时期：高校职务任命制时期、高校职务聘任制时期和教师岗位聘用制时期。在梳理变迁历程基础上，认为我国教师聘任制度在变迁中存在主体的错位、制度的供给不足、变迁方式的单一等问题。鉴于此，应整合各方因素，选择恰当的制度变革方式，促进制度的有效革新[①]。姜超以“大学教师发展制度创新”为题，在分析自上而下和自下而上的教师发展制度变迁历程基础上，解释了制度变迁中政府、高校和大学教师之间的角色关系，并以行为主体的行为、行为主体间的关系和主体与制度的关系为脉络，对大学教师发展制度创新中的困境进行了反思，探讨了规制性制度、规范性制度和文化—认知性制度等不同的制度形式在新的策略模式下合法性建构的路径，认为大学教师发展制度创新应从“单主体困境”走向“三元主体协作”，需要政府、高校和大学老师之间的正确定位和共同完成[②]。

---

① 杨毅．新中国高校教师聘任制度变迁研究［D］．重庆：西南大学，2013．

② 姜超．大学教师发展制度创新研究［D］．上海：华东师范大学，2019．

### （二）运用“制度—行为”之间的互动机制探讨高校教师工作评价制度与行为主体之间的相互关系

新制度主义理论的一个重要研究领域便是“制度—行为”之间的互动关系。李曼运用新制度主义理论中“制度—行为”的分析框架，对香港地区大学教师聘任制度进行了研究。该研究首先从规范层面上解释了香港地区大学教师准入制度、晋升制度、考核制度、薪酬制度和退出制度的制度安排，然后从组织和文化层面上对制度安排和组织文化的融合进行分析，认为香港地区教师聘任制度的治理逻辑呈现出分权、权利重心下移、公共问责和绩效管理等特点，最后从教师行为主体层面上，分析了商业性与学术型冲突所导致的教学与科研分离、学术职业特点抹杀和激励作用不明显等制度特点及其对行为的影响①。

当然，也有论文综合制度变迁理论和“制度—行为”相互作用分析框架，在梳理制度变迁的基础上，运用问卷法、访谈法、观察法等方式，对制度与行为之前的相互关系进行研究。

相较于硕博学位论文，由于期刊论文的针对性和简洁性，这类论文更倾向运用新制度主义中的某一具体理论对教师评价制度进行分析。如风蕊运用趋同理论，从强制性同形、模仿性同形、规范性同形三种机制对我国大学教师评价制度同形的根源进行了分析，并建议通过建立差异化的大学分类评估制度、实行分权治理、改变评价单向性等方式，来消除大学教师评价制度的同形②。

## 四、应用型本科高校教师发展与评价研究

虽然“应用型本科高校”和“教师评价”均是当前研究的热点，但是对现有的文献进行检索和梳理发现，专门以“应用型本科高校”为主

① 李曼．香港地区大学教师聘任制度研究［D］．重庆：西南大学，2015.

② 风蕊．大学教师评价的制度同形：现状、根源及其消解［J］．现代教育管理，2014（6）：85-89.

题，对其教师或教师工作评价进行研究的却不多。且当前研究者们对应用型本科高校教师的关注，多是散见于对应用型本科高校的发展规划、教学改进等研究中。

（一）应用型本科高校教师发展现状及改善路径

1. 应用型本科高校教师发展现状

应用型本科高校经过十几年的发展，其教师队伍建设也日益规范。但是，由于各种内外部原因，应用型本科高校教师发展过程中依然存在诸多问题。研究者们从不同的角度出发，对应用型本科高校教师发展中存在的问题及其原因进行了探讨。

潘懋元从整体上指出，由于国家政策的一统性和优异倾向、政策制定部门的专业化欠缺等原因，导致应用型本科高校教师发展存在政策缺失问题；由于教师转型存在困难、业界人才难以任职于高校、招聘方式的单一，导致应用型本科高校教师类型单一；由于政策依赖、理念落后、投入不足、教学团队建设乏力、地方合作不到位，导致院校层面对教师发展的支持力度较弱①。陈寒②、黄雄建③、华玉④等人就应用型本科高校教师队伍结构进行了实证研究，认为应用型本科高校教师发展存在师生比失调、年龄结构失衡、双师型教师比例过低、高层次人才欠缺、学缘类别单一、培养培训相对薄弱等问题，其原因在于招聘渠道单一、退休体制僵化、学历标准偏低、师资储备滞后、评审制度失当、教师素质偏弱、宏观调控不力、经费相对不足。周卫东就应用型本科高校教师的专业素质问题指出，应用型本科高校教师的专业理念滞后、敬业精神缺乏、知识结构缺陷、实践能力不强，其原因在于学校升本时间较

---

① 潘懋元. 应用型本科高校人才培养的理论与实践研究［M］. 厦门：厦门大学出版社，2011：168-182.

② 陈寒. 新建本科院校教师队伍建设现状分析及对策研究：基于21省37所应用型本科高校教师队伍状态数据［D］. 武汉：华中师范大学，2016.

③ 黄雄建. 地方本科院校教师队伍结构优化问题研究［D］. 武汉：华中师范大学，2012.

④ 华玉，李兵，赵国英. 地方新建本科院校发展概论［M］. 北京：光明日报出版社，2009：191-198.

短、专业认同感低、缺乏实践经验[①]。金利就地方本科院校教师的教学能力进行了问卷调查，认为当前应用型本科高校教师教学知识不能满足需要、一般教学能力缺乏创新性、特殊教学能力实践性不足、学校对教师教学能力不够重视，其原因在于职称评审制度中教学与科研失衡、教学能力激励机制的缺乏、师资培训制度的针对性不强、教师自身的角色与反思意识不强[②]。余文盛、彭时敏就应用型本科高校教师的科研能力进行了研究，认为当前应用型本科高校教师科研意识不强、科研动力不足、群体科研协调精神差，使应用型本科高校难以形成科研发展的优势与合力[③]。由此可见，应用型本科高校教师发展并非仅是在某一方面存在弊端，而是从教学到科研、从结构到质量均存在不容忽视的问题。

2. 应用型本科高校教师发展路径

由于应用型本科高校教师队伍建设中最突出的两个问题是“双师型”教师的极度缺乏和青年教师比例过大，现有的研究在探讨应用型本科高校教师发展路径中，更多集中在对这两个特殊群体的探讨。

第一，加强“双师型”教师队伍建设。“双师型”教师是指既具有扎实的理论基础，又具有丰富实践经验的教师。“双师型”教师对于应用型本科高校高级应用型人才培养的作用和意义之重大，学者们已经达成共识。2014 年教育部发布的《关于地方本科院校转型发展的若干意见（征求意见稿）》中，明确要求“使‘双师型’教师占专任教师的比例逐步达到 50%以上”[④]。但是，应用型本科高校中“双师型”教师数量不足、质量欠佳、引进困难、培养无门的现状却是困扰其发展的“魔咒”。基于此，靳亚楠从社会大系统角度出发，认为“双师型”教师队

---

① 周卫东. 新建本科院校教师专业素养存在的问题及对策 [J]. 教育评论，2016（2）：8-11.

② 金利. 地方本科高校教师教学能力发展研究 [D]. 重庆：西南大学，2014.

③ 余文盛，彭时敏. 新建本科院校教师科研发展能力探究 [J]. 继续教育研究，2008（2）：188.

④ 教育部. 关于地方本科院校转型发展的若干意见（征求意见稿）[EB/OL].（2014-03-29）[2017-08-06]. http://hqc.fjnufq.edu.cn/info/1995/1291.htm，http://www.jstu.edu.cn/s/3/t/51/88/8e/info34958.htm.

伍的建设需要教师自身调整，高校严格要求，企业提供平台，政府牵线搭桥[①]；田江从高校建设规划角度，认为应用型本科高校应理清办学理念，成立专业机构，拓宽实践场所，健全评价机制[②]；蔡雪峰、毛红斌从教师培养角度出发，指出应以科技项目为载体，以校企零距离合作为平台，通过“走出去”“请进来”提高教师实践应用素质，建立有利于“双师型”教师培养的导向机制[③]；韦文联在借鉴国外经验的基础上，认为应实行职业资格制度，严格实践经历要求，重视专兼结合模式，重视继续教育培训，加强考评激励管理[④]。

第二，促进青年教师的专业发展。应用型本科高校青年教师比例过大，是应用型本科高校发展中最不能回避的问题之一。基于青年教师教育理念模糊、教学水平不高、实践能力较差等现状，不同学者从不同发展视角就青年教师的发展提出了见解。徐璐洁从优化职业发展环境角度出发，认为应优化资源配置，完善激励机制，彰显学术文化，努力营造支持性的职业发展环境，更好地促进青年教师的职业发展[⑤]；李硕从教师自主发展的角度出发，认为政府应该提供行政准备、文化准备、资源准备，学校应完善培养机制、搭建发展平台、营造良好环境，教师应树立自主发展理念、制定自主发展规划、力行自主发展实践，以全方位促进应用型本科高校青年教师的自主发展[⑥]；路华清从青年教师培养角度出发，认为应创新职前培养体系，真正落实入职教育，加强教师在职教育，改革教师评价体系，以更好地完善青年教师

① 靳亚楠. 地方新建本科院校“双师型”教师队伍建设研究［D］. 新乡：河南师范大学，2016.

② 田江. 刍议新建本科院校双师型教师队伍建设［J］. 教育与职业，2014（12）：72-73.

③ 蔡雪峰，毛红斌. “双师型”教师在应用型本科教育中的作用及培养路径［J］. 中国大学教学，2005（6）：55-56.

④ 韦文联. 应用型本科高校教师实践能力建设研究［J］. 全球教育展望，2014（5）：43-52.

⑤ 徐璐洁. 地方本科院校青年教师职业发展环境的现状与优化策略［J］. 教育理论与实践，2014（24）：31-33.

⑥ 李硕. 江西新建本科院校青年教师自主发展研究：以A学院为例［D］. 南昌：南昌大学，2010.

的培育过程[①]；束仁龙从提升教学能力角度出发，认为教师应明确自身定位、注重知识更新、提高实践能力，学校应该改革教学评价机制、加强教学团队建设、创新教师培训模式，以增强应用型本科高校青年教师的教学能力[②]。

现有的研究着眼于不同的视角提出了应用型本科高校教师队伍的发展路径，具有一定的启发意义。但是，现有的研究多是从宏观层面上进行的经验总结或理论推演，且不同研究者的观点基本上大同小异，操作性不强。应用型本科高校教师队伍的建设发展无论在理论上还是在实践中都是一个尚未解决且需要继续研究的重点。

### （二）应用型本科高校教师工作面临的挑战

应用型本科高校自身的特殊性决定了其教师工作的特殊性。但是，由于我国应用型本科高校形成时间较短，并没有形成一个完善的教师发展模式，而国外应用型本科高校教师发展的经验运用尚需要一个本土化与验证的过程。因此，我国的应用型本科高校教师发展面临着诸多挑战。现有的研究主要从以下几个方面进行分析。

#### 1. 学生发展的多元性

高等教育的扩张让来自不同社会背景的适龄青年有机会接受高等教育，应用型本科高校作为在校生最多的一类高校，面临的学生更加复杂和多元。“在存在学习的强烈愿望的地方，就存在着更多的争论、观点、作品的需要。”[③] 多种多样的主体需求必然要求多样化的质量标准，应用型本科高校学生特征的多样性便决定了学生发展的多样性[④]。教师作为人才培养的主体，需要适应不同学生群体的教育需求和心理特征，以

① 路华清．我国地方新建本科院校青年教师培养模式研究［D］．武汉：华中师范大学，2008.

② 束仁龙．新建本科院校加强青年教师教学能力建设的思考［J］．教师教育研究，2011（3）：31-35.

③ 密尔顿．论出版自由［M］．吴之椿，译．北京：商务印书馆，1958：32.

④ 董泽芳，陈文娇．论我国高等教育质量标准的多样性与统一性［J］．高等教育研究，2010（6）：20-24.

便更好地实施应用型教学①。与此同时，学生能力的发展具有多样性需求：就通识素质而言，需要培养学生的学业成就（包括积极思考能力及各种学习能力）和民主成就（包括观点采择、公民参与、种族和文化理解，以及在民主社会中包容不同群体的理性判断能力）②；就专业素质而言，胡中亚、朱晶以应用型本科高校的教育技术专业为例，阐明要培养学生包括教学设计能力、媒体教学资源开发能力、信息获取加工和处理能力、创新思维能力的多样化能力结构③。多样性是资源，而不是问题，但如何适应并合理地利用学生的多样性，是应用型本科高校教师不得不面对的问题。

2. 应用型本科高校的社会参与性

联合国教科文组织发布的《21 世纪的高等教育：展望和行动世界宣言》提出："为满足工作需要，高等教育系统和职业界应当共同制定和评估学习过程、衔接性课程计划以及对以前学业进行评估和承认计划，使之融合于理论与培训之中。"④ 应用型本科高校与地区社会经济依存共生的现实状况和应用型人才的培养目标，更是要求应用型本科高校建立与市场需求相适应的教学与发展机制。但是，目前应用型本科高校教师的实践能力整体欠缺，校企合作发展滞后等现状导致教师在实践教学和应用研究中"心有余而力不足"⑤。应用型本科高校教师如何突破理念和现实的困境，提高实践能力，培养出能够适应市场要求的毕业生，是当前应用型本科高校教师必须要解决的问题。

3. 知识社会中的教学变革性

知识社会对高等教育教学提出了新的要求。Hargreaves 指出，知

① 潘懋元. 应用型本科高校人才培养的理论与实践研究［M］. 厦门：厦门大学出版社，2011：187-188.

② GURIN P, DEY E, HURTDO S, et al. Diversity and higher education: theory and impact on educational outcomes［J］. Harvard Educational Review, 2002, 72 (3): 330 - 367.

③ 胡中亚，朱晶. 地方高校教育技术学专业学生多样化能力的培养［J］. 孝感学院学报，2013 (3): 71-75.

④ 兰冰. 世界高等教育宣言（节选）［J］. 云南电大学报，1999 (4): 45-49.

⑤ 韦文联. 应用型本科高校教师能力实践研究［J］. 全球教育展望，2014 (5): 43-52.

识社会要求教师应该打破规定的学习计划和教学被强加于人的僵局[①]；潘懋元指出，与以往的教学相比，知识社会所进行的教学在技术上更复杂，所包括的范围更加广泛[②]；Laurillard 指出，数字化时代的大学教学，必须面对这样一个事实：知识产业创造了可以使人们获得即时知识和技能的途径，人们对大学教学的价值产生了质疑[③]；Homer 指出，知识社会所需要的是独创性，“但我们所能创作的独创性却远远少于对独创性的大量需求”[④]。应用型本科高校如何回应知识社会对大学教学提出的挑战，需要应用型本科高校教师在教学工作实践中不断摸索。

（三）应用型本科高校教师工作评价研究

现有的研究涉及应用型本科高校（或类似院校）教师工作评价的可谓是少之又少。就相关学术论文而言，从知网中以“新建本科”“应用本科”“技术本科”或“教师评价”为关键词进行检索发现，自 1999 年至 2017 年期间仅有 13 篇期刊论文，2 篇硕士论文。与之相关的著作，只有曹如军所著的《应用型本科教师评价研究》一书。当然，在有些应用型本科高校（及类似院校）发展相关研究中，或多或少会涉及应用型本科高校教师评价。如潘懋元主编的《应用型本科高校人才培养的理论与实践研究》，王前新、刘欣等著的《新建本科院校运行机制研究》，华玉、李兵、赵国英著的《地方新建本科院校发展概论》和马细珍的《新建本科院校教学工作水平评估研究》等。

现有为数不多的相关研究内容大多是从宏观上对应用型本科高校教师评价进行反思并提出建议。正如波伊尔所认为的，高等教育的使命越

① HARGREAVES A. Teaching in the knowledge society：education in the age of insecurity [M]. New York：Teachers College Press，2003：89.

② 潘懋元. 应用型本科高校人才培养的理论与实践研究 [M]. 厦门：厦门大学出版社，2011：193.

③ LAURILLARD D. Rethinking teaching for the knowledge society [J]. Educause Review，2002，1 (2)：133-145.

④ HOMER T. The ingenuity gap：can we solve the problem of the future [M]. New York and Toronto：Alfred Knopf，2000：1.

来越大，但教师评价制度却变得越来越窄[①]。高校教师评价正处于尴尬的境地[②]。由于现行的应用型本科高校教师评价不能适应其教师工作的特殊要求，凡提及应用型本科高校教师评价，学者们一般是持批判态度[③]。当前，对应用型本科高校教师评价的批判可以概括为以下几个方面：第一，评价目的的简单化；第二，评价主体的失调化；第三，评价内容脱离应用；第四，评价标准缺乏针对性；第五，评价结果运用不当。其对策建议大多是泛泛地指出要转变理念、增强针对性、改善评价标准和方法、合理运用评价结果等。

通过对现有文献的梳理，笔者认为比较有参考价值的主要有以下研究，故对其进行较详细的介绍。

曹如军对教师评价的整个系统进行了研究，在对应用型本科高校教师评价制度文本进行分析，对学生、教师、管理者的态度与意见进行实证调查，对国外相关院校进行案例剖析的基础上，提出应用型本科高校教师评价体系的改造建议，即改造教师评价支持系统、决策系统、操作系统和实体评价制度体系[④]。

林春凉的硕士学位论文《应用型本科高校教师绩效考核体系改善研究：以泉州信息工程学院为例》聚焦于绩效考核体系，对应用型本科高校教师绩效考核进行了现状分析和对策研究，并在此基础上以泉州信息工程学院为例进行了实证分析。论文指出，目前应用型本科高校教师绩效考核存在考核定位不适宜、考核指标不合理、时间安排不协调、结果反馈不及时等问题，需要改进考核体系的设计思路、设计原则，并提出了教学考核应包括课堂教学和实践教学考核，科研考核应包括科研项目

① 波伊尔．学术水平反思：教授工作的重点领域［J］// 吕达，周满生．当代外国教育改革名著文献（美国卷·第三册）．北京：人民教育出版社，2004：7.

② CHAN K. The difficulties and dilemma of constructing a model for teacher evaluation in higher education [J]. Higher Education Management, 2001, 13 (100): 93-111.

③ 潘懋元．应用型本科高校人才培养的理论与实践研究［M］．厦门：厦门大学出版社，2011：183-185.

④ 曹如军．应用型本科教师评价研究［M］．长春：吉林大学出版社，2013：170-218.

和经费、科研创新能力，师风师德考核应包括思想道德素质、专业素质、身心素质，社会服务考核应包括大众科普、企业实践、政策建议[①]。

莫庆娟的硕士学位论文《应用型本科高校教师绩效评价公平性研究：以Q学院为例》聚焦于绩效评价的公平性，通过实证分析，认为Q学院的教师和管理者均对公平原则认识不足，其主要原因在于定位不清、对效率和利益的盲目崇拜、差异和激励原则的缺失，应建立有针对性的绩效评价体系，以打破工具理性的僵化逻辑和话语霸权，建立基于公平和差异的评价系统，实现评价的激励作用[②]。

王云儿、吴婵提、陈东冬、李志宏等人就应用型本科高校教师评价指标体系的构建进行了研究。王云儿、吴婵提认为应用型本科高校教师评价指标体系与学校定位不一、设计目的与最终结果偏差、制定及使用过程不科学，应遵循质与量的辩证原则、个性化与差异化原则、主体参与原则、动态发展原则，对教学评价指标、科技评价指标和社会服务评价指标进行重构[③]。陈东冬、李志宏采用文献法、访谈法和问卷调查法，设计了包括4个一级指标、13个二级指标、35个三级指标的评价标准，并在此基础上选取了3所院校进行验证[④]。除此之外，还有研究者从学术评价、教学评价等角度进行探讨。但是鉴于文章的参考价值不大，故在此不再赘述。

## 五、文献评价

从20世纪初，欧美各国便开始对教师工作评价进行研究。随着研

---

① 林春凉．应用型本科高校教师绩效考核体系改善研究：以泉州信息工程学院为例［D］．泉州：华侨大学，2016.

② 莫庆娟．应用型本科高校教师绩效评价公平性研究：以Q学院为例［D］．南宁：广西大学，2015.

③ 王云儿，吴婵提．新建应用型本科教师评价指标探索［J］．中国高等教育，2010（10）：33-36.

④ 陈东冬，李志宏．新建本科院校师资队伍评价体系研究［J］．国家教育行政学院学报，2016（5）：67-72.

究的不断深入，教师工作评价成为一个热门话题并持续至今，其相关研究数量庞大，内容广泛且深刻，为应用型本科高校教师工作考核制度的研究奠定了较好的基础。但令人遗憾的是，由于我国对这一评价的关注较晚，在研究传统中又缺少对价值与意义追问的基因，现有的教师评价相关研究更多的是“就问题而谈问题”，没有充分发掘问题背后深层次的制度原因。

“表象本身没有价值，它的价值是通过负载作为目的的本质而存在的。”① 我国教师工作评价的困境根源更多的是“制度问题”。正如夸美纽斯所说：“制度是学校一切工作的灵魂，哪里稳定，那里便一切稳定；哪里制度动摇，那里便一切动摇；哪里制度松垮，哪里便一切松垮和陷入混乱。”② 制度站在理论与现实的交叉点上，是一个由规则、对象、理念、载体组成的系统③。适当的教师工作评价制度，可以保障评价活动中利益的平衡，促进教师工作的有效开展④。但以往的多数研究，往往把教师工作评价中的弊端归结于其他具体的原因，而忽视了对其顶层设计的直接反思。在不改变教师工作考核制度的前提下，所有对教师考核活动的改进都只是“治标不治本”。虽然近年来，研究者们也开始关注教师工作评价制度本身，并逐渐取得了一些成果和共识，但总体来说，这些研究并不丰富，且没有形成相对成熟的话语体系和问题领域，有些关键问题也尚未得到有效的回答。新制度主义作为一种相对成熟的制度分析理论和框架，在高校教师工作评价制度研究中也尚未得到足够的重视。

随着高等教育由边缘走向社会中心，研究者们越来越多地将注意力聚焦到应用型本科高校。国内外大量关于高校分类与定位的研究，使学界对应用型本科高校的地方性、应用型、教学型基本上达成了共识。这为应用型本科高校教师工作开展指明了方向。但是，理论与实践之间往

① 张新平．教育组织范式论［M］．南京：江苏教育出版社，2001：355．

② 任钟印，任宝祥，译．夸美纽斯教育论著选［M］．北京：人民教育出版社，1990：243．

③ 辛鸣．制度论关于制度哲学的理论建构［M］．北京：人民出版社，2005：49-55．

④ 曹如军．试论大学教师评价的制度基础［J］．大学教育科学，2010（2）：52-54．

往存在鸿沟，应用型本科高校在具体发展过程中普遍存在盲目性。这表现在教师工作考核制度中，则是“应用”特征的缺失。尽管应用型本科高校教师工作考核制度普遍呈现出与学校办学定位和特色不一致的现象，但是却鲜有研究者对此进行研究，且现有的少数研究也多是散见于关于应用型本科高校整体发展与规划的相关研究中。在研究对象上，对教师工作评价制度缺乏一个具体可操作的定义和理论共识；在研究层次上，人都是宏大叙事的理论与经验反思，缺乏对院校层面和教师层面的具体分析。在一定程度上可以说，有关应用型本科高校教师工作评价制度的研究极其匮乏。

综上所述，有关研究为本研究提供了较为丰富的理论和研究方法，对本研究具有一定的参考价值。但是，具体涉及应用型本科高校教师工作考核制度时，国外研究由于社会文化、制度环境及语境的差异，对中国本土实践关注不足；国内的研究多是基于宏大叙事的经验描述或总结，且相关研究极少，研究深度不够，这为本研究留下了非常大的拓展空间。

## 第三节 研究设计

### 一、研究目标

随着高等院校转型发展的推进，应用型本科高校培养高级应用型人才及为地方服务的目标定位日益明确。教师工作考核制度作为教师工作的向导，直接影响着教师工作的内容和质量，影响着教师工作与应用型本科高校目标定位的契合度，是应用型本科高校转型发展中无法回避的重要议题。

目前，应用型本科高校教师工作考核已经全方位地开展起来，并形成了一种相对稳定的结构，而制度正是维持和再生产这种结构的重要手段。但是，应用型本科高校的发展特色和院校转型规划却并没有体现在其教师工作考核制度中。因此，本研究将应用型本科高校教师工作考核制度作为研究对象，以新制度主义理论为分析框架，聚焦于应用型本科高校教师工作考核制度的制度化过程和现状，试图探究应用型本科高校教师工作考核制度的演进法则及其与行为主体的相互作用机制，并在此基础上，借鉴域外同类院校相关制度经验，为我国应用型本科高校教师工作考核制度的变革与转型提供新思路。

本研究的主要目标有两个：第一，追寻应用型本科高校教师工作考核制度的变迁过程，探究应用型本科高校教师工作考核制度的现状及其对教师工作行为的影响，以发掘应用型本科教师工作考核制度的变迁机制和制度缺陷；第二，在比较借鉴域外同类院校教师工作考核制度的基础上，结合我国应用型本科高校教师工作考核制度的历史与现实状况，揭示制度变革的趋势，提出促进制度变革的建议。为达成研究目标，本研究主要围绕制度、社会结构与组织环境、行为主体三大中心展开。

本研究主要聚焦于以下几个研究问题：

1. 当前应用型本科高校教师工作考核制度呈现出哪些特征？

2. 当前应用型本科高校教师工作考核制度对教师工作行为有什么样的影响？

3. 在社会结构和行为主体的共同作用下，“算计路径”和“文化路径”是如何影响应用型本科高校教师工作考核制度变迁的？

4. 合理的应用型本科高校教师工作考核制度有哪些特征？

5. 如何推动应用型本科高校教师工作考核制度契合应用型人才培养的需求？

## 二、研究思路

“表象本身没有价值，它的价值是通过负载作为目的的本质而存在的。”应用型本科高校教师工作考核的困境究其根源是“制度问题”。但以往的研究，往往把教师工作考核中的弊端归结于其他具体的原因，忽视了对“制度”本身的反思。鉴于此，本研究从“制度”出发，以新制度主义理论为分析框架，将研究问题聚焦于应用型本科高校教师工作考核制度的运行现状与历史变迁，探讨制度变迁的动力机制和制度运行对行为的影响。具体而言，本研究主要包括四部分内容。

（一）应用型本科高校教师工作考核制度的历史分析

在梳理我国应用型本科高校教师工作考核制度变迁历程的基础上，从社会结构和行为主体两方面考察应用型本科高校教师工作考核制度的变迁机制。在此过程中，按照“行为—环境—制度”这一主线，将教师工作考核制度作为“因变量”，综合考量在社会结构背景下，“算计路径”和“文化路径”在制度选择中的作用机制，将应用型本科高校教师工作考核制度嵌入到更大的制度环境中，探寻不同制度环境下行为主体的制度选择。

（二）应用型本科高校教师工作考核制度的现状分析

对应用型本科高校教师工作考核制度的现状分析，按照“制度—环境—行为”这一主线，假定制度是给定的，将教师工作考核制度作为“自变量”，探寻一定组织环境中集体或个体行动者在理性和认知因素的作用下行为选择的一致性和多样性。在此过程中，通过对30所样本院校教师工作考核制度文本进行内容分析，探究当前教师工作考核制度本身存在的问题和缺陷。然后通过访谈法，考察当前应用型本科高校教师工作考核制度对教师工作行为的影响结果和教师行为选择的逻辑。

（三）应用型本科高校教师工作考核制度的域外经验

为了能够更好地为我国应用型本科高校教师工作考核制度的变革提供参考和建议，在历史分析和现状分析基础上，以英国哈德斯菲尔德大学这一典型且卓有成效的应用型本科高校为案例，对其教师工作考核制度的运行现状进行了剖析，探寻不同政治经济体制和文化背景中制度的差异与共性，以期发现促进我国应用型本科高校教师工作考核制度发展与变革的逻辑起点。

（四）应用型本科高校教师工作考核制度的变革路径

在对应用型本科高校教师工作考核制度的历史分析、运行现状和比较分析基础上，综合我国应用型本科高校教师工作考核制度的变迁机制、制度缺陷和国外经验，展望应用型本科高校教师工作考核制度的变革趋势，并提出促进制度变革的相关建议。

具体的研究思路，如图 1-1 所示。

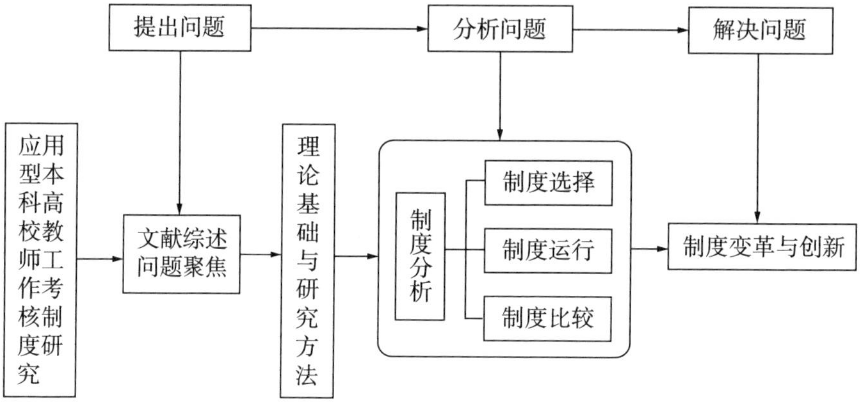


**图 1-1 研究思路**

## 三、研究方法

研究方法是研究问题与研究结果之间的桥梁，涉及研究问题的一般程序和准则。“方法不是什么外在的东西，方法是材料的有效处理—有效就是花费最少的时间和精力利用材料达到一个目的。”[①] 适切的研究方法，能够帮助我们更好地分析研究问题，提高研究结果的有效性和可靠性。研究方法由抽象到具体可以划分为三个层次：研究范式、基本方法和具体的研究方法。其中，研究范式是研究者从事研究的哲学视角，表现出一定的价值导向；基本方法是研究者认识事物的基本策略与途径，是研究者的认识论信仰；具体的研究方法则是指资料收集与分析方法，是研究范式与基本方法的具体化。因此，研究方法的选择，主要从这三个层次进行阐述。

### （一）研究范式：自然主义

库恩把某个领域的研究者们对他们的研究主题所做的潜在知识假

① 杜威. 民主主义与教育［M］. 王承绪，译. 北京：人民教育出版社，1990：181.

设、常规的思维方式、研究策略和方法总称为范式[①]。通过研究范式，人们可以明确研究问题和研究思路。最基本的两种范式便是实证主义研究范式和自然主义研究范式。实证主义研究范式强调价值中立和量化的方法，关注研究结果的可检验性、确定性和普适性，主张通过观察或实验，运用数学工具，对研究问题的因果关系进行解释。自然主义研究范式关注人的意识和主观价值因素，关注研究结果的整体性、可理解性和情境性，更多地采用定性的研究方法对活动或情景进行解释。研究范式的确定取决于研究问题、研究情景和研究者的个人偏好。

应用型本科高校教师工作考核制度是本研究的研究对象。本研究试图围绕“行为—环境—制度”和“制度—环境—行为”这两条主线，探究社会结构和组织环境中，应用型本科高校教师工作考核制度与行为主体之间的相互关系。这需要回答两个问题：在社会结构背景下，行为主体是如何推动教师工作考核制度产生和变迁的？当前教师工作考核制度是如何影响教师工作行为的？由此可见，本研究的主要目的在于理解和解释当前应用型本科高校教师工作考核制度的制度选择与运行效果，而非探究或考量因果关系。与此同时，应用型本科高校教师工作考核制度本身处于复杂的社会环境中，带有强烈的整体性特征，其产生、变迁和与行为者之间的互动带有较强烈的主观价值因素。鉴于此，为了能够从整体上有效地解释应用型本科高校教师工作考核制度的变迁和运行机制，本研究采用的是自然主义研究范式。

（二）基本方法：制度分析

制度分析是针对制度问题的跨学科综合分析方法。在新制度主义中，制度不仅是研究对象，更是一种分析方法，是新制度主义理论的重要组成部分。随着制度分析在经济学、政治学和社会学等学科中的广泛运用，制度分析已经成为一种相对成熟的分析方法。制度分析“不是把制度及其运行作为一个孤立的、抽象的、可随心所欲操纵和设计的物

① 杨小微. 教育研究方法［M］. 北京：人民教育出版社，2005：39.

件，而是将其视为经长期历史演进而形成的一种社会文化存在"[①]。制度分析着眼于制度现象和制度形式，注重对制度进行整体的分析。它将制度本身作为一个变量，关注制度、行为与环境之间的复杂关系。一方面，将制度作为自变量，关注制度对行为的影响机制及结果；另一方面，将制度作为因变量，关注制度产生和变迁过程中环境和行为主体的制度选择机制。

本研究是关于制度的研究，涉及规制性制度、规范性制度和文化—认知性制度，需要考虑社会结构背景和不同制度背后行为主体如国家、组织或教师个体之间的相互作用，需要发掘现行考核制度存在问题的根源及其对行为主体的影响。这就要求追根溯源，考察应用型本科高校教师工作考核制度在社会结构大背景下的变迁历程和主体选择特定制度的逻辑，并在此基础上分析现行教师工作考核制度对教师工作行为的影响机制，进而找出制度改进或变革的路径。制度分析法将制度视为一种经过长期演变的存在，综合考量制度的不同构成要素，有机的联系着宏观的社会结构和中观与微观的行为主体，能够有效地解释制度、环境与行为之间的相互作用机制。因此，本研究选用制度分析作为基本方法，以期能够在关注教师工作考核制度的差异性和历史性基础上，综合分析社会结构背景中制度与行为之间的相互作用机制。

（三）资料收集与分析方法

1. 资料收集方法

（1）文献法

本研究主要运用CNKI中国学术期刊网络出版总库、Springer全文数据库、读秀学术搜索、谷歌学术，对与"应用型本科高校教师工作考核制度"这一主题相关的文献进行了收集和整理。与此同时，为了获取样本院校教师工作考核制度的具体文本，笔者通过访问样本院校的网页、寻求所在学校工作人员协助查找等方式，收集了30所样本院校共计360份教师工作考核相关制度规定。这具体包括教师年度考核办法、

① 林义. 制度分析及其方法论意义［J］. 经济学家，2001（4）：79-85.

教师聘期考核办法、教学工作考核办法、教学工作量计算办法、教学成果奖励办法、科研工作考核办法、科研工作量计算办法、科研奖励办法、“双师型”教师认定与考核办法、绩效奖励工资实施办法、专业技术职务评聘管理办法、岗位设置管理办法等文件类型。在此基础上，为了能够进行充分的制度比较，笔者利用2017年9月—2018年9月在欧洲进行联合培养的时间，对制度比较的个案院校，即哈德斯菲德尔大学的教师工作考核相关文献资料进行了收集，收集方式主要包括学校的官网资料、该校教师提供的文件和相关工作人员的介绍等。

（2）访谈法

访谈法是一种有目的的研究性交谈，能够更加灵活、深入、广泛地对较为复杂的问题进行探讨。应用型本科高校教师工作考核制度对教师行为的影响是一个复杂的问题。为了能够在对访谈结构有一定的控制基础上，给访谈对象留有较大的表达空间，笔者制定了半结构性访谈提纲，采用了个别访谈的形式对访谈者进行深度访谈。本研究按照方便抽样的原则，选择了6名应用型本科高校的在职专任教师作为访谈对象。考虑到样本选择的代表性，本研究所选择的访谈对象均具有一定的工作年限，经历过年度考核和聘期考核。在确定访谈对象的基础上，从2018年11月初到2018年12月底，笔者通过面谈或微信视频的方式对6位应用型本科高校教师分别进行了深度访谈，访谈时间平均为90分钟，以了解他们对现行教师工作考核制度的态度、感受及考核制度对他们工作行为的影响，并根据访谈录音整理了13万余字访谈记录。

（3）实地考察法

由于资料的难以获取性和保密性，很难通过网络或问询等途径全面地了解案例院校教师工作考核制度变迁的全貌。鉴于此，在对应用型本科高校教师工作考核制度变迁历程的梳理过程中，笔者对案例院校进行了实地考察。在考察过程中，一方面通过档案馆查阅了相关文件，收集了案例院校从2000年至2017年间所有与教师工作考核制度相关的文件或规范共计170份文本；另一方面通过与相关工作人员之间的面对面沟通交流，进一步了解和确认了教师工作考核制度的变迁过程。

2. 资料分析方法

(1) 内容分析法

内容分析法是将文字或非定量的文献在某种程度上转化为定量的数据，使质的内容变得可测量和可计算的一种研究方法[①]。该研究方法具有客观性、对文本进行批量处理、深入挖掘文本特征等优势。笔者在对应用型本科高校教师工作考核制度内容进行分类的基础上，利用ROSTCM软件和UCINET软件对相关制度文本进行了处理和分析。本研究中的内容分析主要包括两部分：第一，利用ROSTCM软件对相关文件进行“分词”和“关键词提取”，以挖掘应用型本科高校教师工作考核制度的核心和关键内容；第二，在构建关键词共词矩阵的基础上，利用UCINET软件对关键词进行社会网络分析，以挖掘不同关键词的位置和关联度，呈现应用型本科高校教师工作考核制度的结构性变化。

(2) 历史分析法

历史分析法是通过对研究对象相关的所有历史资料进行科学的分析，以说明它在历史上是怎样发生的又怎样发展到现在阶段的一种分析方法[②]。历史分析法能够帮助我们揭示事物发展的历史背景，了解事物发展的过程，预测事物将来的发展趋势。应用型本科高校教师工作考核制度的产生和变迁是一个时间跨度较大的进程，要充分剖析其发展运行的逻辑，就必须对其发展进程中的社会结构和主体选择进行充分的考察。本研究采用历史分析的方法，将案例院校的教师工作考核制度放在新中国成立至今70年中我国高校教师工作考核制度变迁的历史进程中进行考察，以探求应用型本科高校教师工作考核制度产生的根源和延续机制。

(3) 案例分析法

案例分析法是对单一的、典型的研究对象进行深入具体的考察，以

---

① 张彦，刘长喜，吴淑凤. 社会研究方法［M］. 2版. 上海：上海财经大学出版社，2016：178.

② 范伟达，范冰. 社会调查研究方法［M］. 上海：复旦大学出版社，2010：371.

深入了解研究对象的发展特征和运行状况，具有较强的可操作性和实践意义，能够更深入地发掘研究对象存在的问题。在制度变迁分析中，为考察微观层面下应用型本科高校教师工作考核制度的具体变迁历程，本研究将 H 院校作为个案，全面梳理 H 院校教师工作考核制度的变迁历程；在制度比较部分，鉴于不同院校之间的差异性和教师工作的复杂性与多样性，为了避免空泛的论述，更好地呈现发展卓越的应用型本科高校教师工作考核制度的现状，选取了哈德斯菲尔德大学这一英国典型且运行卓有成效的应用型本科高校作为案例，深入细致地剖析了哈德斯菲尔德大学教师工作考核制度的运行现状及特征。

## 四、研究重点、难点

### （一）研究重点

应用型本科高校教师工作考核制度的现状和变革困境是本研究的重点。应用型本科高校教师工作考核制度作为衡量教师工作成效的具体标准和依据，是塑造应用型教师队伍和构建教师应用型身份认同的行动逻辑，也是保障转型发展具有持续内生动力的关键。如何使应用型本科高校教师工作考核制度充分体现“应用”特征，是解决当前应用型本科高校教师工作考核制度困境的核心问题。对制度困境的把握并不是简单地思辨解释或经验总结，只有对应用型本科高校教师工作考核制度的制度化过程和现状进行客观分析，才能发掘制度发展中存在的实际困境，找到可靠的结论。因此，在对应用型本科高校教师工作考核制度历史变迁和运行现状分析基础上，发掘制度变革的困境是本研究的重点。

### （二）研究难点

第一，混合研究法可能带来的冲突。本研究采用定量与定性相结合的方法来搜集、分析相关数据，以克服定量研究或定性研究单一方法的缺陷性。但是，鉴于定量研究方法与定性研究方法两者存在固有的矛盾和冲突，尤其是对样本院校的实地考察过程中，如何全面收集样本院校现行的教师工作考核制度，如何在访谈过程中获得访谈对象真实的话语、情感并保证研究者价值无涉。因此，克服研究方法上的困难将是本研究的一个挑战。

第二，资料分析的饱和度问题。本研究选取 30 所样本院校来分析应用型本科高校教师工作考核制度的现状，但是制度包括正式的制度和非正式的制度，即使本研究暂不考虑非正式制度的影响，正式制度资料的收集和分析也是一个庞大的工程。如何保障制度文本收集的全面性和文本分析的饱和性，是本研究面临的另一难题。

# 第二章　理论探讨：概念界定及分析框架

如果没有命题，仅仅根据概念不可能建构出理论；但如果命题与错误地形成的概念相结合，也不可能建构出正确的理论。

——乔治·C. 霍曼斯

## 第一节　应用型本科高校教师工作考核制度的概念界定

### 一、制度

在社会科学领域，对某一概念达成共识绝非易事。虽然对制度的研究由来已久，但人们对制度这一概念的解释和理解依然存在很大差异。对制度这一概念的界定之所以存在歧义，其原因有二：第一，制度作为日常用语其本身的属性。制度作为一个常见的术语或日常用语，在使用时，其内涵往往是随意而不清晰的。第二，不同学科背景或不同视角中，制度有不同的含义。在不同学科背景中，研究者往往关注制度的不同侧面，从而导致不同学科对制度的理解有所区别。即使在同一学科中，不同的研究者也往往“横看成岭侧成峰”，对其有不同的解释。虽然这些不同的理解均有其合理性，但对制度这一概念理解的多样性和模糊性，难免造成纷争。本研究以制度为切入点，来探讨教师工作考核。为了避免因对制度的不同理解所带来的争议，有必要先明确制度的概念。因此，在本部分中，会用较大的篇幅来解释制度这一概念，力求能够厘清其内涵，避免对本研究中制度概念的误解。

（一）制度的语义分析

1. 制度在汉语中的应用

在古代汉语中，《说文解字》对“制”的解释为，“裁也，从刀从未。未，物成有滋味，可裁断。一曰止也”。由此可见，制有两个意思：一是裁断，二是禁止。对“度”的解释为，“法制也。从又，庶省声”，即“度”为法制的依据。将“制”与“度”两个字合为一个词，在古汉语中主要有以下几个用法：①作为名词，指规范、规定等。如，王安石《取材》中“所谓诸生者，不独取训习句读而已，必也习典礼，明制度”。②作为动词，指制定法规。如，《汉书·严安传》中“臣愿为民制度以防其淫”。③指规定品级的服饰。如，丝弦戏《空印盒》第十场中“与他去了制度”。④谓制作方法。如，宋朱彧《萍洲可谈》卷二中，“东坡在黄州，手作菜羹，号为东坡羹，自叙其制度”。在现代汉语中，《辞海》对“制度”一词的解释主要有两种：①要求成员共同遵守的、按一定程序办事的规程或行为准则。如，工作制度。②在一定的历史条件下形成的政治、经济、文化等各方面的体系。如，社会主义制度。

2. 制度在英语中的应用

对制度的研究起源于西方，故需要对“制度”一词的英文含义进行解释。“制度”在英文中通常使用 institution 和 system 两个词，其中，又以 institution 最为常用。为了明确这两个词在英语中的用法，特选用了《牛津英语词典》（*Oxford English Dictionary*，OED）中对这两个词的解释。OED 是一本历史性的词典，它不仅关注英语词汇现在的含义，也关注单词的来源、发展历史和历史上曾经出现过的意义，是一本英语史般存在的词典，被认为是当前最权威的英语词典和英语世界的金科玉律，被公认为英语语言解释的权威①。

Institution 一词，在《牛津英语词典》中有如下解释：

---

① Oxford English Dictionary. About [EB/OL]. [2018-05-01]. https://public.oed.com/about/.

①创建某种东西的行动与事实。例如操作步骤、路线、基础（地基）、戒律等。如，Before the institution of coined money... people must always have been liable to the grossest frauds and impositions。在这里，它有一个特殊用法，特指基督教堂中的圣事或圣礼（特别是基督教的圣餐仪式）的开展或授予圣职。因此，在洗礼和祈祷着的圣餐中通常会在背诵圣事或圣礼中使用。如，Reciting the words of the Institution：In the night in which he gave himself for the life of the world。

②给事物一定的秩序。例如，有序的安排；规则；已经建立的指令；体系；宪法等。如，Few States are Ruined by any Defect in their Institution，but generally by the Corruption of Manners。

③一个位置或职位的设置。这里主要有两个意思，一是在由基督教主教或其代表在基督教堂中灵魂治疗室设立的牧师，如，Institution，is a Faculty made by the Ordinary，by which a Vicar or Rector is approved to be Inducted to a Rectory or Vicarage；二是在罗马法中指继承人的任命，如，A man cannot legate until he has instituted an heir；for the force and power of the testament begins at the institution。

④培训，指导，教育，教学。如，As soon as he was capable of a more enlarged and liberal institution，his father brought him to Rome。

⑤通常作为复数使用，说明科学或艺术的第一准则或基本论著。如，It is a part of Physical Institutions，and treated on by every British Institutionist。

⑥规范。主要指一个民族的政治或社会生活中已确立的法律、习俗、用法、实践、组织或其他因素，服从于有组织的社区或一般文明目的的规范原则或惯例。如，All Positive Institutions must give way to Moral Duties。在这里，作为口语使用，它还表示一种成熟的或常见的惯例或对象。如，The postman was almost as much an institution at Hampton as the tower-clock。

⑦ 作为一个组织。为促进某些目标而设立的机构、组织或协会，

尤指公共事业或一般事业、宗教、慈善、教育等，如教堂、学校、学院、医院、庇护所、改革所、传教所等。如，a literary and philosophical institution，a deaf and dumb institution，the Royal National Life-boat Institution，the Royal Masonic Benevolent Institution (instituted 1798)，the Railway Benevolent Institution，etc。在这里，这个词通常适用于慈善或教育机构。

相较于 institution 一词，system 所涉及的含义更为广泛。它主要用来指有组织或相联系的一系列事物；一套原则、信仰等；一种方案或方法。

具体而言，第一，作为有组织的或相互联系的一系列事物，system 主要有以下几个意思：

①指整体中相互联系的一部分。a. 一个复杂整体的一组相关事项。如，The body is a system or constitution。b. 相关工作网络中共同工作的一组人员。如，We may belong to a church or other religious grouping，which is a system of people supporting each other。c. 机构、道路、建筑集群或音响系统等组成部分的集合。如，A system of raceways originally designed to carry water power to mills remote from the falls。d. 相联系的某一整体的自然属性、特征或现象的集合。如，A chaotic system like weather appears to behave randomly but is actually governed by rules。

②指创造事物的一整套方案或宇宙。如，The blessings of Nature，have in no part of our habitable system，been dispensed with a more liberal hand。在现代英语中，这个用法已经不常见。

③根据自然规律相互作用的一组自然物体，在天文学中特指一组天体通过重力相互作用并围绕重心或中心体运动。如，A viable way of teasing out the behaviour of any quantum system，however complex。

④在不同学科中具有不同的含义。如在音乐中，特指古希腊音乐中的一种复合音程或指一组五线谱；在生物学中，指一组具有共同结构或功能的器官或组织；在韵律中，指一系列相连的诗句、循环等；在晶体

中，指一种独特的晶体形式，现在用来指晶体表现出的三维几何组织的每种不同的一般模式；在地质学中，指特定的地质时期及其进一步划分为若干系列或在特定时期沉积的岩石；在气象状态中，特指高气压或低气压的区域及其相关的风和空气运动模式，旋风或反气旋；在化学和冶金学中，特指两种或多种物质能在不同温度和压力下形成的各种组合或混合物等。

第二，作为一套准则（原理）、观点，或一种方案、方法，system主要有以下几种具体用法：

①当作为一种准则或原理定律、观点时，主要用来描述：a. 对某一主题全面系统的论述或一篇系统的论文。如，A system of medicine。但是这个用法现今已经很少使用。b. 与治理、宗教、哲学等有关的理论和实践体系或系统的知识和观点体系。如，He never attempted to organise or coordinate his knowledge into a system。c. 假设或理论（与实践相对）。如，I could form no system to explain the phenomenon。以前主要在口语中使用，目前这种用法已经废弃了。

②作为一种方案或方法，主要用来描述：a. 有组织的规划或行动计划，议事、治理或管理等有序或常规的方法程序。如，His stars would be made，not born，according to a sophisticated system of artistic development。b. 分类或测量的方法或方案。如，This system would classify a wide range of subjects and also allow for the addition of new subjects。c. 特指一种由赌徒设计的用于确定下注的方法。如，I won a good bit of money there，and intend to win a good bit more... I've got a system。

（二）学术研究中的制度

当前关于制度的研究，主要集中于社会学、经济学和政治学三个学科之中。不同的学科视野，从不同角度对制度的含义进行了解读。为了对制度概念有全面的了解，本研究试图对不同学科中的制度进行解析，以期能够全面地了解不同视角下制度的本质和特征。

自社会学开始作为一门学科而存在，制度研究便是其研究的核心。

在社会学家眼中，“制度是一种组织化的，已经确立的程序，这些具体的程序经常表现为持续性的社会规则”[①]。这是社会学关于制度这一概念最基础性和最核心的看法，即制度体现为一种以获得某种地位或特征的社会秩序或模式[②]。“秩序”或“模式”意味着已经标准化的互动序列，因而制度实际上是一种社会模式，意味着某种特定的社会模式的再生产过程。鉴于社会学对制度这种最基本的理解，一些学者将社会学界定为“关于制度的研究”。正如涂尔干所说，社会学是一种制度科学。

在经济学家眼中，制度是为了实现利益的最大化而特意设计的一些强制性规则，通过这些规则来避免可能出现的机会主义，从而使个人的行为可以被预见。谢普斯勒认为制度是“通过降低交易成本和减少机会主义行动，能够增进收益的有关合作结构的事前协议”[③]；诺斯认为制度是“社会内部的博弈规则”或“影响个人间互动关系的人为设计的制约因素”[④]；康芒斯认为“我们可以把制度解释为集体行动控制个体行动”[⑤]；肖特指出，制度是社会群体内部用于解决某类协调问题的一套行为规则[⑥]。

政治学中关于制度的认识，往往是以社会学为基础的。霍尔将制度界定为“在政治和经济各领域形塑个人之间关系的正式规则、顺从程序和标准化惯例”。在此基础上，他将制度的概念从三个层面上进行了细化。就宏观而言，制度是指与民主主义和资本主义相关的基本组织结构，例如宪法和基本的经济制度等；就中观而言，制度是指有关国家和

① 杰普森．制度、制度影响与制度主义［A］// 鲍威尔，迪马吉奥．组织分析的新制度主义．姚伟，译．上海：上海人民出版社，2008：155.

② 杰普森．制度、制度影响与制度主义［A］// 鲍威尔，迪马吉奥．组织分析的新制度主义．姚伟，译．上海：上海人民出版社，2008：157.

③ 河连燮．制度分析：理论与争议［M］．李秀峰，柴宝勇，译．北京：中国人民大学出版社，2014：43.

④ NORTH D C. Understanding the process of economic change［J］. Investigaciones De Historia Económica，2010，3（8）：169-173.

⑤ 康芒斯．制度经济学上［M］．于树生，译．北京：商务印书馆，2009：88.

⑥ 罗必良．新制度经济学［M］．太原：山西经济出版社，2005：87.

社会基本组织结构的框架，如资本的组织化模式；就微观而言，制度是指公共组织的标准化惯例、规定和日常程序①。

由此可见，人们对于制度一词，存在诸多不同的理解和用法。但是不管在哪种情境中，制度至少包含五个基本内容：第一，制度具有双重属性。一方面是一种制约性结构，对行为有一定的限制作用，同时也是一种授权，为行动者提供机会。第二，制度包括正式的制度和非正式的制度。制度既包括法律、合同等正式的制度，也包括习俗、规范等非正式的制度。第三，制度面向的是公众而非个人。制度是一种集体行动的控制力量，面向集体而非个人。第四，制度具有稳定性。制度一经形成，便具有延续的倾向。第五，制度是一个复杂的体系，镶嵌在更大的制度背景之中。在对制度进行研究的过程中，如果不将其放入社会和组织环境中进行考量，就不能够充分地理解它们。

## 二、应用型本科高校

### （一）应用型本科高校的发展

#### 1. 国外应用型本科高校的发展

1862 年《莫雷尔法案》的签署和赠地学院的建立，标志着大学社会服务职能出现。伴随着大学职能的转变和高等教育大众化，大学已经成为让大多数人接受教育的场所，并且日益卷入社会。大学不再仅仅是学术的乐园，而是需要"更多的响应劳动力市场和一般市场"②。它们"必须经常给予社会一些东西，这些东西不是社会想要的而是社会需要的"③。在这一发展趋势下，为了肩负起高等教育的社会责任，20 世纪中后期应用型本科高校（各国对该类院校的称谓有所不同，本研究统一

---

① HALL P A. Governing the economy：the politics of state intervention in Britain and France [M]. New York：Oxford University Press，1986：19.

② 克尔. 高等教育不能回避历史 21 世纪的问题 [M]. 王承绪，译. 杭州：浙江教育出版社，2001：77.

③ FLEXNER A. Universities：American，English，German [M]. New York：Oxford University Press，1968：3.

将其称为“应用型本科高校”）作为一种新型院校逐渐走上历史舞台，并改变着高等教育的发展格局。正如 Lindroth 所言，“大学从来没有经历过这么大的变革”①。

不同国家通常使用不同的术语来命名本国的应用型本科高校。其中，应用科技大学（University of Applied Sciences，UAS）和大学学院（University college，UC）是比较常见的两个术语。德国、瑞士、奥地利、荷兰等国家通常使用 UAS 一词；英国、丹麦、比利时等国家，认为 UAS 将人文和艺术学科排除在外，则更倾向于使用 UC 一词；也有国家（如克罗地亚、爱沙尼亚等国家）将两个词结合起来，使用大学应用科学学院（University Colleges of Applied Sciences，UCAS）一词。除此之外，还有小部分国家只在国际交流中使用这两个词，在本国语境中使用自己的术语，如葡萄牙使用理工学院（Polytechnics）一词，爱尔兰使用技术研究所（Institute of Technology）一词。近十几年来，随着高等教育流动性日益增强，越来越多的应用型本科高校更倾向于使用 UAS 一词。

但是，应用型本科高校的发展并非一帆风顺。一方面，应用型本科高校需要突破传统院校的挤压与包围，在高等教育领域占据一席之地；另一方面，应用型本科高校的发展没有相对固定的模式可以直接借鉴，需要结合自身特色不断探索②。在此背景下，为了突破重围，世界各国的应用型本科高校均进行了一系列的探索与改革。德国的应用科技大学，在专业设置上强调应用性，注重与地方经济和产业结构接轨，如沃芬比特应用科技大学为临近德国大众汽车总部的校区专门设立了车辆技术学院，以培养该区域所需要的车辆制造工程师；莱茵美因应用科技大学地处葡萄园种植区，便利用其优势，开设了葡萄园种植等相关专业③。英

---

① LARSON J L. A history of uppsala university：1477-1977 [J]. American Jewish History，1979 (1)：120-122.

② BECKER L R，BEUKES L D，BOTHA A，et al. The impact of university incorporation on college lecturers [J]. Higher Education，2004 (2)：153-172.

③ 孙进. 德国应用科技大学专业设置的特点及其是 [J]. 清华教育研究，2011 (4)：98-103.

国的新大学始终坚持产学研相结合的人才培养机制，普遍与企业建立合作关系，坚持“三明治”办学特色，即入学前期学生在校学习基本理论，中期去企业实习，后期回校继续深入学习，从而使人才培养能够达到理论与实践相结合[①]。

随着各国应用型本科高校的不断发展与变革，该类院校在应用型人才培养、产品开发、技术创新等方面发挥了重要作用，为技术技能的积累和国际竞争力的提升做出了巨大贡献，成为世界高等教育体系中不可或缺的一部分。

2. 我国应用型本科高校的发展

自 1999 年我国高等教育扩招以来，高等教育招生规模大幅度增加。传统的老牌本科院校不足以承载如此大规模的学生。在高等教育体制改革的推动下，一些专科层次独立或联合升本的新建本科院校如雨后春笋般出现。据调查统计，1999—2015 年，有大约三分之二的高职高专升格为新建本科院校。新建本科院校大多以建设应用型高校为目标，是应用型本科高校的重要组成部分。

新建本科院校的发展和扩张基本满足了人们接受高等教育的需求。但是，由于多数新建本科院校由高职高专独立或合并升格形成，其办学水平、师资队伍和科研力量等方面与传统的老牌本科院校存在一定的差距。与此同时，一些本科院校在办学定位和办学思路上脱离国家和地方经济社会发展需要，专业设置、课程教材、人才培养结构和培养模式同产业发展实际、生产和创新实践脱节。在此背景下，为加强高等教育质量建设，破解人才培养与经济社会发展需求的结构性矛盾，应用转型成为我国高等教育结构调整的重要着力点和战略突破口[②]。基于此，党中央、国务院作出重大决策——引导部分地方本科高校转型发展。2014 年，国务院印发了《关于加快发展现代职业教育的决定》、教

① 徐同文，陈艳．英国大学应用型人才培养机制探析及启示［J］．高等工程教育，2013（4）：111-115.

② 教育部．促进高等教育为经济社会和学习者发展创造更大价值［EB/OL］．（2015-11-16）［2017-03-08］．http://www.moe.gov.cn/jyb_xwfb/s271/201511/t20151115_219011.html.

育部等六部门印发了《现代职业教育体系建设规划（2014—2020 年）》，均对引导普通本科高校转型发展提出了明确要求。2015 年，教育部、国家发展改革委、财政部出台了《关于引导部分地方普通本科高校向应用型转变的指导意见》，对高校转型改革进行了顶层设计，提出了本科高校转型发展的主要任务、配套政策和推进机制，要求“推动转型发展高校把办学思路真正转到服务地方经济社会发展上来，转到产教融合校企合作上来，转到培养应用型技术技能型人才上来，转到增强学生就业创业能力上来，全面提高学校服务区域经济社会发展和创新驱动发展的能力”，为应用型本科高校发展指明了方向①。

随后，广东、河南等 20 多个省（自治区、直辖市）相继出台了引导部分普通本科高校向应用型转变的文件，300 所地方本科高校参与改革试点。其中，大多数高校是整体转型，部分高校通过二级学院开展试点，在校地合作、校企合作、教师队伍建设、人才培养方案和课程体系改革、学校治理结构等方面积极改革探索。一批高校办学定位更清晰，特色更凸显，应用型人才培养模式更符合产业需求②。

至此，应用型本科高校作为现代高等教育人才培养的基本模式之一，在我国高等教育领域的重要地位得以确定并有了实质性发展。可以说，继中西部高等教育振兴计划、“双一流”建设之后，应用型本科高校建设成为我国高等教育领域的又一项重大工程。

### （二）应用型本科高校的国际分类与定位

随着高等教育大众化和不同类型院校的兴起，高等教育分类研究获得了较大的发展。为了方便对应用型本科高校教师工作考核制度进行国际比较，特对应用型本科高校在国内外高校分类中所隶属的范畴及其发展定位进行阐述。

---

① 教育部. 教育部国家发展改革委财政部关于引导部分地方普通本科高校向应用型转变的指导意见［EB/OL］.（2015-10-21）［2017-03-08］. http://www.moe.gov.cn/srcsite/A03/moe_1892/moe_630/201511/t20151113_218942.html.

② 教育部. 支持应用型本科高校发展有关工作情况［EB/OL］.（2019-02-19）［2017-03-08］. http://www.moe.gov.cn/fbh/live/2019/50294/sfcl/201902/t20190219_370019.

目前，最具代表性的国际分类有两种。第一，联合国教科文组织发布的《国际教育标准分类法》。该分类标准将学士或同等水平级别的高等教育划分为6级，其中6级包括三个类型：64是学术型，65是专业型，66是未定向型①。应用型本科高校便是提供65类型的专业学士或同等级别的高等教育的高校。第二，卡内基基金会的高等院校分类。随着高等教育发展现状的变化和研究的深入，卡内基高等教育分类标准分别于1976、1987、1994、2000、2005、2010、2015年进行了修订和完善。2015年版的分类标准，根据学校任务和主流学生类型将高等教育分为7大类：博士学位授予院校、硕士学位授予院校、学士学位授予院校、学士/副学士学位授予院校、副学士学位授予院校、专门高等教育机构、原住居民院校②。我国的应用型本科高校属于学士学位授予院校的一部分。

就国内高等教育分类而言，武书连在《再探大学分类》中提出，按科研规模可将大学划分为研究型、研究教学型、教学研究型、教学型四类9种③。应用型本科高校对应其分类标准属于教学型大学。陈厚丰在《中国高等学校分类与定位问题研究》一书中，按学校类型和层次将高校划分为108种类型④。其中，应用型本科高校属于应用型和区域性高校。

虽然国情各异，分类标准不一，但其中或多或少均能窥见应用型本科高校所处位置。根据应用型本科高校在不同院校分类中的大致位置，可知应用型本科高校始终是被划分为教学型、应用型、区域型、学士学位授予院校。应用型本科高校这一概念在我国出现仅有十几年的历史，国外并没有应用型本科高校的具体概念。但是参照高等教育发展状况与

① 联合国教科文组织．国际教育标准分类法［Z］．2013.

② 王茹，高珊，吴迪．美国2015版卡内基高等教育机构分类介绍［J］．世界教育信息，2017（9）：41-43.

③ 武书连．再探大学分类［J］．中国高等教育评估，2002（4）：51-56.

④ 陈厚丰．中国高等学校分类与定位问题研究［M］．长沙：湖南大学出版社，2004：198-217.

高等院校分类标准，在高等教育大众化背景下产生的本科层次的技术型大学，如美国的州立大学和赠地学院、英国的新大学便大致相当于我国应用型本科高校的角色。

定位是一种战略。高校发展定位就是要回答“建一所什么样的学校”的问题，即高校定位就是一所高校在整个社会系统和高等教育系统中的位置，是高校的一种理念和价值追求，是一种战略思考与规划活动①。现有的研究一般认为应该从七个方面对应用型本科高校进行定位：服务面向定位于区域发展；人才培养目标定位于高级应用型人才；办学层次定位于办好本科教育的基础上，兼备重点专科教育；办学类型定位于大众式教学型；办学规模定位于 4000—10000 人；学科专业定位要切合实际、突出重点、体现特色、适应要求；办学形式上应追求灵活多样②。基于此，应用型本科高校应将一般质量标准与特殊质量标准相结合，立足于高级应用型人才的培养，追求办学特色，构建核心竞争力，以实现持续发展③。

（三）应用型本科高校的界定

应用型本科高校是指将办学目标定位于应用型人才培养的本科层次高等教育机构。其目的在于培养高级应用型人才，提高学生的就业和创业能力，满足区域经济发展和劳动力市场的需求。不同于传统的本科院校，应用型本科高校有其自身内在发展逻辑和驱动因素。其出现与发展，一方面是为了满足高等教育大众化或普及化过程中人们对于高等教育的需求，另一方面是为了应对劳动力市场对应用型人才的需求。这意味着应用型本科高校肩负了更多的社会责任，其教和学、研究和创新、发展和规划等各个方面都将更多地响应劳动力市场和一般市场。因此，

---

① 王翼，陈敏．从战略目标看高等学校定位［J］．科学学与科学技术管理，2004（8）：112-114.

② 樊彩萍．新建本科院校办学定位的理论与实践［M］．北京：北京师范大学出版社，2010：91-151.

③ 谢凌凌．新建本科院校“生态位战略”的构建、运行与评价［D］．南京：南京农业大学，2011.

应用型本科高校具有双重属性。一方面，作为普通高等教育机构，它不可避免地应该提供普适性的高等教育内容；另一方面，作为就业导向的高等教育机构，它又不可避免地应该提供技术技能教育。

鉴于应用型本科高校自身的发展逻辑，它们在发展过程中呈现出诸多特性：①与区域劳动力市场联系密切。应用型本科高校需要时刻关注劳动力市场的变化，积极与地方企业合作，在学校管理、课程开发等过程中，充分考虑地区社会经济发展的需求。②理论与实践相融合。为提高毕业生解决实际问题的能力，应用型本科高校的教学更需要注重理论与实践相结合，其教学内容应包括来自实践和学术领域的最新研究成果、趋势和实践案例。③研究与创新聚焦于实践。应用型本科高校致力于促进实践的提升和创新，其研究成果更多地表现为在专业实践和社会经济发展中的直接运用，以解决实践问题为导向，以为社会和劳动力市场提供实际利益为目的。

在此，需要特别指出的是，目前很多传统本科院校的某些专业将人才培养目标定位于应用型人才，但学校整体上依然是研究型大学或教学研究型大学，此类情况不属于本研究所界定的应用型本科高校范畴。只有将学校整体办学目标定位于应用型人才培养的院校，才是本研究中所指的应用型本科高校。

### （四）应用型本科高校与新建本科院校

人们对应用型本科高校和新建本科院校这两个概念及其关系一直存在某些误读，并在很多情况下将两者混用。为了进一步明晰应用型本科高校的概念，应对两者之间的关系进行厘清。1998 年姜采英首次在其论文《新建本科院校发展策略思考》中使用“新建本科院校”这一概念，来代指专科层次联合升本的高校[①]。随着高等教育大众化和改革开放的进程，经过二十年的发展，新建本科院校已经占据高等教育的半壁江山。据教育统计显示，截止到 2018 年底，全国新建本科院校的数量达 702 所，占同期 1243 所普通本科院校的 56.48%。新建本科院校这一

---

① 姜采英. 新建本科院校发展策略思考 [J]. 盐城工学院学报，1998 (3)：57.

概念逐渐被人们广泛运用，来特指 1999 年以来由专科学校升格而形成的新型本科院校①。

为促进该类院校的健康发展，教育部从 2009 年开始对新建本科院校进行合格评估，引导这批高校走地方性、应用型的办学道路。随着合格评估的开展和应用型转型工作的推进，调查数据显示，100%的新建本科院校已经把办学类型定位于应用型本科②。因此，我们可以说，就目前而言，新建本科院校属于应用型本科高校的范围。但是，由于一批老牌本科院校的应用转型，并不是所有的应用型本科高校都是新建本科院校。

## 三、应用型本科高校教师工作考核制度

教师是高校的核心和灵魂。要促进应用型本科高校的持续健康发展，必须建构一支与应用型本科高校办学定位相适应的教师队伍。而教师工作考核制度作为教师工作的指挥棒，引导着教师工作的开展。因此，必须重新审视应用型本科高校的教师工作考核制度的定义，认清应用型本科高校教师工作及其考核制度的独特性。

### （一）教师工作评价与教师工作考核

考核是对相关工作人员完成岗位职责任务的能力与效果情况进行的审定和衡量，评价是根据相应的标准对一定的人或事所进行的判断。两者都是根据某些特定标准进行事实判断基础上做出价值判断的过程。“考核”与“评价”两个词在一定程度上是指相同的范畴。由此，“教师工作考核”和“教师工作评价”两个词，在日常用语中通常具有相同的意蕴。但是，因为“考核”一词更具有操作性含义，“评价”一词更彰显理论特点，在学术研究中，研究者们更偏向使用“评价”一词，而在

① 陈寒．新建本科院校教师队伍建设现状分析及对策研究：基于 21 省 37 所新建本科院校教师队伍状态数据［D］．武汉：华中师范大学，2016．

② 陈东冬．转型视角下新建本科院校师资队伍评价体系研究［M］．北京：人民出版社，2017：2．

实际的工作操作中，则更倾向于使用“考核”一词。虽然从严格意义上讲，教师工作考核与教师工作评价是相互联系又有所区别的两个范畴，但目前的相关研究和工作实践并没有对两者进行严格的区分。因此，本研究也遵循这一传统，认为“教师工作考核”和“教师工作评价”是指相同范畴。鉴于本研究对教师工作考核制度进行分析过程中，侧重于对“制度—行为”在现实制度环境中相互作用的操作层面进行探究，因此，本研究采用更具有操作意蕴的“教师工作考核”一词。

（二）应用型本科高校教师工作

工作是一个人在某一单位中所承担的任务和履行的职责。高校教师作为高校发展运行的主体，其工作便是为了推动高校职能的实现。高校具有人才培养、科学研究、社会服务三项基本职能，高校教师的工作内容亦可以概括为：教育教学、科学研究和社会服务。应用型本科高校作为高等教育的一部分，毫无疑问也承担着这三项最基本的职能，其教师的工作内容也是教育教学、科学研究和服务社会。但是，应用型本科高校具有自身的特殊性，这种特殊性对应用型本科高校教师工作提出了特殊要求。

首先，教学方面，应用型本科高校高级应用型人才的培养目标，要求其教师工作应该更侧重于实践教学，并能够在教学中较好地完成理论与实践的融合，这就不可避免地需要教师具有相应的实践经验或行业背景。

其次，在科研方面，应用型本科高校更加关注技术的开发和转化，其教师科研工作的开展更多是为了解决实际问题。因此，除传统的成果产出方式（如专利、出版物等）外，其成果更多地表现为在专业实践、社会经济发展中的直接运用。

再次，在社会服务方面，应用型本科高校服务于地方经济发展的目标定位和与行业联系密切的特点，要求教师加强与行业、企业之间的沟通，积极参与到地方经济发展、建设中去。

应用型本科高校教师工作的特殊性，对应用型本科高校教师工作考核制度提出了特殊要求。应用型本科高校的教师工作考核制度应在制度设计上充分体现应用特征和高级应用型人才培养的要求。需要注意的是，本研究中的教师工作仅指教师所履行的义务，教师所享有的权利不在讨论范围内。

### （三）应用型本科高校教师工作考核制度的操作性定义

教师工作考核是对教师工作计划任务目标达成情况的检验。教师工作考核制度则是指导并检验教师工作完成情况的规范、规章、文件或条例。应用型本科高校教师工作包括教学、科研、社会服务，相应的教师工作考核制度自然是对教师完成教学、科研和社会服务各方面工作任务的数量、质量及态度情况等进行判断的指导性规定。基于此，从内容上而言，教师工作考核制度包括教学工作考核制度、科研工作考核制度和社会服务工作考核制度；从形式上而言，包括年度考核和聘期考核。与此同时，由于大学教师工作考核结果与教师工资、奖罚和晋升等直接相关，本研究在谈及应用型本科高校教师工作考核制度时，也将会涉及工作量制度、工资薪酬制度和职称晋升制度等相关互补性制度。

## 第二节　新制度主义理论及其适切性

“人类行为不仅在制度脉络中形成，而且深深的嵌入到对个体意志和利益计算产生重要影响的规则、规范、期待、传统等制度结构。”① 新制度主义为解释制度变迁、制度行为者的互动关系提供了一个适切的分析框架。虽然新制度主义的研究偏向于非营利组织和公共机构，这种偏向导致新制度主义被指责为研究范围过于狭窄，是对“组织世界的一种不幸的分割”②，但是高等教育机构作为非营利的组织和公共机构，

① 河连燮．制度分析：理论与争议［M］．李秀峰，柴宝勇，译．北京：中国人民大学出版社，2014：11.

② 鲍威尔．拓展制度分析的范围［A］// 鲍威尔，迪马吉奥．组织分析的新制度主义．姚伟，译．上海：上海人民出版社，2008：198-199.

选择新制度主义对其进行分析具有切适性。因此，本研究以新制度主义理论分析框架，对应用型本科教师工作考核制度进行分析和剖视。

## 一、新制度主义理论的主要流派

新制度主义源于对行为主义、功能主义等主流理论的批判，认为这些理论忽略了社会结构和社会关系对个体行为选择的影响。在此基础上，强调制度对个人与集体行为的影响。新制度主义作为一种跨学科的思潮，存在着诸多不同的理论流派。尽管新制度主义的流派纷繁复杂，但目前大家公认且广泛使用的分类标准把新制度主义划分为历史制度主义、理性选择制度主义和社会学制度主义，其他流派基本上是在这三大流派的基础上发展而来。虽然这三个流派的关注点均集中于制度对行为的影响和制度的变迁过程，但侧重点却各不相同。

### （一）历史制度主义

作为伴随着对“国家—社会关系”争论发展而来的历史制度主义，其关注点并非制度本身，而更多的是宏观脉络和历史过程。正如Skocpol所言，历史制度主义将关注的核心聚焦于“有意义的行为和结构性制约因素的辩证关系”[①]。虽然，历史制度主义强调正式制度和非正式制度同样重要，但研究依然聚焦于正式制度。在解释因果关系中，历史制度主义强调多种因素组合的历史脉络，通常采用案例分析、比较分析和过程分析等研究方法，认为只有中观层面的分析才具有可能性，普适性的理论开发是不可能的。尽管历史制度主义为解释个体行为的结构性条件方面提供了一个重要的分析框架，但却过分关注于宏观和中观层次，忽视了解释个体行为的微观分析框架。与此同时，历史制度主义虽然强调制度对行为的影响，却忽视了行为导致制度变化的可能，无法明确制度与个体行为的因果关系（即制度在多大程度上，如何制约行

---

① SKOCPOL T. Vision and method in historical sociology [M]. Cambridge University Press, 1984: 20.

为），容易导致制度决定论。

（二）理性选择制度主义

与历史制度主义相似，理性选择制度主义关注的焦点依然是正式制度。理性选择制度主义的方法论是个体主义，认为社会现象是个人偏好和选择的汇聚，偏好是既定的，不需要被解释。理性选择制度主义基于个体理性的假定，以个人利益或偏好来解释个体或集体的行为。与新制度主义的其他流派不同，理性选择制度主义认为制度是有意设计的结果，是为解决“集体行动困境”和规范个人行为的一种强制机制或方法。该流派最典型的特点便是在解释制度及其对个体行为的影响时，将关注点聚焦于追求个人偏好最大化的理性经济人，关注社会现象的微观基础，强调普适性的伦理发展。理性选择制度主义为新制度主义摆脱结果决定论提供了新的视角，但却忽略了规范、价值、意识形态等非正式制度对个体行为的影响。虽然其理论的出发点是个人偏好，但是理性选择制度主义只是假定偏好是既定的，在其分析框架中无法解释偏好的形成和变化。且其对制度形成的解释局限于效用最大化的功能主义，忽视了制度作为一种意外结果的产生，忽视了制度过程中社会内部权利的不平等关系和文化因素对制度的选择。但是近年来，随着人们对理性选择制度主义的批判，理性选择制度主义者开始尝试做出改变。如，开始将习俗、规范等非正式因素纳入理性选择制度主义的制度范畴中，关于个人偏好的立场开始改变，并关注分配冲突和权利的不均衡。

（三）社会学制度主义

社会学制度主义是由组织理论中的一个分支发展而来，关注组织环境和组织发展，因此也被称为组织学制度主义。该理论源于对工具主义和功能主义理论的批判，强调适当性逻辑而非结果性逻辑。社会学制度主义关注规范、文化、信念等非正式的制度，强调认知、文化因素在解释个体行为和制度过程中的意义，关注制度对个体行为的影响和超个体单位[①]。社会学制度主义与理性分析制度主义最明显的区别在于，社会学制度主义否认个体及其偏好是既定的，否认制度是人为设计的结果。社会学制度主义将“认知—文化”与宏观分析相结合，注重宏观层面的制度扩散，为解释社会现象提供了丰富的理论视角。但却忽略了微观层面对个体具体行为及行为互动的解释，且从未曾涉及权利概念和政治现象，从而无法解释制度的多样性和制度对个体的影响，特别是不能解释个人的私利行为。与此同时，社会学制度主义虽然能够较好地解释制度化组织的扩散和再生产，但却不能恰当地解释制度变迁、去制度化等问题，从而使自身的适用范围相对有限。为弥补自身的缺陷，社会学制度主义者也开始逐渐关注个人和权利，承认个人行为和意图导致制度变迁的可能性。

（四）三大流派的基本特征

虽然经过了长期的发展，各流派的理论都有所变化，但依然没有整合形成一套新制度主义理论框架。不同流派的新制度主义，均呈现出各自明显的流派特征。目前，三个流派的基本特征，如表 2-1 所示。

**表 2-1　新制度主义三个流派的基本特征**

| 流派 | 关注的制度类型 | 对偏好的假设 | 侧重点 | 制度变迁 | 分析层次 | 方法论 |
|---|---|---|---|---|---|---|
| 历史制度主义 | 正式制度 | 内生 | 权利不均衡 | 断裂均衡 | 宏观、中观 | 修正利己主义 |
| 理性选择制度主义 | 正式制度 | 外生 | 策略行为均衡 | 收益成本 | 微观 | 个人主义 |
| 社会学制度主义 | 非正式制度 | 内生 | 认知 | 趋同性 | 宏观 | 整体主义 |

在其所关注的制度类型上，历史制度主义和理性选择制度主义强调

① 河连燮. 制度分析：理论与争议［M］. 李秀峰，柴宝勇，译. 北京：中国人民大学出版社，2014：55-56.

正式的制度，忽略了对非正式制度的关注，而社会学制度主义则更多的关注非正式制度；在对偏好的解释上，历史制度主义和社会学制度主义均认为偏好是内生的，而理性选择制度主义认为偏好是既定的；在侧重点上，历史制度主义强调权利的不平等是导致制度产生和变迁的原因，理性选择制度主义认为制度意味着均衡状态，是大家对共同偏好的整体判断，社会学制度主义则强调认知因素在制度的形成和变迁中的重要作用；在分析层次上，历史制度主义侧重于宏观和中观层次，理性选择制度主义侧重于微观层次，社会学制度主义则侧重于宏观层次。

总之，不同流派的新制度主义其关注点各不相同，这也导致某一新制度主义流派的缺陷可能正好是另一流派的优点。如历史制度主义和社会学制度主义均缺乏个体行为者对制度选择作用的解释理论，而理性选择制度主义则可以很好地解释个体行为者在制度选择中的作用。因此，不同流派之间相互借鉴，相互整合，共同发展已经是大势所趋。

## 二、新制度主义理论的关注点

新制度主义理论所关注的问题主要有两个：一是制度是如何影响行为的；二是制度本身是如何形成和变迁的。

### （一）制度对行为的影响

“制度是如何对行为产生影响的”是新制度主义最核心的问题。为了对这一问题进行回答和解释，不同流派的新制度主义构建了各具特色的分析框架。

历史制度主义认为，偏好并非既定的，而是在制度脉络中逐渐形成的，应该是被解释的对象。制度通过对权利关系的作用来影响个体或集体行为者的偏好，进而影响行为目标的设定和行为方式的选择。在此基础上，历史制度主义强调制度和行为的辩证关系。一方面，将制度作为自变量，分析制度环境对个体行为、选择和政策形成的影响；另一方面，将制度作为因变量，强调制度的形成是各种因素相互冲突与选择的过程。

理性选择制度主义则从微观层面出发，认为制度通过“算计路径”

影响着个体的行为预期。理性选择制度主义研究的起点是集体行为困境，认为制度是为了解决集体行为困境，基于理性经济人之间的合约创建的。因此，与新制度主义的其他流派不同，该流派认为制度是有意设计的结果，是为解决“集体行为困境”和规范个人行为的一种强制机制或方法。制度的制定，本质上是基于具有平等关系的社会成员对共同偏好的整体判断。因此，在解释制度对行为的影响时，理性选择制度主义将关注点聚焦于追求个人偏好最大化的理性经纪人，认为制度设计实际上是特定利益结构的规定，个体会在计算自己行为后果的基础上做出行为选择。

社会学制度主义从宏观层面出发，强调制度通过“文化路径”来影响行为的“规范版本”和“认知版本”。人们做出选择和决策，并不一定是深思熟虑的。在大多数情况下，人们的选择只是惯例的延续。“制度化”是社会学制度主义中一个重要的概念。所谓制度化，是社会程序、社会义务等在社会思想和行动中逐渐获得某种规则地位的过程①。经过制度化，个体就会对某一选择持有“理所当然”的态度，特定的社会秩序或规范便被人们广泛接受。人们的日常生活实际上是主观交流的世界，只有当某个个体与其他个体在共享某一现象的意义时，人们才能够实现沟通和互动。而制度化，便是人们能够共享某一现象的意义并逐步形成社会秩序的过程。因此，从这个意义上来讲，制度既是过程，也是状态。迈耶和罗恩认为，“制度化的产品、服务、技术、政策以及规划，如强有力的神话一样发挥着作用，很多组织仪式性地采纳了它们”②。人们采用某些规则，并非因为这些规则能够实现效率的最大化，而是为了增加组织的合法性和生存的可能性，改善组织的生存前景。正因为如此，制度要求与生产性活动通常是松散的结合。

① 迈耶，罗恩．制度化的组织：作为神话与仪式的正式结构［A］//鲍威尔，迪马吉奥．组织分析的新制度主义．姚伟，译．上海：上海人民出版社，2008：45-46.

② 迈耶，罗恩．制度化的组织：作为神话与仪式的正式结构［A］//鲍威尔，迪马吉奥．组织分析的新制度主义．姚伟，译．上海：上海人民出版社，2008：45-46.

综合以上观点，斯科特提出了一套综合的分析框架，从制度的三个要素出发来分析制度对行为的影响。其具体情况，详见表 2-2。斯科特认为，制度包括管制的、规范的和文化认知的三个基本要素，这些要素决定了人们服从的基础、秩序的基础和制度的作用机制。其中，管制的要素是指制度中明确规定必须遵守的内容，通过权宜规定，以管制规则的形式明确行为者哪些可以做，哪些不能做；规范的要素是指制度被认为是应该遵守的内容，以有约束力的期望把某些行为界定为社会责任；文化认知的要素则是制度中包含的那些被认为是“理所当然”的思维方式或行为逻辑，行为者通过认知图式，会自动地去遵守。

**表 2-2　制度三要素分析框架**

| 基本要素 / 表现形式 | 管制的 | 规范的 | 文化认知的 |
|---|---|---|---|
| 服从的基础 | 权宜 | 社会责任 | 理所当然的共同观点 |
| 秩序的基础 | 管制规则 | 有约束力的期望 | 认知图式 |
| 作用机制 | 强制的 | 规范的 | 模仿的 |

### （二）制度的形成与变迁

新制度主义理论强调制度的稳定性、持续性和制约性，对制度变迁的解释一直是其薄弱环节。早期的制度研究大都从外部因素来解释制度变迁，认为制度变迁是一个激进的过程。随着新制度主义理论的发展，研究者们越来越意识到制度变迁更多情况下是一个渐进的过程。不同流派新制度主义在制度变迁理论研究中开始不约而同地聚焦于渐进变迁、内部动因和路径依赖。

#### 1. 制度的形成与变迁理论

新制度主义三大流派中，最关心制度变迁的便是历史制度主义。历史制度主义强调历史过程和路径依赖，认为制度并非人为设计出来并可以有效解决现存问题的，而是强调制度产生的偶然性、路径依赖和无效率性；认为制度具有持续性，即使是外部的政治经济环境发生了变化，制度也不会自动地进行革新来渐进地适应环境，环境的变化只是为制度的改变提供了契机，制度对环境的回应并不是必然事件；根本性的制度变革大都是由严重的经济危机或军事冲突导致，表现为激进的间断模式，具有偶然性；但是新的制度一经确立，便不可避免地会有固化倾向，即“断裂的均衡”；制度变迁可以分为根本性变化的转折期和新制度在新路径下的稳定期，当制度一旦具有了稳定性的特征，便不会轻易地改变；随着社会经济环境的变化，旧制度可能无法适应社会的要求，并会对更加有效的新制度具有抑制作用。历史制度主义的变迁理论强调变迁过程中外部环境的复杂性，将变迁过程视为政治活动的过程。但是，历史制度主义的变迁理论过于强调外部冲击和关键转折点，忽略了制度变迁的渐进性可能，忽略了制度变迁中的内部冲突和行为者对制度变迁的影响。

理性选择制度主义对制度变迁的解释与制度形成的解释保持着逻辑上的一致性，认为制度变迁是一个有意识的过程，如果人们确定新的制度会带来更大的收益便会自然而然地发生制度变迁。理性选择制度主义解释制度变迁的理论主要有以下三种：

第一，交易费用理论。这一理论的基础是交易双方为平等的关系，制度是为了实现偏好的最大化而出现的契约。因此，制度的形成是自发协商的过程，只要外部条件没有什么变化，当事人就会保持原有的制度。在外部环境发生变化的情况下，当事人为了持续寻求个人偏护的最大化，就会自发地重新制定新的规则。

第二，诺斯的制度变迁理论。诺斯提出了制度变迁的五个命题：①制度变迁的动因是制度与组织的持续互动；②为了在竞争中求生存，组织或组织成员会持续投资技术和知识，其结果是改变人们对机会的认知，组织成员可能会基于新的认知做出选择，这时可能会发生渐进式制度变迁；③现有的制度框架决定投资的诱因和方向；④对机会认知的形成依赖于组织成员的心智构念；⑤制度变迁是渐进的过程。尽管诺斯的理论对弥补理性选择制度主义变迁理论的缺陷具有很大的进展，但并没有关注到结构层次的不平等关系和权利不均衡出现与维持的原因。

第三，谈判理论或权利的不均衡理论。这一理论的主要代表人物是奈特和利瓦伊。他们认为，制度并非只是追求集体利益最大化的结果，而是利益分配冲突过程中个人谋求利益最大化的副产品。由于权利的不均衡，某一制度之所以被选择，往往是交易当事人中具有较强谈判力的掌权者的谈判结果。当制度被采纳后，这一制度又会进一步巩固和增加掌权者的利益。因此，制度发生变迁只有在两种情况下产生：根据现有制度所产生的分配结果发生变化和交易双方的谈判力发生变化。

理性选择制度主义强调制度变迁的目的性，基于个体间的契约来解释制度设计和变迁的过程，为制度变迁提供了一个微观层面的分析框架。虽然它也承认制度变迁历史过程的重要性，但依然主张个人偏好和收益是制度变迁的根本动因，而忽略制度的认知和规范层面。因此，在一定程度上可以说，理性选择制度主义擅长解释制度持续而非制度变迁。

与理性选择制度主义的变迁理论强调工具性逻辑不同，社会学制度主义的变迁理论基于适当性逻辑，关注共享的意义和价值的形成，将制度变迁的过程看作合法性的行为模式或组织形态的扩散过程，体现为趋同化、模仿和相互学习的过程。在组织发展过程中，随着组织场域的结构化程度加深，个体变迁的聚合影响，会导致组织的制度性同形，即组织为了获得合法性和正当性而导致的趋同。在社会学制度主义中，对制度变迁解释的一个重要概念是“去制度化”。但社会学制度主义关注制度化过程的研究传统，导致并没有太多的关注“去制度化”和“再结构化”的过程。因此，社会学制度主义并没有形成解释制度变迁的精致分析框架。在它们看来，制度一经确立，往往会通过自身的建构，来保持自身的稳定性，拒绝外界变迁的意图。因此，制度变迁从来不是一个容易的过程，往往需要一定的成本并遭受诸多阻力。制度一经形成，便会理所当然地延续下去，并不会频繁地发生变迁。虽然社会学制度主义的变迁理论可以解释制度失去合法性地位的原因，但其对制度变迁的解释并不精致，特别是在解释旧制度向新制度的变革过程中同一环境下出现的不同变迁模式时，具有明显的局限性。

新制度主义三个流派的制度变迁理论对制度变迁的归因可以从两个维度进行划分，一是内部因素或外部因素，即将制度变迁归因于外部环境的影响、冲击还是制度内部因素；二是结构变量或行为者变量，即从结构层面上还是从个体（或集团）的行为及行为者的互动关系上来解释制度变迁。传统的历史制度主义和社会学制度主义在解释制度变迁时最初均立足于外部因素，强调结构性变量的影响。随着外部批判和认识的更新，近期的历史制度主义和社会学制度主义也开始关注制度变迁的内部因素，以解释渐进的制度变迁。理性选择制度主义在解释制度变迁过程中呈现出不同的分析框架，但所有解释框架都是基于个人偏好，从行为者变量对制度变迁进行解释。有所不同的是，交易费用理论将制度变迁归因于外部环境的变化，而诺斯、奈特等人的制度变迁理论则从内部权力或相对价格等内部因素来解释制度变迁。不同流派关于制度变迁的具体归因分析，详见表 2-3。

**表 2-3 不同流派对制度变迁的归因**

| 归因 | 结构变量 | 行为者变量 |
|---|---|---|
| 外部因素 | （传统）历史制度主义<br>（传统）社会学制度主义 | 理性选择制度主义<br>（交易费用理论） |
| 内部因素 | （近期）历史制度主义<br>（近期）社会学制度主义 | 理性选择制度主义<br>（诺斯、奈特、格雷夫等） |

资料来源：河连燮. 制度分析：理论与争议［M］. 李秀峰，柴宝勇，译. 北京：中国人民大学出版社，2014：75.

2. 路径依赖与制度变迁

路径依赖最初用来描述技术变迁过程，后逐渐被引入制度变迁理论中。路径依赖这一概念有广义和狭义之分。广义上讲，路径依赖就是前一阶段的事情对后一阶段的事情有影响，这一观点强调了“历史事件”的重要性。但有的学者认为这一定义过于宽泛，且无法解释过去对现在产生影响的具体机制问题①。因此，狭义的路径依赖在强调“历史事

① MAHONEY J，SCHENSUL D. Historical context and path dependence［A］// GOODIN E R，TILLY C. The Oxford handbook of contextual political analysis. Oxford：Oxford University Press，2006：457.

件”的基础上增加了“报酬递增”这一概念，即某一路径一旦被选择，由于路径更改成本会随着时间的推移越来越高，鉴于高昂的成本，即使有更好的路径，也很难改变现有的路径。在路径依赖理论看来，制度变迁是由偶然的重大意外所导致的；制度一经形成，便会以自我强化的方式持续一段时间，并再次通过偶然的时间导致激烈的转变，并不断重复该过程。

社会学制度主义很早就开始将视线聚焦于路径依赖，代表学者是鲍威尔。他认为，行为者引入的是早已存在的制度的构成原理或管理，制度变化只能是路径依赖①。正如施廷斯凯姆所指出的，组织建立过程中存在一种基本的结构特征，即铭记现象②。这种铭记记录了组织的发展历史，并影响着将来的发展路径。因为发展过程中的路径依赖，最原始的选择会排除将来的选择，从而使组织的程序和形式能够保留下来。因此，组织的学习往往是“迷信式”的。组织常常会持续地遵循最初偶然成功所遵循的惯例，把自己动态地锁入某一路径中，尽管这种路径是一种次优的程序或技术，但却不能轻易改变或调整。

鲍威尔指出，路径依赖具有三个基本特征，即技术之间高度相互关联、回报递增或正反馈、用于学习和投资不可逆性③。随着某项技术被广泛应用，与之相关的辅助技术和各种投入逐渐完善，这种选择便日益结构化，不会轻易发生变动。因此，制度安排是一个持续的稳定过程，不可能在环境发生改变的情况下灵活的变迁，而路径依赖的回报递增和正反馈，又使得组织很难找到替代性选择。由此，那些持续的制度安排并不一定是最优的制度安排。“某一制度安排一旦确定，就表明付出了一种不可回收的沉没成本（sunk cost），这既是经济学的，又是心理学

① 鲍威尔. 拓展制度分析的范围［A］// 鲍威尔，迪马吉奥. 组织分析的新制度主义. 姚伟，译. 上海：上海人民出版社，2008：209-210.

② STINCHCOMBE A L. Social structure and organizations［A］// MARCH J G. Handbook of organization. Chicago：Rand McNally，1995：142-193.

③ 鲍威尔. 拓展制度分析的范围［A］// 鲍威尔，迪马吉奥. 组织分析的新制度主义. 姚伟，译. 上海：上海人民出版社，2008：209-210.

成本”，“制度变迁的意图会因威胁个体的安全感、增加信息处理的成本、破坏惯例，而通常被抵制”[①]。

诺斯认为，路径依赖类似于物理学中的惯性，既有的制度必然会影响将来的制度。路径依赖之所以存在是由初始设置成本、学习效应、协作效应和适应性预期所引起的。路径依赖主要表现为两种极端形式：一种是良性的路径依赖，即当某一路径被确定后，与之相关的各项事宜均会强化这一轨迹，并形成一种适应性的有效制度来应对环境变化，促进生产活动的长期发展；另一种是恶性依赖，即当某一被确定的生产路径阻碍生产活动发展时，既得利益者为了自身利益依然努力维护这一路径。影响路径变迁的因素主要有三个：一是，报酬递增，即因为人们从中获益，便不断地强化某一路径；二是，不完全市场；三是，利益因素。

路径依赖为制度的持续性提供了一个很好的分析框架。该理论将“时间点”和“顺序”引入制度变迁的分析框架中，认为早期时间比后期发生的时间对最终的结果产生的影响更大。重要的不是发生了什么事，而是事件发生的顺序。即使是同一件事情，在不同的事件背景中发生，也会产生不同的影响力。并非只有重大事件，偶然事件也可能会导致重大后果。因此，它强调事件发生的“时间背景”和事件的“历史开展过程”，即初始状态的偶然性、事件发生的时间和历史脉络、事件的进展情况。在解释制度变迁过程中聚焦于路径依赖，可以发掘“历史因果关系”而非仅仅是“共时因果关系”。早期事件发生后一旦进入自我强化阶段，即使早期时间已经不存在，其过程依然在持续。与此同时，原因与结果并非同时出现的，两者之间的关系可能是阶梯式而非线性的，若只关注一个时间点，不能或不能充分地解释因果关系。当然，路径依赖理论虽然能够解释重大转折点对制度变迁的影响，但是无法解释重大转折点本身是如何出现的。

---

① 鲍威尔．拓展制度分析的范围［A］// 鲍威尔，迪马吉奥．组织分析的新制度主义．姚伟，译．上海：上海人民出版社，2008：211.

## 三、新制度主义理论的发展动向

根据迪马尼奥的划分，新制度主义各流派之间的关系可以划分为三个阶段：第一阶段是开始发展阶段。该阶段的新制度主义各流派只局限于发展本流派的理论，除了攻击共同的敌人（行为主义和方法论个体主义）外基本没有任何共性，没有任何交流沟通。第二阶段是“制度重要”命题广泛认可阶段。该阶段各流派在相互批判的过程中逐渐发现自身的不足，开始进行反思。第三阶段为相互学习阶段。经过第二阶段的争论和互相批评，各流派的新制度主义开始积极汲取对方的理论优势，来弥补自身的不足。目前新制度主义理论的发展正处于第三阶段。这一阶段，新制度主义各流派呈现出以下三种发展趋势。

### （一）不同流派整合发展

如历史制度主义为解释个体行为的微观基础，开始寻求与理性选择制度主义的整合，承认同样的制度环境下，个人行为者策略的多样化，其代表学者是罗斯坦和伊默古特；理性选择制度主义承认权利的不均衡，并开始采取历史分析方法来分析社会现象，其代表人物是格雷夫、罗斯坦、奈特，他们均强调理性选择制度主义与历史制度主义有整合的必要。与此同时，理性选择制度主义有关偏好的解释也正在发生变化，开始关注认知的重要性，认为制度通过约束行为者的经验影响偏好的形成，其代表人物是诺斯、道丁、沙普夫，这奠定了理性选择制度主义与社会学制度主义结合的基础。社会学制度主义开始将理性纳入其对社会现象的分析框架，关注制度背后的权力关系，逐步从“算计”和“文化”的二分法中摆脱出来，并出现了试图整合理性选择制度主义和社会学制度主义的新制度主义社会学。与此同时，各流派的研究方法也开始有所变化，如历史过程研究和比较研究方法已经被所有的流派广泛采用；理性选择制度主义开始采用分析性叙事的方法，从专注于普适性理论的发展转变为开始关注中观层面理论的开发。

### （二）“理念”概念引入

新制度主义在解释政策的结构性制约因素上做出了巨大的贡献，

但无法解释政策的具体选择和内容。为解决这个问题，新制度主义近年来开始关注具体的政策影响因素，即“理念”，试图以此来克服过度依赖行为者或结构的传统解释方式。如理性选择制度主义在对单一均衡现象的解释过程中引入“理念”，视其为社会成员共享认知的渠道；历史制度主义引入“理念”，来解释行为的多样性和制度变化的可能性。

（三）制度开始被视为多种要素共同构成的复合体

当前各流派开始将制度看作为多种要素共同构成的复合体，并以此为基点来构建新的制度分析框架。基于制度是由多种因素共同构成的认知，各派认为制度的变迁并不意味着新旧制度的完全消亡，而更可能是制度既有各要素的重新组合或外部要素的加入。而“理念”的引入，为采取何种组合方式或如何改变制度等问题提供了指南。

## 四、新制度主义理论的适切性

（一）逻辑的一致性

应用型本科高校作为我国高等教育事业中独具特色的一部分，其教师工作考核制度是否能够真正体现出“应用”特征？运行过程中存在哪些问题？对教师工作行为有什么样的影响？应该如何对其进行改进？这些问题是本研究想要探究的。所有的制度都不是存在于真空之中，而是在特定的社会背景下，受社会结构、组织环境、行为主体等因素的综合影响。为了能够有效地解决这些问题，必须考察制度背后深层次的原因和制度对行为的作用机制。因此，为了更好地分析应用型本科高校教师工作考核制度，需要深入挖掘制度变迁的逻辑和制度对行为的影响机制。

新制度主义理论关注制度背后的深层原因，其发展与研究始终围绕两个问题，即制度是如何影响行为的和制度是如何变迁的。新制度主义经过较长时间的发展，从不同层面对制度的变迁和运行机制进行了探究，形成了一套相对完善的理论框架。新制度主义理论所关注的问题恰恰是本研究想要探究的问题。在制度变迁分析框架中，新制度主义充分解释了结构变量和行为者变量及其相互影响所带来的制度变迁或制度自我强化；在制度对行为影响的分析框架中，新制度主义充分考量了在理性、认知和权利关系影响下，个体或集体的行为选择。因此，新制度主义理论与本研究在逻辑上是一致的，其研究框架和理论假设可以帮助本研究更好地对应用型本科高校教师工作考核制度进行分析。

（二）分析层次的一致性

应用型本科高校教师工作考核制度是一个复杂的体系，涉及社会结构、高等教育背景、院校、教师个体等方方面面，包含各种正式的和非正式的制度。就国家层面而言，中央教育行政部门会对应用型本科高校教师工作考核制度进行整体的方向性指导；就地方层面而言，不同区域会根据自身的发展特点，对本区域的应用型本科高校教师工作考核制度作进一步规定；就院校层面而言，作为教师工作考核制度实施办法的具体制定者，各院校会在综合考量上级要求和院校发展规划基础上，制定本校的具体的教师工作考核制度；就教师层面而言，教师个体的多样性和教师工作的复杂性影响着制度的实施和制度的选择。由此可见，应用型本科高校教师工作考核制度涉及宏观、中观、微观各个层面，需要进行统筹考量和综合分析。

新制度主义在对制度进行分析的过程中，将制度嵌入更大的背景之中，从宏观、中观和微观角度综合考量制度的变迁和制度与行为相互作用机制。在微观层面上，解释了个体的具体行为及行为互动与制度形成的关系，强调个人偏好和收益是制度变迁的动因之一。在中观和宏观层面上，一方面强调个体行为的结构性条件和外部环境的复杂性在制度变迁中的影响；另一方面将“认知—文化”与宏观分析相结合，注重宏观层面的制度扩散。因此，新制度主义的理论分析层次与本研究中应用型本科高校教师工作考核制度的分析层次具有一致性。

# 第三节　研究框架构建

## 一、理论模型

制度主义理论在发展前期，便开始关注制度对行为的影响。随着新制度主义研究的逐渐深入，制度变迁过程中行为者的制度选择又成为其研究的重点。在一定程度上可以说，新制度主义分析框架的研究路径之一便是“制度—行为”的辩证关系。但是，新制度主义不同流派在制度如何塑造行为和行为者如何选择特定的制度上，却没有达成共识。历史制度主义从宏观和中观层面出发，认为制度通过权利关系来影响行为目标的设定和行为方式的选择，强调社会结构在制度变迁中的重要作用；理性选择制度主义从微观层面出发，认为制度通过“算计路径”影响着个体的行为预期，社会成员的共同偏好和收益是制度变迁的主要动力；社会学制度主义从宏观层面出发，强调制度通过“文化路径”来影响行为的“规范版本”和“认知版本”，合法性逻辑的丧失是制度变迁的主要原因。随着新制度主义不同流派之间的相互借鉴与整合，三大流派对“制度—行为”互动机制的解释日趋融合。

毋庸置疑，制度与行为具有辩证关系。一方面，制度能够塑造行为，主要表现为制度在为个体或集体行为者提供机会的同时，又限制着行为者的行为。另一方面，行为者的行为影响着制度的选择和变迁。但是，制度是在一定社会结构和背景下产生的，制度的可选择性、行为的多样性和社会背景的复杂性，都决定了单一的要素无法全面解释“制度—行为”的互动过程和关系。应用型本科高校作为高等教育转型发展的产物，具有深刻的社会背景和影响因素。其教师工作考核制度的运行和变迁，更是涉及社会、集体和个人等多种因素的共同作用。选用任何一个流派对应用型本科高校教师工作考核制度进行解释，都会显得苍白无力。

因此，与其争论哪一种分析途径更为有效，不如探讨如何以更综合的视角发挥他们各自的优势。正如齐斯曼认为的那样，根据相应的研究主题选择理论分析框架并不是停留在探讨理论的长短或优劣，而是通过分化适用对象提高理论和研究的匹配度[①]。同样，新制度主义各流派是我们认识和分析社会现象的一个个镜头，为了能够更清晰、更完整地看到不同的社会现象，我们有必要选取不同的镜头。本研究综合三个流派对“制度—行为”互动机制中的假设，在统筹考量社会结构、理性和文化要素的共同作用下，将“环境”要素引入“制度—行为”的分析框架，构建了“制度—环境—行为”的理论模型。

本研究从“制度—环境—行为”和“行为—环境—制度”两条线索出发，对应用型本科高校教师工作考核制度进行分析。一方面，制度在环境中塑造行为。制度镶嵌于更大的关系网络之中，在一定的组织环境中发挥作用，处于这种组织环境中的集体或个体受权利关系、理性选择和认知因素的影响，会根据现有的制度作出不同的行为选择，从而导致集体行为的相对一致性和个体行为的多样性。另一方面，行为者在社会结构中影响制度的选择和变迁。个体或集体的行为在一定的社会环境中被制度所塑造，反过来又进一步影响着制度的选择和变迁。这种影响表现在两方面，即制度的自我强化和制度的变革。无论是制度的自我强化还是变革，都是在现有的社会背景下，基于现有的权力关系、工具性逻辑和适当性逻辑进行博弈的过程。按照这两条分析线索，本研究所建构的理论框架如图 2-1 所示。

## 二、分析框架

应用型本科高校教师工作考核制度直接决定着教师工作的方向和质量。为了深入探讨应用型本科高校教师工作考核制度的运行现状与变革趋势，本研究以新制度主义为理论视角，以“制度—环境—行为”之间的互动机制及结果为切入点，对应用型本科高校教师工作考核制度进行

① ZYSMAN J. How institutions creat historically rooted trajectories of growth [J]. Industrial Corporate Change, 1994, 3 (1): 243-283.

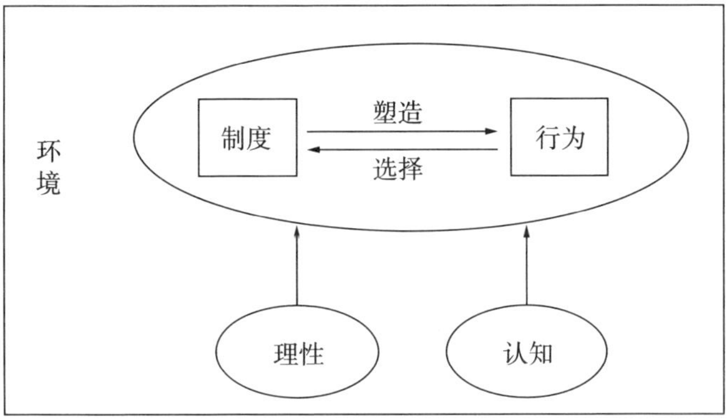


**图 2-1　理论框架**

分析。主要分析框架包括以下三部分内容。

第一，应用型本科高校教师工作考核制度历史分析。将应用型本科高校教师工作考核制度作为“因变量”，在高等教育发展的大背景中，从宏观、中观和微观三个层次考察应用型本科高校教师工作考核制度的发展历程。在此基础上，遵循“行为—环境—制度”的研究路径，综合考量在社会结构背景下，“算计路径”和“文化路径”在制度选择中的作用机制，以追寻应用型本科高校教师工作考核制度变迁的特征和动因。

第二，应用型本科高校教师工作考核制度现状分析。假定制度是给定的，将教师工作考核制度作为“自变量”，按照“制度—环境—行为”这一主线，探寻一定组织环境中集体或个体行为者在理性和认知因素的作用下，行为选择的一致性和多样性。在此过程中，选取 30 所应用型本科高校为样本院校，对其教师工作考核制度文本进行内容分析，在探讨制度现状特征及存在问题的基础上，追寻现行教师工作考核制度对教师工作行为的影响及原因，从而对应用型本科高校教师工作考核制度进行评估，找出现行考核制度的缺陷。

第三，应用型本科高校教师工作考核制度域外经验。受社会结构、理性和认知等因素的影响，制度的选择和变迁具有多样性。为了能够更好地为我国应用型本科高校教师工作考核制度变革提供参考和建议，以英国哈德斯菲尔德大学这一典型且卓有成效的应用型本科高校作为案例，深入剖析哈德斯菲尔德大学教师工作考核制度的运行现状，以期为我国应用型本科高校教师工作考核制度的变革寻求经验。

具体的分析框架和分析流程，详见图 2-2。

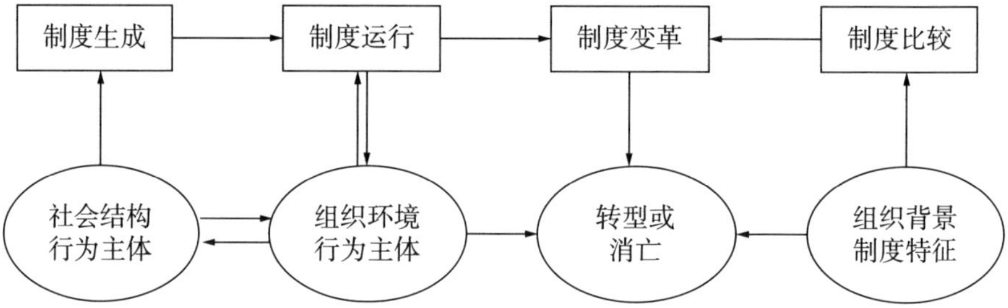


**图 2-2　分析框架**

# 第三章　制度选择：应用型本科高校教师工作考核制度的历史分析

凡是过去，皆为序曲。

——莎士比亚

正如史学家钱穆所说，“研究制度，不应专从制度本身看，而应该通过与此制度相关的一切史实来研究”。同样，高校教师工作考核制度是在社会结构和行为主体等不同要素的共同影响下不断发展的。为探究应用型本科高校教师工作考核制度的变迁机制，本部分将应用型本科高校教师工作考核制度作为“因变量”，将其放在新中国成立至今 70 年的历史进程中考察，以探求制度产生和变迁的逻辑与根源。

## 第一节　应用型本科高校教师工作考核制度变迁历程

任何制度的产生和变迁，都是在特定的社会结构和既有的制度前提下，行为者主动或被动选择的过程。应用型本科高校作为现代大学发展进程中分化出来的一个特殊板块，是随着社会经济结构转型和高等教育大众化而出现的。而应用型本科高校教师工作考核制度是在我国高等教育制度构建历程中，作为高校教师工作考核制度的一部分发展起来的。目前，国家层面尚未出现专门针对应用型本科高校教师工作考核的指导性文件，应用型本科高校教师工作考核制度依然是在宏观的、统一的高校教师工作考核制度指导下构建的。因此，对应用型本科高校教师工作考核制度产生与变迁的追溯，必须充分考量宏观的和前期的高校教师工作考核制度变迁历程。

应用型本科高校这一概念1999年前后才开始被提及（虽然这并不意味着1999年以前没有实质性的应用型本科高校）。因此，本部分以1999年为时间节点，将教师工作考核制度的变迁历程分为应用型本科高校这一概念出现前、出现后两个阶段。对1999年以前教师工作考核制度变迁的追溯是为了寻求制度变迁的根源，对1999年后应用型本科高校教师工作考核制度变迁历程的追溯是为了探究制度变迁的趋势。

为了充分梳理1999年后应用型本科高校教师工作考核制度的变迁历程，本研究将从宏观、中观和微观三个层面开展。从宏观层面上，探寻国家层面高校教师工作考核制度的变迁历程；从中观层面上，以H省为例，追寻宏观要求下，省级层面教师工作考核制度的变迁历程；从微观层面上，以H省的HB学院为个案，分析在国家和省级相关制度的指导下，自2002年升本以来该校教师工作考核制度的变迁历程。

HB学院位于H省的一个地级市，其发展历史可追溯到1937年的XX简易师范学校，几经更名与合并，至1993年成为高等专科学校，2002年与XN医学院合并，升本并更名。HB学院作为升本较早的一批院校，其发展历程展现了我国应用型本科高校发展的典型特征和路径，具有很强的代表性。故以此为个案，将其嵌入国家高校教师工作考核制度的变迁背景中，来具体分析我国应用型本科高校教师工作考核制度的变迁历程。

## 一、应用型本科高校概念出现前高校教师工作考核制度发展历程（1949—1999年）

### （一）计划经济体制下高校教师工作考核制度缓慢发展期（1949—1977年）

#### 1. 高校教师工作呈现集中管理特征

从1949年新中国成立到“文革”结束，中国实行高度集中的计划经济体制。与之相适应，高校实行政府统一领导的管理体制，按照事业单位的人事管理方式对高校教师进行管理。此时，教师工作考核呈现出鲜明的计划性、固定性、集权性和省份管理等特点。高校在构建教师工作考核制度中具有较少的自主权，教师工作考核制度更多的是一种自上而下的工作检查制度。虽然，在1949—1977年间，有过短暂的“钟摆运动”，但高校教师工作总体上呈现出自上而下的集中管理特征。

1949—1957年，移植并借鉴了苏联高度统一的管理体制和延安的军事化管理经验，大学被看作是政府部门的附属单位。1950年颁布的《各大行政区高等学校管理暂行办法》《关于高等学校领导关系的决定》《高等学校暂行规程》，及随后于1953年颁布的《关于修订高等学校领导关系的决定》等文件，确定了中央统一管理的高等教育管理体制，政府机关直接包揽了高校所有的行政管理事务，高校的自主办学权基本不存在。此时，教育行政部门基本上没有给高校留有建设教师工作考核制度的空间，各院系更是在教师工作考核制度建设中没有发言权。虽然，1958—1962年期间，国家开始尝试通过地方分权来发挥中央和地方两方面的积极性，但权利依然集中于教育行政管理部门，高校的办学自主权很小。“大跃进”后，为整顿高等教育的无序发展，1963—1966年高等教育领域开始重新“收权”，实行统一领导、分权管理的高等教育领导体制，并于1963年颁布了《关于加强高等教育统一领导、分级管理的决定（试行草案）》。

在这一阶段，高校教师的身份被定位为干部，高校教师的聘任体现出鲜明的行政任命特点，学校领导班子的配备和各级教师的比例都具有明显的计划性，高校基本上无权解聘教师。因此，高校在教师工作考核制度建设中并没有多少施展的空间。随着“文革”的开始，高校的正常教学和研究秩序被打乱，高等教育管理体制瘫痪，高校教师被看作是资产阶级知识分子，成为革命和改造的对象，教师工作已经无法正常开展，教师工作考核更是无从谈起，教师工作考核制度因此也进入了完全瘫痪的状态。

2. 高校教师职务等级和晋升制度初步建立

1950年颁布的《高等学校暂行规定》，明确将大学及专门学院的教师等级分为教授、副教授、讲师和助教四类。经过院系调整、教学改革后，为更好地促进教师开展工作，1955年教育部发布了《高等学校教学研究指导组各级教师职责暂行规定》，对不同级别的教师工作职责提出了明确的要求。此时，教授和副教授承担相同的工作职责，两者无明显的区别。但是，教授、副教授与讲师工作职责的区别有二：第一，教授和副教授要进行独立的科学研究工作，讲师虽然也要求进行科学研究，但可以在教授或副教授的带领下进行；第二，教授或副教授具有指导研究生和进修教师的职责，而讲师没有①。

在此基础上，1960年国务院发布了《国务院关于高等学校教师职务名称及其确定与提升办法的暂行规定》，这是新中国成立后第一个比较完整的教师职务及晋升制度。该文件指出，教授、副教授、讲师、助教职称的提升与确定应"以思想政治条件、学识水平、业务工作能力为主要依据"，提升考查的内容包括教学能力、科研水平和熟练掌握一门外语（不是必要条件）；在任职资格方面，助教要求本科学历和1年见习考察，讲师、副教授和教授的任职要求在助教的基础上有一定的教学与科研能力和外语水平；在批准单位方面，讲师和助教的确定由校委会批准，教授和副教授则需要管辖所在高校的教育局（或高教厅）批准，其晋升与任免权掌握在各级教育行政部门手中。此时，教师职务的提升"对资历和教龄也必须加以照顾"。同时，对教学给予适当的倾斜，"长期担任高等学校教学工作，教学成绩卓著，并有丰富的实际经验的讲师和副教授，虽然他们没有科学著作或者重大的发明创造，由于工作需要，也可以提升"②。在此基础上，教育部颁布了《教育部关于执行〈国务院关于高等学校教师职务名称及其确

---

① 高等教育部办公厅. 高等教育文献法令汇编（第三辑）［G］. 北京：高等教育部办公厅，1956：81.

② 李冀，普通高等学校管理［G］. 沈阳：辽宁省高等教育学会，1982：378.

定与提升办法的暂行规定〉的实施办法》。该文件指出，高校在确定和提升教师职称时必须坚持“政治挂帅”，强调党的领导和思想政治工作的重要性①。至此，不同级别教师的岗位职责和晋升有了明确的要求和规定。

这一阶段的教师职称制度呈现出明显的时代特征。第一，教师工作职责的确定和提升均带有明显的政治和集权色彩。第二，不同级别教师的岗位职责区分并不大，特别是教授与副教授，两者的岗位职责基本相同。第三，职称的提升带有明显的人情色彩，“教龄”和“工作需要”成为影响提升的两大人情要素。第四，在职责规定和晋升中，对科研工作的要求相对较低。

3. 高校教师工作量制度开始试行

这一时期的教师工作量制度，主要是按照1955年颁布的《高等学校教师教学工作量和工作日试行办法》开展，该文件明确规定了教师的基本职责和任务。但由于高校教师工作量制度在我国首次试行，这一阶段主要在重点院校进行试点，并未全面推广。文件指出，教师在工作日（平均每日六小时）中，其工作内容包括教学工作、教学法工作、科学研究工作、政治理论学习、教学行政工作等，并按照“高等学校的中心任务为教学工作”原则，规定了不同级别的教师全年应完成的教学工作量（包括低额工作量和高额工作量）（详见表3-1）。在此基础上，明确了教师工作量减免的条件（如担任行政工作）、制定了不同形式教学工作量的核算方法，规定了超额完成工作量或兼职其他工作应支付的“超额工资”标准，且在附则中对教学工作中可能出现的各种情况及其解决办法进行了说明②。值得注意的是，在《关于〈高等学校教师教学工作量和工作日试行办法〉的说明》中明确指出，“在教师未完成教学工作

---

① 刘志鹏，别敦荣，张笛梅. 20世纪的中国高等教育教学卷下册［G］. 北京：高等教育出版社，2006：327.

② 高等教育部办公厅. 高等教育文献法令汇编（第三辑）［G］. 高等教育部办公厅，1956：83.

量任务以前，科学研究可以暂时不作为教师必须完成的任务”①。由此，我国高校的教师考核工作开始有了具体明确的量化指标和操作标准。

**表 3-1 不同级别教师全年的教学工作量要求**

| | 教授和副教授 | 讲师 | 助教 |
|---|---|---|---|
| 低额 | 480—530 小时 | 520—570 小时 | 540—590 小时 |
| 高额 | 530--580 小时 | 570—620 小时 | 590—640 小时 |

该阶段的教师工作量制度呈现出较明显的“重教学”倾向。但值得注意的是，文件要求“一切对教师工作量的减免，均应由校、院长说明理由，汇总报请高等教育部或教育主管部备案”②。这实际意味着，各高校在调整教师工作量权限方面有一定的限制，从而在一定程度上制约了高校在教师工作考核制度建设中的自主权。

4. 高校教师科研工作开始被关注

1956 年，教育部颁布了《高等学校科学研究奖励暂行办法》，指出高等学校可以“每 1 年或 2 年举行一次科学研究成果的评奖工作”，首次正式提出对高校教师科学研究工作进行考核③。随着高等教育的恢复和发展，1961 年中共中央印发的《中华人民共和国教育部直属高等学校暂行工作条例》，第一次明确提出“学校应该定期地对教师进行考核”，“教师的教学职别的确定和提升，要根据他们担任的教学任务、教学质量和学术水平，对其中优秀的，应该不受资历、学历的限制”。且该文件将科学研究工作单独作为一章，要求“高等学校应积极地开展科学研究工作”。这一文件的颁布，意味着高校教师工作考核第一次在国家层面被提出和要求，为高校教师工作考核制度的形成奠定了基础。与此同时，科研作为教师工作的一部分，也开始受到关注。

---

① 上海市高等教育局研究室，华东师范大学高校干部进修班，教育科学研究所. 中华人民共和国建国以来高等教育重要文献选编（上）[G]. 出版社、年份不详：164.

② 上海市高等教育局研究室，华东师范大学高校干部进修班，教育科学研究所. 中华人民共和国建国以来高等教育重要文献选编（上）[G]. 出版社、年份不详：185.

③ 上海市高等教育局研究室，华东师范大学高校干部进修班，教育科学研究所. 中华人民共和国建国以来高等教育重要文献选编（上）[G]. 出版社、年份不详：222.

这一时期虽然开始认识到高校教师工作考核的重要性，但国家层面上并没有专门文件对高校教师的工作考核进行统一指导，且在统一的高等教育管理体制下，高校在教师工作考核制度建设中自主空间很小。因此，教师工作考核制度发展极其缓慢。随着“文革”的开展，教师工作考核制度的建设进入了停滞期。

### （二）办学自主权逐渐实现背景下高校教师工作考核制度规范发展期（1978—1999 年）

#### 1. 高校在教师工作考核中的自主权逐步扩大

“文革”结束后，我国进入政治经济体制改革时期，高等教育也处于重建和改革中，开始由统一的高等教育管理体制向扩大高校办学自主权转变，高校的自主权不断增强。在这一阶段，高校基本上获得了本校教师工作考核制度制定的自主权。

1985 年中共中央发布了《关于改革教育体制的决定》，要求简政放权，扩大高等学校的办学自主权，拉开了高等教育体制改革的序幕。1979 年颁布的《教育部关于试行高等学校教师职责及考核的暂行规定的通知》，明确规定各学校（院）可根据该文件制定具体的实施细则，学校在教师工作考核制度构建中的自主权得到了承认。1986 年，为克服职称制度的缺陷，国务院颁布了《高等教育管理职责暂行规定》，明确规定“经过批准的高等学校，可以按照国家有关规定，评定副教授的任职资格，其中少数具备条件的高等学校，可以评定教授的任职资格”①。同年，《国家教委关于高等学校深化职称改革完善教师职务聘任制的意见》中指出，各层次和类型的高校，应制定各级教师职务任职条件的具体要求，“国家允许不同类型和层次的学校对本校教师的任职要求可以有所不同”②。

---

① 教育部法制办公室．中华人民共和国教育法律法规规章汇编（套装全 2 册）［G］．上海：华东师范大学出版社，2010：497．

② 员非伍，张振亚．高校师资工作资料选编［G］．上海：华东师范大学出版社，1990：204．

随着高校在教师考核、聘任和晋升中自主权的不断扩大，《高等学校教师职务试行条例》和《高等学校教师职务评审组织章程》等文件陆续颁布，教师职务聘任制改革开始启动。1986 年与 1988 年先后下放了两批高校教授、副教授的任职资格审查权。1994 年进一步下放权力，出台了《国家教委、人事部关于进一步做好授予高等学校教授、副教授任职资格评审权工作的通知》。与此同时，1985 年颁布了《高等学校教职工代表大会暂行条例》，要求高校应建立教职工代表大会制度，并明确教代会具有“讨论通过岗位责任制方案、教职工奖励办法，以及其他与教职工有关的基本规章制度”，使教师作为直接的利益相关者在教师工作考核制度构建中也逐渐具有了一定的位置①。

1992 年，党的十四大确立了建立社会主义市场经济体制的改革目标。在社会主义市场经济体制下，各领域的改革开始向纵深方向发展。高等教育领域继续强调办学自主权，不断扩大地方与高校自身的相关权力。自 1993 年相继颁布的《关于加快改革和积极发展普通高等教育意见的通知》《中国教育改革和发展纲要》《关于高等教育体制改革的若干意见》《国家教委关于转变职能加强宏观管理，扩大直属高校办学自主权的意见》等文件，都进一步明确了建立政府宏观管理，学校面向社会自主办学的高等教育管理体制。

1993 年颁布的《中华人民共和国教师法》，将考核单独作为一章，第一次从法律层面规定了教师工作考核的合法性。并在 1995 年印发的《国家教育委员会关于〈中华人民共和国教师法〉若干问题的实施意见》中指出，“高等学校的教师考核办法，由高等学校根据国家有关规定自行规定”②。自此，高校在教师工作考核制度制定中的自主权具有了法律基础。

随着高校在教师工作考核制度构建中自主权的不断扩大和合法性

① 教育部法制办公室. 中华人民共和国教育法律法规规章汇编（套装全 2 册）[G]. 上海：华东师范大学出版社，2010：1096-1097.

② 教育部法制办公室. 中华人民共和国教育法律法规规章汇编（套装全 2 册）[G]. 上海：华东师范大学出版社，2010：1126-1127.

地位的逐步确立，高校教师在考核制度制定中的权利也不断扩大。1999 年实施的《中华人民共和国高等教育法》，明确了学校的法人资格，在进一步强调高校可以“按照国家有关规定，评聘教师和其他专业技术人员职务，调整工资和津贴”的基础上，要求高校“通过以教师为主体的教职工代表大会等组织形式，依法保障教职工参与民主管理和监督，维护教职工合法权益”。自此，教师参与民主管理也有了法律基础。随着高校办学自主权和法人地位的确立，高校在教师工作考核制度建设中获得了较大的自主权，教师工作考核制度建设呈现出规范化、制度化和多元化的发展趋势。

2. 高校教师专业技术职务聘任制开始实施

随着 1978 年全国科学技术大会的召开，高校教师职称制度得到了恢复。1979 年国务院发布了《试行高等学校教师职责及考核的暂行规定》，开始实行专业技术岗位责任制，明确各级教师在教学、科研和教学服务等方面的职责与考核奖励办法。与 1955 年教育部发布的《高等学校教学研究指导组各级教师职责暂行规定》相比较，该文件的变动较大。首先，对教授和副教授的职责进行了区分，明确教授应承担更高水平的工作；其次，各级教师在教学、科研要求方面的区别更加明确和详细；再次，讲师开始具有协助教授或副教授指导研究生或教师进修的资格。

但是，由于历史惯性及遗留问题，职称评定工作过程中出现了诸多问题，如论资排辈、降低标准、片面强调学历与论文等。鉴于职称兼具称号和职务因素，是工资晋升的依据，但却与职责分离，且没有数量限制并终身享有，1983 年 9 月开始暂停职称评定工作，对职称评定工作进行改革。

改革的中心是实施专业技术职务聘任制，并相应地实行以职务工资为主要内容的结构工资制度。1986 年，国务院发布了《关于实行专业技术职务聘任制度的规定》，开始了根据实际岗位工作确定职责、任职条件和任期的专业技术职务聘任制改革。在此背景下，教育委员会发布了新的《高等学校教师职务试行条例》《高等学校教师职务评审组织章程》等文件。高校教师聘任制和任命制改革由此开展，并使用至今。

《高等学校教师职务试行条例》明确了各级教师的职责、任职条件、任职资格评审等事项。其中，对各级教师职责的规定与1978年的职责规定相比更加细化，并出现了以下变化：第一，各级教师的工作职责均有所增加。所有级别的教师均添加了“担任学生的思想政治教育工作或教学、科学研究等方面的管理工作”和“参加技术开发、社会服务及其他科学技术工作”职责，并扩展了对教学工作的要求。另外，教授和副教授增加了协助或直接指导博士研究生的职责；副教授增加了承担指导实验室建设、设计，革新实验室或充实实验室内容的职责；助教增加了参加实验室建设，参加组织和指导生产实习、社会调查等方面工作的职责。第二，对教授的要求有所提高。除之前相关规定所要求的应承担比副教授更高水平的工作外，还要求教授领导本学科的教学、科学研究工作。在此基础上，各级教师的任职条件相较于20世纪80年代以前的任职条件，现出明显的学历越高晋升越快的特点。教授和副教授的晋升中，熟练掌握一门外语成为必要条件，且对科研要求更为严格。由此可见，教师晋升的条件要求越来越高，对教师的学历和科研能力越来越重视。

3. 高校教师工作量制度逐步健全

为建立健全教师工作量制度，1981年教育部发布了《高等学校教师工作量试行办法》(以下简称“《办法》”)。该文件将教师工作量分为教学工作量、科研工作量和实验室建设工作量等，强调教学为主，并明确提出全校教学工作应该占全校教师工作量的三分之二左右。与1955年颁布的《高等学校教师教学工作量和工作日试行办法》相比，1981年的《办法》具有很大变化。第一，在教学工作量的核算中，用“学时”取代“小时”。第二，对教师教学工作内容进行了重新划分，将教学法研究列入教学工作量中，并对教授、副教授和讲师的教学工作量核算办法进行了区分。第三，对教师工作量的核算更详细并更具有操作性。第四，规定各校可根据本校实际，拟定具体简易的补充实施办法，而非机械执行教育部指定的工作量办法。

为鼓励教师完成工作量，促进教学质量的提高，在《高等学校教师工作量试行办法》基础上，配套颁布了《高等学校教师教学工作量超额酬金暂行规定》，要求根据“多劳多得、按劳分配”的原则，对超额工作量给予一定的酬金[①]。但因为涉及超额薪酬开支问题，除部属院校外，其他高校是否实行由各省、自治区、直辖市和国务院有关部委根据具体情况决定。试行高校根据本校实际，拟定具体简易的实施办法。与此同时，教师工作量制度开始与《高等学校教师职责及考核的暂行规定》结合起来。在明确教师职责、任务和平时考绩的基础上，定期进行考核，从而使教师工作量制度与教师工作考核制度、教师酬金统筹结合，成为教师工作安排、考核、晋升和奖惩的重要依据。

4. 高校教师工作考核流程逐渐规范化

1979 年颁布的《教育部关于试行高等学校教师职责及考核的暂行规定的通知》，明确了教师工作考核制度的重要性，指出考核内容应该包括政治表现、业务水平（教学、科学研究的业务水平和创新精神及其能力）、工作成绩（教学、科研等各项工作中的贡献）；考核方法“应重在平时考查，结合教学、科学研究和进修等工作进行”；考核时间每学年或学期进行一次，实行定期考核；考核结果用于教师奖励、批评或工作调整。该文件的颁布，是教师工作考核制度史上的一个重要里程碑，首次从国家层面确立了教师工作考核的基本内容、方法和程序，使各高校在制定教师工作考核制度中有章可循。

在 1986 年颁布的《国家教委关于高等学校深化职称改革完善教师职务聘任制的意见》中，进一步指出完善教师聘任制的关键是健全教师工作考核制度。文件指出，“教师的考核，应依据他们的不同工作岗位及其所从事教学工作的不同形式而有所侧重，要有利于促进最优秀的教师上教学第一线”，各高校应根据自身发展的具体情况，修订教师考核工作细则[②]。1993 年颁布（2009 年修正）的《中华人民共和国教师法》

---

① 辽宁省高等教育局，沈阳师范学院教育科研所. 高等教育文件选编（1977.11—1982.6）[G]. 沈阳：辽宁省高等教育局，1982：518-522.

② 员非伍，张振亚. 高校师资工作资料选编［G］. 上海：华东师范大学出版社，1990：203.

将教师考核单独作为一章，明确规定学校教师考核的范围应包括政治思想、业务水平、工作成绩和工作态度，考核应充分听取教师本人、其他教师和学生的意见，考核结果是受聘任教、晋升工资、实施奖惩的依据。这标志着教师工作考核有了法律依据，进入了法治化的时代。1999 年颁布（2015 年修订）的《中华人民共和国高等教育法》，再次强调“高等学校应当对教师、管理人员和教学辅导人员及其他专业技术人员的思想政治表现、职业道德、业务水平和工作实绩进行考核，考核结果作为聘任或者解聘、晋升、奖励或者处分的依据”①。至此，教师工作考核制度的基本框架与内容已经比较规范。

## 二、应用型本科高校概念出现后应用型本科高校教师工作考核制度发展历程（2000 年至今）

1999 年以后，高校教师工作考核逐渐走上了规范化道路。与此同时，随着高校及高校教师数量的激增，各级教育行政部门和高校自身积极推进教师工作考核制度的发展与革新，促进高校内部管理体制的发展与完善。为更充分地探究应用型本科高校这一特殊板块其教师工作考核制度的变迁历程，本部分将 HB 学院作为个案，将个体院校教师工作考核制度的变迁历程嵌入国家层面高校教师工作考核制度的变迁历程中，进行综合考量和分析，探究应用型本科高校教师工作考核制度的变迁机制和特征。教师工作考核制度是一个复杂的制度体系，包含不同的制度内容和制度安排。为了增强制度梳理的有效性和明晰性，本研究从制度的发展趋势、考核依据、考核程序、考核内容、岗位管理、薪酬分配六方面展开，对应用型本科高校教师工作考核制度的发展历程进行梳理。

### （一）发展趋势：由规范发展到特色发展

自 1999 年《中华人民共和国高等教育法》出台以来，高校的办学

---

① 教育部法制办公室．中华人民共和国教育法律法规规章汇编（套装全 2 册）［G］．上海：华东师范大学出版社，2010：483.

自主权便有了法律保障。为了进一步完善和补充高校在教师工作评聘方面的制度安排，中央政府和教育部陆续颁布了相关文件，地方政府也积极出台了省市层面的支持政策或实施意见。2000 年中共中央相继颁布了《深化干部人事改革纲要》和《中组部、人事部、教育部关于深化高等学校人事制度改革的实施意见》，要求逐步建立符合高等学校特点的学校自主用人体制，“结合年度考核工作，采取适当形式，对聘用（聘任）人员应履行的职责任务进行考核”[①]。此后，为积极推进高校内部管理体制改革和教师工作考核制度建设，《高等学校岗位设置管理的指导意见》《关于深化高等教育领域简政放权放管结合优化服务改革的若干意见》等文件又陆续颁布。

为引导部分地方普通本科高校向应用型转变，推动高校转型发展，2015 年教育部、国家发展改革委和财政部联合颁布了《教育部、国家发展改革委、财政部关于引导部分地方普通本科高校向应用型转变的指导意见》，文件明确提出，应用型本科高校应“调整教师结构，改革教师聘任制度和评价办法”，“通过教学评价、绩效考核、职务（职称）评聘、薪酬激励、校企交流等制度改革，增强教师提高实践能力的主动性、积极性”[②]。该文件明确了应用型本科高校的特殊性，首次从国家层面对应用型本科高校的教师工作考核制度提出针对性的改革意见。

HB 学院教师工作考核制度的发展历程，与国家层面的指导要求呈现出一致的趋势。从 2000 年至今，是由规范发展到特色发展的逐步过渡阶段。HB 学院升本以前，已经初步形成了自己的教师工作考核制度。随着 2002 年由专科院校合并升本，HB 学院开始加强教师工作考核制度的建设，并取得了较大进展。为响应国家和省教育厅的倡导，促

---

① 中华人民共和国教育部. 中组部、人事部、教育部关于深化高等学校人事制度改革的实施意见［EB/OL］.（2015-06-12）［2018-12-19］. http://old.moe.gov.cn/publicfiles/business/htmlfiles/moe/moe_686/200506/8905.html.

② 中华人民共和国教育部. 教育部国家发展改革委财政部关于引导部分地方普通本科高校向应用型转变的指导意见［EB/OL］.（2015-10-21）［2018-12-19］. http://www.moe.gov.cn/srcsite/A03/moe_1892/moe_630/201511/t20151113_218942.html.

进教育教学水平的提高、优化教师管理，HB学院于2007年开始进行人事制度改革，并成立了“管理体制改革领导小组”，积极探索教师聘任制度与聘约管理，建立健全考核奖惩制度。与此同时，为加强职称工作管理，推进职称评审工作规范化、科学化和制度化，HB学院印发了《HB学院专业技术职务评审规则》，明确了专业技术职务评审的申报流程、议事规则和工作纪律。

与此同时，HB学院于2011年颁布了《学校教职工代表大会规定》，规定教职工代表大会的职权包括“讨论通过学校提出的与教职工利益直接相关的福利、校内分配实施方案以及相应的教职工聘任、考核、奖惩办法”，教职工代表以教师为主体，教师代表不得低于代表总数的60%①。在此基础上，2013年HB学院颁布《HB学院管理重心下移实施办法（试行）》，强调二级学院是学校的管理重心，是教学、科研和学生工作的组织实施单位。学校管理重心下移后，各院系开始对院内教职工的考核和管理进行探索。2014年印发了《HB学院二级教职工代表大会实施细则》，确立了二级教职工代表大会制度，明确要求教师代表应不少于代表总人数的70%，教代会具有“讨论通过本单位提出的与教职工利益直接相关的福利、劳动酬金、奖金分配实施方案以及相应的教职工聘任、考核、奖惩办法”的权利。

伴随着应用转型工作在全国范围内开展，2015年H省教育厅发布了《关于在省属本科高校中开展转型发展试点工作的通知》。HB学院开始推进学校的转型发展，并成立了转型发展试点工作小组。随着转型发展的推进，为了使教师工作考核制度与转型发展相辅相成，HB学院进行了一系列的积极探索。

对于教师的分类评价，2015年HB学院开始试行高级职务的分类申报和评审。按教师工作的岗位将教师类型划分为教学为主型、教学科研并重型、科研为主型、社会服务与推广型四类。其中，讲师任职资格

① 中华人民共和国中央人民政府. 中华人民共和国教育部令［EB/OL］. （2012-01-09）［2018-12-19］. http://www.gov.cn/flfg/2012-01/09/content_2040254.htm.

不实行分类申报。

对于青年教师，2017 年 HB 学院颁布了《HB 学院青年教师助教工作实施办法》。青年教师是指新应聘的从事教学岗或教学科研并重岗，不具有讲师以上专业技术职称的青年教师，以及教学相关单位认为有必要承担助教工作的教师。为了帮助他们尽快适应教学工作，提高教学水平，制定了教师助教考核工作实施办法。助教考核工作一般由学院和教师发展中心组织实施，从青年教师助教工作量（20%）、公开试讲（30%）、助教导师评价（20%）、学生评教（10%）、助教工作总结（10%）和学院综合评价（10%）六个方面来考评。考核结果分优秀、合格与不合格三个等级。合格及以上的教师方可独立承担课程主讲任务，不合格者将继续承担助教工作。其中，两轮考核均不合格者，将不予聘用。

对于"双师型"教师，HB 学院出台了《HB 学院"双师双能型"教师队伍建设实施方案》。该方案提出，学校争取到 2020 年使应用型专业的"双师双能型教师占专业教师总数的 50%以上"。在此基础上，制定了"双师型"教师的认定标准。这包括校内教师认定标准、校外引进的专职"双师型"教师和校外兼职的"双师型"教师认证标准。学院决定通过评定一批、引进一批、培养一批和兼职一批的路径，来增强"双师型"教师的比例。但该文件只是粗略地要求"将教师接受培训和到企业实践的有关情况计入教师业务档案，并与考核、晋升直接挂钩"，并没有出台具体的"双师型"与教师考核相关的配套文件。

### （二）考核内容：由单项考察到统筹考核

#### 1. 教学工作考核制度

2003 年，HB 学院颁布了《加强教学管理的若干意见》，明确了教务处在教学管理中与各系（部）的关系，规定教师教学业务考核由教务处制定全校参考条例，各系（部）根据自身具体情况制定相应实施办法。并在此基础上，颁布了《系级教学工作职责和评估办法（试行）》，进一步强化了各系在教学工作考核具体组织和运行中的职责与作用。2004 年，HB 学院首次颁布了《教学基本规范》《HB 学院课堂教学管理规定（试行）》，开始对教师选派、课堂教学、课程考试等提出具体要求。并出台了《HB学院干部听课、评课制度（试行）》《HB学院教学督导管理规定（试行）》等文件，以加强教学工作的考核，促进教风学风建设。

HB学院的《HB学院教师教学业务考核实施办法（试行）》，对教师教学业务考核提出了具体的要求和规定。考核由教务处和各院系共同组织实施，考核结果分为优秀、良好、称职、基本称职和不称职五个等级，实行教师业务考核一票否决制，考核结果为不称职的教师不得享受各种荣誉与奖励，不得申请晋升。教师教学业务考核成绩的计算方法为：教学业务考核成绩＝院系同行考核成绩＊30％＋学生测评成绩＊60％＋学校督导员评估＊10％。其具体的考核指标体系包括：基本职责与要求（包括教学态度、教书育人、教学纪律，占10％）、课堂教学（包括备课、教学内容、教学方法、教学手段，占15％）、辅导与作业（包括辅导答疑、作业布置与批改，占5％）、课程考核（包括命题和评卷，占5％）、教学效果（包括学生评价最后得分、领导同行评估最后得分，占50％）、教学工作量（指授课任务，占10％）、教学研究（占5％）。除此之外，还规定了教学加减分。其中，加分项包括教学成果奖、教学研究立项、超额完成工作量等，减分项包括上课迟到、未完成分配任务等。

2005年教育部颁布了《关于进一步加强高等学校本科教学工作的若干意见》，要求“强化教师教学工作制度，完善教师教学考核机制”“高等学校要把教授、副教授为本科学生上课作为一项基本制度，连续两年不讲授本科课程的，不再聘任其担任教授、副教授职务”①。由此，国家进一步将教师的教学工作放在重要位置，教师教学工作考核成为各政策文件强调的重点之一。2007年教育部颁布了《教育部关于深化本

① 中华人民共和国教育部. 关于进一步加强高等学校本科教学工作的若干意见［EB/OL］. (2005-01-07)［2018-05-14］. http://www.moe.gov.cn/srcsite/A08/s7056/200501/t20050107_80315.html.

科教学改革全面提高教学质量的若干建议》，指出要形成“课堂教学评估制度、实践教学评估制度、领导和教师听课制度、同行评议制度、学生定期反馈制度及教学督导制度”，且再次明确规定“要把为本科生授课作为教授、副教授的基本要求”①。

基于此，HB 学院于 2007 年修订了 2004 年颁布的《教学工作基本规范》，出台了《HB 学院督导员听课实施办法》《HB 学院教学环节质量标准及评价方案》《HB 学院教学质量监控体系》《HB 学院教学质量监控实施办法》《关于进一步深化本科教学改革全面提高教学质量的意见》和《HB 学院关于实施教学质量和教学改革工程的意见》，对教学各个环节（从备课到辅导答疑）的质量标准及其评价方法进行了详尽的规定，要求定期进行教学检查、建立教学业务评价制度。并出台《HB 学院关于教授、副教授承担本科教学任务的若干规定》，要求教授每年承担本科生教学任务不得少于 128 个标准课时，副教授不得少于 192 个标准课时，连续两年不讲授本科课程的教授，学校可不再聘任。

随着 2015 年《教育部、国家发展改革委、财政部关于引导部分地方普通本科高校向应用型转变的指导意见》的颁布，应用型本科高校的实践特性日益凸显。基于此，2016 年 HB 学院重新制定了《本科教学工作规范》，开始将“实践教学”作为单独一个章节，明确了实验实训教学、课程设计、实习、毕业论文设计的基本要求。

根据应用型本科高校转型发展的特性，2016 年 HB 学院对教学业务考核办法进行了修订，新的《教师教学业务考核实施办法》有了较大变化。第一，要求考核以工作实绩为主要，将定性考核与定量考核相结合，突出教学质量考核，实行教学效果优先制和一票否决制，并探索对教师进行分层分类考核的新标准。第二，具体的考核标准开始由教学质量监测与评估中心制定，逐步实现管、办、评分离。第三，扩大了督导员考核的分值比例。新的《教师教学业务考核实施办法》中，考核成

① 教育部法制办公室. 中华人民共和国教育法律法规规章汇编套装（全 2 册）[G]. 上海：华东师范大学出版社，2010：702.

绩=同行考核成绩＊30%+学生测评成绩＊50%+督导员评估＊20%。第四，进一步明确考核结果是绩效工资发放、职称晋升的重要依据，并强调考核结果作为教师教学成长档案的重要支撑材料，由教师发展中心根据需要使用。

与此同时，考虑到研究生教学工作的特点，HB学院于2016年出台了《HB学院研究生教学工作量计算及津贴发放办法》，规定了授课、指导实习、指导学位论文、计划外安排课时的教学工作量计算方法和研究生导师津贴、优秀硕士学位论文及其他教学工作中教师获得津贴的标准。

2018年教育部发布了《教育部关于狠抓新时代全国高等学校本科教育工作会议精神落实的通知》，要求“进一步修订完善教师评价考核制度，把教学质量作为教师专业技术职务评聘、绩效考核的主要依据，在教师专业技术职务晋升中施行本科教学工作考评一票否决制”①。同年，教育部印发了《教育部关于加快建设高水平本科教育全面提高人才培养能力的意见》，要求在专业技术职务评聘、绩效考核和津贴分配中把教学质量和科研水平作为同等重要的依据，对主要从事教学工作的教师，提高其基础性绩效工资额度，保证其合理的工资水平②。

作为教学型大学，应用型本科高校教师工作的重点始终是教学工作。虽然受路径依赖和组织环境的影响，应用型本科高校教师工作考核中呈现出重科研轻教学和科研收益大于教学的状况，且至今科研在应用型本科高校教师工作考核中的地位依然占据主导。但是，在应用型本科高校教师工作考核制度的发展历程中，教学工作一直在不断地被强调。

① 中华人民共和国教育部. 教育部关于狠抓新时代全国高等学校本科教育工作会议精神落实的通知［EB/OL］.（2018-08-27）［2018-09-14］. http://www.moe.gov.cn/srcsite/A08/s7056/201809/t20180903_347079.html.

② 中华人民共和国教育部. 教育部关于加快建设高水平本科教育全面提高人才培养能力的意见［EB/OL］.（2018-10-08）［2018-09-14］. http://www.moe.gov.cn/srcsite/A08/s7056/201810/t20181017_351887.html.

2. 科研工作考核制度

为提高办学层次和整体科研实力，HB 学院于 2004 年颁布了《HB 学院科研工作定量考核标准》《HB 学院科研工作定量考核管理办法（试行）》，开始加大对教师科研工作的考核与管理力度，并将考核结果作为评聘、分级定档、年终考核和津贴发放的依据。《HB 学院科研工作定量考核标准》明确指出，个人科研工作量得分为纵向外来科研项目得分、外来科研经费得分、政府研究与咨询得分、科研成果得分四项之和。对各级各类教职工最低个人年度科研工作量的额定标准规定如下：教授需达到 150 分、副教授需达到 60 分、讲师需达到 20 分。为了使科研考核办法顺利实施，HB 学院还颁布了相应的配套文件，如《HB 学院关于学术著作出版社的定级标准（试行）》《HB 学院学术期刊定级标准（试行）》《HB 学院科研工作管理办法》《HB 学院科研、学术行为规范及管理办法》。

随着学校的发展和教师工作考核制度的日渐规范化与特色化，HB 学院于 2016 年对科研工作量标准进行了修订，颁布了《HB 学院科研工作量考核办法》。新修订的文件规定，个人年度科研工作定量总得分为科研项目立项得分、项目经费得分、社会服务成果得分、科研成果得分四项之和。其中，社会服务成果包括政府决策研究与咨询、登记鉴定成果、专利成果、技术转让和科研开发成果等。

相较于 2004 年的《HB 学院科研工作定量考核标准》，2016 年颁布的《HB 学院科研工作量考核办法》具有较明显的变化。第一，扩大了科研工作量的计分范围，由校外科研项目和经费扩展到所有项目和经费，由政府研究与咨询扩展到政府决策研究与咨询、登记鉴定成果、专利成果、技术转让和科研开发成果等。第二，更明显地区分了不同等级项目、经费的类型和计分差距。如在科研项目计分中，2004 年版国家重大项目为 10000 分，2016 年版则改为 20000 分。第三，进一步细化了科研工作量考核标准。如对科研成果类型进行了更详细的划分，对合作完成的科研成果的参与者排名情况进行了更详尽的解释。

3. 社会服务工作考核制度

HB学院始终将社会服务工作量考核纳入科研工作量考核体系中。在2004年颁布的《HB学院科研工作定量考核标准》中，社会服务工作包括政府决策研究与咨询。其中，政府决策指参与国务院、省（部）、市（厅）级的五年规划、年度规划和专项规划的决策，是否参与政府决策研究与咨询需要以政府的文件通知和会议纪要进行认定。参与国务院的五年规划、年度规划和专项规划分别计2000分、1600分和1000分；省（部）级的五年规划、年度规划和专项规划分别计600分、300分和200分；市（厅）级的五年规划、年度规划和专项规划分别计300分、200分和100分。

在2016年颁布的《HB学院科研工作量考核办法》中，社会服务成果的范围有所扩展。社会服务成果开始包含政府决策研究与咨询、登记鉴定成果、专利成果、技术转让和科研开发成果等。其中，政府决策研究与咨询的认定要求不变，但省（部）级和市（厅）级的五年规划、年度规划和专项规划的分值分别增加了100分。登记、鉴定成果指通过学校科研处向省级有关部门申请登记、鉴定的各类科研成果，正式登记的成果凭登记证书每项计600分；鉴定成果计分标准为：国际领先等级计1500分，国际先进等级计1000分，国内首创等级计800分，国内领先等级计500分，国内先进等级计300分；专利成果视同通过鉴定的科研成果，发明专利计2000分，实用新型专利计500分，外观设计专利计300分，软件著作权计300分；技术转让和科研开发成果按其实际取得的经济效益量化计分，以上交学校纯利润计算，每万元50分。

4. 师德考核制度

随着师德建设被提上日程，师德考核也成为教师工作考核的重要内容。为贯彻中共中央2001年印发的《公民道德建设实施纲要》文件精神，HB学院于2001年开展了“师德十佳教师”的评选。该评选规则除了对师德有所要求外，还要求“教师业务考核五年内至少有一次优秀，积极参加科研，中级及以上职称者文科至少每年公开发表一篇文章，理工科至少每两年公开发表一篇文章”。

2005 年教育部颁布了《教育部关于进一步加强和改进师德建设的意见》，指出“建立师德考评制度，将师德作为教师年度考核、职务聘任、派出进修和评优奖励的重要依据”[①]。随之，2006 年 HB 学院出台了《HB 学院关于加强师德建设的意见》《HB 学院师德规范》和《HB 学院教师师德考评表》，要求教师的考核工作应突出教书育人的实绩，重点考察教师的思想政治素质、职业道德状况、教学态度、育人效果等，实行师德考核不合格一票否决制。

2011 年及以后，国家相继印发了《教育部关于切实加强和改进高等学校学风建设的实施意见》《教育部关于全面提高高等教育质量的若干意见（高教 30 条）》《国务院关于加强教师队伍建设的意见》和《教育部关于建立健全高校师德建设长效机制的意见》等文件，进一步要求健全师德考评制度，并将其作为教师绩效考核、聘用和奖惩的首要内容，实行师德一票否决制。基于此，2016 年 HB 学院出台了《HB 学院师德建设实施办法》，要求“制定教师职业道德考核、奖励等细化措施和实施办法，将师德纳入考核评价体系”，并再次明确“将师德考核结果作为教师的资格认定、专业技术职务评聘、岗位聘任、评优奖励、晋升提拔、绩效考核和年度考核管理的主要依据，严格执行一票否决制”。

在教学、科研、社会服务和师德各项工作考核制度不断发展和健全的基础上，为推进教师工作考核制度的统筹发展，HB 学院于 2018 年颁布了《HB 学院教师系列岗位基本工作量》。该文件是在《教育部关于高等学校教师工作量试行办法》《事业单位人事管理条例》《关于 H 省高等学校岗位设置管理的指导意见》和《HB 学院关于强化各级各类岗位基本工作量管理的暂行规定》等文件的基础上制定的，这是 HB 学院统筹教学、科研工作要求和教师岗位、类型制定的第一份全面的教师工作量制度文件。该文件按照教师岗位的 12 个等级，分别对教师的岗位职责、教学任务工作量和科研任务工作量进行了规定，区分了二级至

① 教育部法制办公室．中华人民共和国教育法律法规规章汇编套装（全 2 册）[G]．上海：华东师范大学出版社，2010：1172-1173.

十二级教师的岗位职责，教学任务和科研教研任务应达到的工作量要求。不同类型教师的工作区别主要体现为科研和教学工作量上的差异。在教学工作量上，科研为主型教师比教学科研并重型教师少，教学科研并重型教师比教学型教师少；在科研工作量上，则反之。该份工作量制度是学校制定的最低标准，各院系可以依照自身发展情况，根据学校文件规定进一步细化实施细则。

（三）考核程序：由程序规范到程序完善

学校升本以前，HB学院教师工作考核程序主要按照《HB学院教职工年度工作考核实施意见》进行安排。第一，考核工作领导小组。学校成立考核工作领导小组，负责对全校教师工作考核进行领导和规划，人事处负责全校教师工作考核的具体组织，各教学系由党总支书记牵头，成立包含行政负责人参加的考核小组，负责本院校教师工作考核的具体安排。第二，考核实施办法。考核过程包括个人述职和民主测评两部分，考核结果分优秀、称职、基本称职和不称职四个等级。其中，被评为优秀的专任教师，其教学考核必须达到优秀。第三，考核形式与结果。实行平时考核与年度考核相结合的考核形式和定性考核与定量考核相结合的考核方法，考核过程中自我评价、群众评议和领导考核相结合，并将考核工作与评优相联系。

2003年是HB学院合并升本后的第一年，为了提高教师工作的积极性，HB学院对其教师年度考核办法进行了修订。但此时的修订更多的是形式上的变化，而非实质上变化。第一，增加了指导思想部分。明确指出，指导思想为“三个代表”和党的十六大精神，要求紧密联系实际，全面考核教师的德、能、勤、绩、廉等工作，善于发现在教学、科研和“非典”抗击中的先进人物和典型，发挥年度考核在人事管理工作中的基础作用。第二，全校教师考核工作的组织实施由人事处和组织部共同负责，而非仅仅由人事处负责。第三，强调考核应按照规定进行民主测评，重点做好优秀和不称职等级的确定。明确将优秀等级控制在10%，被评选为优秀的教师，其不称职票应在10%以下，或基本称职和不称职在20%以下；被认为不称职的教师，其不称职票应超过20%

或基本称职和不称职累计超过50%。此时，教师年度考核内容包括德、能、勤、绩。其中，“德”包括政治素质（5%）、职业道德（5%）和团队协作精神（5%），“能”包括办事能力（10%）和创新能力（5%），“勤”包括工作态度（7%）和劳动纪律（8%），“绩”指教学业绩（55%）。同时，制定了加分项（获得奖励或表彰等）和减分项（受到通报批评或记过等）和一票否决。但是，一票否决只包括三项：①违反国家法律，受到刑事拘留；②违反计划生育等国家政策；③因工作失误造成学校财产或声誉重大损失。

随着国家事业单位改革步伐的全面推进，HB学院于2007年开始了人事制度改革，首次开始试行定编定岗制，积极探索教师聘任制度与聘约管理，建立健全考核奖惩制度。基于此，HB学院出台了《HB学院教师行为规范》《HB学院校内结构工资（津贴）分配暂行办法》《HB学院教学人员校内结构工资（津贴）二次分配办法（试行）》，开始明确要求“考核标准要以岗位职责及年度工作任务为基本依据，对不同层次、不同类型人员的考核应有不同侧重”，并要求考核结果作为“职务晋升、工资调整、津贴发放和实施奖惩的重要依据”。因此，2007年度的教师工作考核相对于往年有了突出的变化。第一，要求建立一种由定性考评转变为定量与定性相结合、定量考评为主的新考评机制。第二，首次正式提出思想政治考核与业务考核并重和注重实绩的原则，并试图通过考核制度来促进学校人事制度的改革。第三，在考核内容上，虽然依然包括德、勤、能、绩、廉五个方面，但强调重点考核工作实绩，并指出考核与评先工作按照层级管理、分类考核的原则进行。

从2012年开始，HB学院开始实行聘用制和岗位绩效工资制度。为加强岗位管理，激发教师工作积极性，HB学院开始试行聘期考核，并将年度考核与聘期考核相结合，考核结果与绩效工资和聘用直接挂钩。此时考核内容包括两部分：第一部分为德、能、勤；第二部分为业绩。德、能、勤以定性考核为主；业绩考核以定量考核为主，依据各级各类岗位的额定工作量，对教师的教学工作、科研工作和社会工作进行量化考核。综合两部分的考核结果，确定教师考核等次。其中，年度考核分为平时督查和年终考核，聘期考核分为期中考核和期满考核。年度考核结果分为优秀、合格、基本合格、不合格四个等次，聘期考核结果分为合格、不合格两个等次。年度考核与绩效工资直接挂钩，聘期考核与续聘和晋升直接挂钩。各院系在遵照学校文件的基础上，可根据自身发展实际和工作目标制定本单位各级各类岗位基本职责，教职工根据岗位职责填写年度岗位任务书和聘期岗位任务书。根据岗位职责和岗位任务书，各院系等二级单位具体组织本单位教师的年度考核和聘期考核。

2012—2017 年间，HB 学院的教师工作考核办法基本上没有多大变化。但是，随着 2017 年对各级各类岗位职责及教师工作量制度的修订，教师工作考核制度也正在发生新的变革。教师工作考核开始按照教师类型（教学型、科研型和教学科研并重型）进行分类考核。对于不同发展阶段的教师，HB 学院也开始给予相应的关注，出台了特定的教师工作考核规定。

### （四）岗位设置：由统一管理到分类考核

随着事业单位工作人员收入分配制度的改革，为建立激励与约束相结合的人事分配机制，自 2006 年，国家开始全面推进岗位聘用制，相继出台了《事业单位岗位设置管理试行办法》《〈事业单位岗位设置管理试行办法〉实施意见》《人事部、教育部关于高等学校岗位设置管理的指导意见》等文件，要求“学校可根据教师在教学、科研等方面所侧重承担的主要职责，积极探索对教师岗位实行分类管理，在教师岗位中设置教学为主型岗位、教学科研型岗位和科研为主型岗位”[①]。在岗位等级上，将教师岗位分为 13 个等级。其中，教授为 1—4 级，副教授为 5—7 级，讲师为 8—10 级，助教为 11—13 级。按照不同的岗位，按需设岗，按岗聘用，促进聘用制在高校的实施。在此基础上，H 省颁布了《关于加强 H 省事业单位专业技术职务结构比例与岗位设置管理意见》《H 省事业单位岗位设置管理试行意见》《关于 H 省高等学校岗位

① 教育部法制办公室. 中华人民共和国教育法律法规规章汇编套装（全 2 册）[G]. 上海：华东师范大学出版社，2010：1184-1187.

设置管理的指导意见》等文件。各级教育行政部门赋予高校在分类设岗、分类考核方面一定的自主权，推进各类高校积极探索，教师工作分类考核开始正式走上议程。

为推行全员聘用制的实施，促进岗位分类管理，HB学院于2010年颁布了《关于开展岗位设置工作的通知》《HB学院岗位设置管理实施办法》和《HB学院首次教师岗位设置聘用实施细则》。根据学校实际情况（HB学院没有教授一级和二级岗位），HB学院教师岗位暂时设置10级，即从教师三级岗位到十二级岗位。其中，3—7级为高级岗位（分别对应教授三级、教授四级、副教授一级、副教授二级、副教授三级），8—10级为中级岗位（分别对应讲师一级、讲师二级和讲师三级），11—12级为初级岗位（分别对应助教一级和助教二级）。在此基础上，将高级岗位的教师分为科研为主型和教学为主型两类，制定了相应的岗位基本条件。教师可自主申报和选择类型，但是鼓励教师选择教学为主型，且中级及以下职务教师只能选择教学为主型。2011年，HB学院印发了《HB学院编制管理暂行办法》，在编制分类中进一步界定了教学型和科研型教师编制。其中，教学型教师编制主要是为完成教学任务和提高教学质量而配置的人员编制；科研型教师编制主要是为承担科研任务或经上级有关部门和学校批准成立的专门教学科研机构中配备的人员编制。

2012年教育部发布的《教育部关于全面提高高等教育质量的若干意见》，进一步要求“完善教师分类管理和分类评价办法，明确不同类型教师的岗位职责和任职条件，制定聘用、考核、晋升、奖惩办法”。2013年H省教育厅印发了《H省普通高等学校教师岗位分类管理指导意见》，认为教师可分为教学为主型、教学科研并重型、科研为主型和社会服务推广型四类，并明确社会服务推广型是指主要承担科技成果推广和转化任务的教师，且各种类型的教师均应承担一定的教学工作任务。

2016年教育部发布了《教育部关于深化高校教师考核评价制度改革的指导意见》，再次指出“坚持分类指导与分层次考核评价相结合，根据高校的不同类型或高校中不同类型教师的岗位职责和工作特点，以及教师所处职业生涯的不同阶段，分类分层次分学科设置考核内容和考核方式，健全教师分类管理和评价办法”。2018 年教育部印发的《教育部关于加快建设高水平本科教育全面提高人才培养能力的意见》，要求“深化高校教师考核评价制度改革，坚持分类指导与分层次评价相结合，根据不同类型高校、不同岗位教师的职责特点，教师分类管理和分类评价办法，分类分层次分学科设置评价内容和评价方式”。由此，高校教师工作的分类考核成为大势所趋。基于此，2018 年 HB 学院重新制定了《HB 学院各级各类岗位基本职责》，新的《HB 学院各级各类岗位基本职责》有以下变化：第一，教师岗设置开始包括 11 个等级，增加了教授二级。第二，重新划分了教师类型，专任教师岗设教学为主型、教学科研并重型、科研为主型三类。其中，专任教师四级以上岗位不设教学为主型，四级岗位以下不设科研为主型，七级以下仅设教学型。第三，按照教师的类型和级别，制定了相应的年度工作量和聘期工作量考核办法。

（五）薪酬分配：由岗位津贴到岗位绩效

随着高等教育内部管理体制改革的深入，2000 年出台了《中组部、人事部、教育部关于深化高等学校人事制度改革的实施意见》，要求“进一步健全考核制度，加强聘后管理”，“结合年度考核工作，采取适当形式，对聘用（聘任）人员履行的职责任务进行考核”，并“探索建立以岗定薪、按劳取酬、优劳优酬、以岗位工资为主要内容的校内分配办法”。该文件的颁布，使聘期考核与年度考核相结合，教师收入分配与教师工作考核情况直接挂钩成为大势所趋。

为了顺应这一趋势，2004 年 HB 学院召开第一届教职工代表大会，审议了《HB 学院结构工资分配办法》，并于 2005 年颁布了《HB 学院校内结构工资（津贴）分配暂行办法》，将津贴分为岗位津贴、任务津贴和其他津贴（包括业绩津贴、临时工综合津贴等）三类。其中，业绩津贴包括教学奖励津贴、科研奖励津贴、党政管理奖励津贴和学生管理奖励津贴。开始将津贴分配与岗位职责的履行、工作任务的完成数量与质量、工作业绩和贡献挂钩，并明确规定“严格按照年终考核等次核发津贴”。其中，教师的任务津贴以教学课时量和管理工作量为依据，学校将任务津贴总数划拨到教务处，教务处颁布了《HB学院教学人员校内结构工资（津贴）二次分配办法（试行）》和《HB学院课时计算方法》，由各院系根据实际情况分配任务津贴。

2006年国家人事部、财政部出台了《事业单位工作人员收入分配制度改革方案》，要求建立与岗位职责、工作业绩、实际贡献紧密联系和鼓励创新的分配激励机制，实行岗位绩效工资制度。岗位绩效工资由岗位工资、薪级工资、绩效工资和津贴补贴四部分组成。其中，岗位工资和薪级工资为基本工资，绩效工资主要体现工作人员的实绩和贡献，津贴补助分为艰苦边远地区津贴和特殊岗位津贴补贴。

随着岗位绩效工资制度的试点和推广，2010年各高校开始全面实施绩效工资制度。2011年H省颁布了《关于H省其他事业单位实施绩效工资指导意见的通知》，要求H省尚未实行绩效工资制的单位自此开始实施绩效工资制。据此，2012年HB学院颁发了《HB学院绩效工资实施办法（暂行）》《HB学院绩效工资分配方案（暂行）》，建立了绩效工资管理运行体制。绩效工资包括基础性绩效工资（包括职务或职称津贴和岗位津贴，占总工资的45%）和奖励性绩效工资（主要体现为工作量和实际贡献，包括效益津贴和业绩津贴，在考核的基础上发放，占总工资的55%左右），确立了绩效工资标准及发放办法。年度考核为称职以上者，发放基础绩效工资和奖励绩效工资；年度考核为基本称职者，扣发50%的奖励绩效工资；年度考核为不称职者，扣发当年40%的基础性绩效工资和全部的奖励性绩效工资。从而使绩效工资与教师考核和岗位聘任紧紧联系在一起。

另外，为了进一步激励教师工作的积极性，HB学院颁布了《HB学院高水平科研成果奖励办法》和《HB学院教育教学工作奖励办法》。《HB学院高水平科研成果奖励办法》规定，各类科研成果以积分形式量化核算，按照每积分5元的标准进行奖励，奖励内容包括学术论文奖励、学术著作奖励、获奖科研成果奖励、科研项目奖励、社会服务成果奖励（包括登记、鉴定、专利成果的奖励；政府决策研究与咨询报告的奖励；技术转让和科研开发成果的奖励）、科研事业发展奖励等。《HB学院教育教学工作奖励办法》根据教学工作业绩量积分，每1积分奖励人民币5元，每年进行一次奖励。奖励类别包括教学研究（教学研究项目，教学研究论文、著作或教材，教学成果奖）、教学建设项目、教师教学业务竞赛、指导学生本科毕业论文或科研竞赛获奖、大学生创业创新奖、教学管理奖等项目。

## 第二节　应用型本科高校教师工作考核制度变迁特征及原因

通过对应用型本科高校教师工作考核制度变迁历程的梳理，可以发现我国应用型本科高校教师工作考核制度在变迁过程中呈现出明显的路径依赖特征。路径依赖对应用型本科高校教师工作考核制度的影响是双重的：一方面，有利于渐进地推进应用型本科高校教师工作考核制度的变革，减少变革成本和动荡；另一方面，受路径依赖的影响，我国应用型本科高校教师工作考核制度改革的步伐相当缓慢，已经难以满足应用型本科高校转型的需要。随着制度边际递减速度的加快和交易成本的提高，如果不及时进行制度变革，应用型本科高校教师工作考核制度将会成为其转型发展的主要瓶颈。

应用型本科高校成立之初，其教师工作考核制度的设计便是在遵循国家规定的基础上模仿传统老牌本科院校。在此基础上，形成了以工作检查为导向，以统一定量评价为原则，以科研为主，教学为辅，社会服务空缺的教师工作考核制度。这种最初始的教师工作考核制度为应用型本科高校教师工作考核制度的发展和变迁奠定了基调，并使其教师工作考核制度呈现出非灵活性、非效率性特点。直到现在，虽然应用型本科高校的组织目标和组织环境均已发生明显的变化，但其教师工作考核制度依然变化不大，难以满足应用型本科高校的教师考核工作和转型发展需要。尽管从长远来看，重构新的教师工作考核制度是最优的选择，但是由于高昂的转换成本及其他因素的共同影响，应用型本科高校教师工作考核制度的重构和转型并非易事。应用型本科高校教师工作考核制度的变迁之所以呈现出明显的路径依赖特征，其原因如下。

## 一、集体行动面临高额投资

高额的创设费用或固定成本是路径依赖产生的重要原因之一。教师工作作为一种集体行动，涉及学校内部不同管理部门和广大教师群体。如果要对教师工作考核制度进行深刻的变革，不但需要广泛的动员，还需要在不同层面上调节教师群体之间、不同考核部门和考核主体之间的人际关系。动员本身和关系调节均涉及投资成本。在应用型本科高校转型发展阶段，其发展模式尚未完全确定，应用型本科高校组织本身不具有持续的稳定性，且需要将更多的资金投入到短时间内能够卓见成效的领域。由此，面对高额的投资，应用型本科高校的教师工作考核制度变迁只能是缓慢的、渐进的过程。

## 二、传统教学观和科研观根深蒂固

人们在创造制度的同时，也被制度所塑造。个体的主观认知只能在制度的脉络中形成，并通过影响人们的价值和规范，约束着人们的认知和偏好；根据现有的制度形成的认知偏好，又进一步加强了现行制度对人们认知的制约。制度认知框架一旦形成，便具有稳定的持续性，使制度变迁变得更为困难。且制度本身是基于一定的文化认知和价值观念所形成的，其创造和消除都需要一定的时间，因此，制度一旦形成，便理所当然地会具有持续性。即使应用型本科高校教师工作考核制度呈现出诸多弊端，应用型本科高校的转型发展仍成为大势所趋，应用型本科高校教师工作呈现出实践教学为重、应用研究占主导、社会服务具有重要地位的特点，但传统的科研观和教学观却难以在短时间内转变，传统的科研和教学工作考核制度也难以在短时间内消除。加之，我国高等教育发展传统中，教师和其他社会利益集团的参与机制并不发达，从而使教师工作考核制度在制定过程中便存在市场不完全、信息不充足的情况，难以充分考量当前应用型本科高校教师工作和应用型本科高校转型发展的需求。

## 三、互补性制度变革相对缓慢

制度是由多种要素所构成的复合体，既可以结合在一起构成某一上位制度，亦可以分解为若干下位制度。制度的互补则意味着制度的相互协作，特定领域的制度具有相互影响的特点。表现在高校教师工作考核制度方面，则是教师工资制度、教师职称制度与教师工作考核制度之间的相互强化。应用型本科高校的教师工作考核制度是在国家和省级教师工作考核制度的框架下构建的，并与教师职称评定制度和工资制度相互影响。目前，国家层面的教师工作考核规定是面向全体高等教育机构的，并没有针对应用型本科高校出台单独的规定；教师职称评定制度普遍规定了各级教师的岗位职责和晋升条件，强调高级职称的科研成果和学历，并没有形成诸如“双师型”教师、社会服务推广型教师的晋升要求。在为了符合国家对教师工作考核制度的要求，并与教师职称制度和工资制度相对接，应用型本科高校教师工作考核制度只能在互补性制度的约束下发挥其功能。在缺乏互补性制度共时性变迁的情况下，制度只能是稳定的，其变迁过程只能是渐进的，并呈现出强烈的路径依赖特征。

## 四、应用型本科高校内外部权力分配稳定

正如奈特所言，制度是特定行为者约束其他行为者行动过程中出现的副产品[①]。掌权者拥有更多的资源所有权，为了使制度朝着有利于自身的方向发展，会利用手中权力在众多制度中选择最有利于维护自身利益的制度。制度一旦形成，又会进一步巩固掌权者的权力。此时，制度便有了自我强化的倾向，且随着时间的推移，细微的权力差别可能导致

---

① KNIGHT J. Institutions and social conflict [M]. New York: Cambridge University Press, 1992: 126.

巨大的制度差异。基于此，制度的变革只有在内外部权力再分配时才有可能发生。从宏观上，应用型本科高校这一概念自出现以来，便是实行中央和省级政府两级办学，以地方统筹管理为主的高等教育管理体制，高校外部管理权力的分配是稳定的。从微观上，教师工作考核制度一般由“双肩挑”的领导、少数“学术寡头”们制定，并由他们负责具体执行，基层广大的教师群体在制度制定过程中发言权较小，高校内部权力的分配也呈现出稳定的状态。在应用型本科高校内外部权力分配没有大的改变的情况下，其工作考核制度的变迁只能是渐进的。

## 第三节　应用型本科高校教师工作考核制度变迁动因

### 一、经济、政治、文化的共同作用

#### （一）宏观经济体制

正如历史制度主义对制度概念的界定，制度是嵌入政体或政治经济组织结构中的正式或非正式的程序、规范、规则和惯例①。任何制度的产生和变迁都离不开宏观经济体制的影响和制约。从新中国成立到现在，我国经历了从计划经济到社会主义市场经济体制改革的转变，这种改革和转变深刻地影响着我国应用型本科高校教师工作考核制度的变迁。

在计划经济体制下，国家主要通过行政命令来调控经济社会生活，呈现出资源配置政府主导和计划调控两个特点。在此背景下，1949—1978 年我国高校教师及其工作呈现出计划性、固定性和行政命令性等特征。行政机关直接插手高校教师工作的管理与考核，高校在教师工作考核制度构建中的空间非常有限，院系在教师工作考核中更少有发言

---

① 豪尔，泰勒．政治科学与三个新制度主义流派［C］//何俊志，等．新制度主义政治学译文精选．天津：天津人民出版社，2007：48.

权。高校教师工作考核制度基本上完全按照国家的统一指令进行安排，教师工作考核整齐划一，无法体现出不同高校和不同类型教师工作的差异性和特殊性。

随着20世纪80年代的改革开放，我国开始进行经济体制改革，并于1992年确立了社会主义市场经济体制改革的目标。经济体制从行政命令的计划调控开始向市场调控转型，高校自主办学的格局开始形成，教师聘任制开始成为主流，岗位分类管理和岗位绩效制日益推进。教师工作不再由政府统一领导和规划，而成为高校的内部事宜，高校在教师工作考核制度建设中的空间日益扩大。

与此同时，随着高等教育的大众化和市场需求的不断变化，高等教育不再整齐划一。应用型本科作为高级应用型人才的培养机构，成为我国高等教育领域的半壁江山。为满足社会和高等教育的需求，其教师工作呈现出更加复杂的特点。因此，这一阶段，各应用型本科高校为激发教师工作的积极性，开始根据自身的特色和发展现状，自主出台了大量针对性的教师工作考核规定。

但是，由于高校自身发展的逻辑和政府部门对高校的宏观管理，市场对高校的干预能力并不强。加之，应用型本科高校作为一种尚在试行和探索中的高等教育模式，其组织发展尚有诸多不完善的地方，应用型本科高校教师管理工作的相关配套制度也尚不健全。因此，应用型本科高校的教师工作考核制度只能在借鉴和模仿中艰难探索。虽然，应用型本科高校开始尝试通过制度调整的方式，使其教师工作考核制度满足应用型本科人才培养的需求，但计划经济的烙印依然或多或少地存在。

（二）高等教育管理模式与生态环境

制度是多个主体相互博弈所达到的一种均衡。随着环境的变迁，这种均衡可能会被打破。为了形成新的均衡，制度不得不进行变迁。因此，环境变迁可能会带来制度变迁。1978年以前，在统一的高等教育管理体制下，高等教育按照整齐划一的行政安排进行发展。此时，我国高校数量较少，大学教师人数也较少，高校发展和教师工作尚未呈现出多样化特点，教师工作考核按照国家统一规划进行并不会出现太大问题。但是，随着改革开放和高校扩招，我国高等教育管理模式和生态环境发生了重大的变化。

第一，自1999年以来，我国高校数量和教师人数激增。随着高等教育大众化，各院校不断进行外延式扩张，更有很多高职高专通过合并整合的形式升本，高校数量和高校教师数量飞速增长。鉴于不同地区和院校发展的独特性，统一规划和安排已经不能对教师工作进行有效的管理。自1999年以来，随着高校办学自主权的扩大，国家虽然出台了诸多有关教师工作考核的文件，但均是立足于宏观指导层面，具体的实施细则由高校自行制定和安排。因此，自1999年以来，各高校均出台了诸多教师工作考核相关文件，以增强学校内部教师工作考核的有效性和可靠性。

第二，应用型本科高校的发展定位日益明确。应用型本科高校成立初期，由于缺乏经验和顶层设计，受"学术漂移"的影响，其发展初期便开始模仿传统老牌本科院校的教师工作考核制度。但是，随着"应用型本科高校"这一概念的确定和相关研究的深入，教育部开始推动"应用技术型大学转型"，各省教育厅也纷纷出台"本科高校中开展转型发展试点工作的通知"，应用型本科高校的发展定位和路径日益明确。此时，无论是国家还是学校层面，对应用型本科高校教师工作的特殊性都有了一定的认识，开始强调对应用型本科高校教师进行分类管理和考核，建立适合应用型本科高校教师工作的考核制度。随着这一认识的日渐深入，为满足高级应用型人才培养目标定位，应用型本科高校开始将教师划分为教学型、科研型、教学科研并重型、社会服务推广型等种类，探索教师工作分类考核的新模式。

第三，应用型本科高校特色发展成为大势所趋。应用型本科高校服务于地方经济发展，致力于为地方劳动力市场培养高素质的应用型人才。而不同地域的行业发展状况、经济结构又差异巨大。相较于传统的本科院校，不同应用型本科高校的外部环境差异明显。因此，即使是发展水平相差无几的院校，其内部发展状况亦可能千差万别。鉴于此，逐步建立符合各应用型本科高校特点的教师工作考核制度便成为当务之急。在此背景下，应用型本科高校为了增强教师队伍的整体实力和增强教师工作考核制度的适用性，从 2004 年起便开始致力于推动教师工作考核制度改革。虽然，至今应用型本科高校教师工作考核制度依然存在诸多问题，且尚未探索出一套行之有效的制度模式，但改革的趋势和成绩却不容置疑。

### （三）文化观念

大学是环境和遗传的产物。大学产生之初，便是作为学术共同体传授高深学问的象牙塔。随着 19 世纪洪堡对德国大学的改革，大学开始有了科学研究的职能。19 世纪末，大学的社会服务职能才逐渐被人们重视。

我国的大学，在 1949—1966 年处于恢复和重建时期。这个时期的大学更多地被当作国家事业单位进行管理，大学的职能集中于人才培养。此时，教师工作考核对科研的要求并不高，学校对教师的科研工作量也没有硬性要求。

随着“文革”结束至 1999 年，我国的经济结构开始转型，科技是第一生产力的观念深入人心，高等教育科学研究的职能不断被强调并提上日程。此时，我国的高等教育尚处于精英化教育阶段，高校类型单一，大学被看作是高深知识的传授地和科学研究的殿堂，其科学研究功能日益受到关注。随着聘任制改革和分配制度改革，为了激发教师多出成果，各高校纷纷出台科研奖励办法。虽然也强调教学中心，但教师的聘任、奖励和晋升却在更大程度上与科研挂钩。随着高等教育领域对科研的强调，科研至上和“不发表则灭亡”的观念成为高校教师工作考核制度制定的重要理念之一。

1999 年后，随着高校的扩招，新建本科院校如雨后春笋般出现。在没有统一规划的状态下，这些新建院校的目标定位和发展路径并不明确。为了获得更多的资源和更多的认可，他们便走上了模仿和学习传统老牌本科院校的道路。因此，在这一阶段，应用型本科高校的教师工作考核制度也强调科研至上，致力于推动本校教师多发论文、多出科研成果。

随着2009年教育部开始对应用型本科高校进行合格评估，高校转型工作已经进入一个实质性发展阶段。应用型本科高校作为一种新型的高等教育发展模式和类型，开始真正进入人们的视野。虽然经过反复的讨论和学者研究论证，明确了新建本科院校向应用型本科转型才是它们发展的出路。但是，在多年的历史影响下，这些院校在模仿传统本科院校的道路上已经走了太远，相关配套政策和观念难以在短时间内发生改变，转型发展并非易事。因此，尽管服务地方经济发展和高级应用型人才培养的定位已经非常明朗，但应用型本科院校的教师工作考核制度在传统教学观和科研观的影响下并没有发生本质的改变。

直到2015年，教育部、国家发展改革委和财政部联合颁布了《教育部、国家发展改革委、财政部关于引导部分地方普通本科高校向应用型转变的指导意见》，明确提出应用型本科高校教师工作考核制度改革的方向在于促进教师提高实践能力的主动性、积极性，应用型本科高校才开始在教师工作考核制度的变革上有所实际行动，逐渐明确了不同类型、层次的教师工作量和考核要求。尽管如此，在传统的教学观和科研观影响下，实践教学依然没有得到足够的重视，科研成果依然在教师晋升中占有绝对优势。

## 二、行为主体及其选择机制

### （一）行为主体：教育行政部门、应用型本科高校、教师

制度的变迁，既受社会结构所影响，又需要行为主体的推动。制度变迁过程中，不同的行为主体发挥着不同的作用。诺斯指出，制度变迁有个人、团体和政府三个层次的变迁主体。在此基础上，戴维斯和诺斯将制度变迁的主体区分为初级行动团体和次级行动团体。其中，初级行动团体支配着制度变迁的进程，是制度变迁的策划者；次级行动团体则是为了帮助初级行动团体获得预期收益而形成的单位，是制度变迁的实施者。制度变迁主体在不同情景下，存在角色转换的可能。

具体到应用型本科高校教师工作考核制度的变迁，其制度变迁的主体主要包括教育行政部门、应用型本科高校和教师。其中，政府承担着

初级行动团体的角色，在应用型本科高校教师工作考核制度变迁中起着主导作用。在中央和省级政府两级办学，地方统筹管理为主的高等教育管理体制下，通过自上而下的分层治理，教育行政部门主导着应用型本科高校教师工作考核制度的每一步变迁。中央教育行政部门通过统一的行政命令和要求，统一规划全国高校的教师工作考核安排，有利于保持制度的一致性和贯彻性。但是中央教育行政部门作为宏观调控者，不可避免地会忽视不同地区和不同类型院校教师工作的特殊性，不利于应用型本科高校教师工作考核制度变迁过程中的创新发展。随着高等教育管理权力的下放，地方教育行政部门在应用型本科高校教师工作考核制度变迁中的作用越来越突出，能够在一定程度上根据本区域应用型本科高校教师工作的特点制定相应的指导政策。但是，这实质上依然是通过行政手段进行的自上而下的强制性变革。因此，我国应用型本科高校教师工作考核制度的变迁具有较鲜明的强制性特征。

近年来，随着转型发展的势在必行，应用型本科高校为了在转型发展中抢占先机，提高教师队伍工作的质量，也开始积极自愿地进行教师工作考核制度改革。应用型本科高校在现行的制度变迁中处于次级行动团体的位置。应用型本科高校作为一种新型本科院校，其发展模式尚不成熟，学校的内外部管理制度和配套制度尚不完善。因此，应用型本科高校教师工作考核制度在无章可循的情况下，为了避免重大失误，更多地会根据现有的国家政策文件进行缓慢变革。虽然，随着院校的转型发展和市场调节作用的增强，促进应用型本科高校教师工作考核制度创新已经逐渐成为共识，应用型本科高校自身也加快了教师工作考核制度改革的步伐。但是，在互补性制度建设尚不完善的情况下，应用型本科高校教师工作考核制度的大幅度革新依然是难以启动的。

教师作为教师工作考核制度最直接的利益相关者，理应在教师工作考核制度变迁过程中处于重要位置。但在制度变迁的现实中，最广大的教师群体却处于静默和被动状态，只有少数有一定权力和威望的教师才能参与到教师工作考核制度的制定和运行过程中去。深究其原因，主要有两个。第一，教师作为“单位人”的身份。虽然目前应用型本科高校大都实行聘任制，但是传统的用人观念根深蒂固，教师与高校存在强烈的依附关系，缺乏自由流动机制和退出机制，从而使聘任制变为只进不出。特别是应用型本科院在快速扩张的背景下，面临着较大的教师管理问题。在固有的教师管理体制不完善情况下，很难真正落实聘任制。第二，教职工代表大会制度作用没有真正发挥。虽然《学校教职工代表大会规定》明确要求，教职工代表大会的职权包括“讨论通过学校提出的与教职工利益直接相关的福利、校内分配实施方案以及相应的教职工聘任、考核、奖惩办法”，且教职工代表大会中教师代表不得低于代表总数的 60%①。但是，在真正实施过程中，教师代表往往是具有一定权力或学术权威的教师，其本身便是现有教师工作考核制度的既得利益者，从而导致最广大普通教师的利益在一定程度上被忽视。

（二）选择机制：“工具性逻辑”与“适当性逻辑”的博弈

“工具性逻辑”和“适当性逻辑”是新制度主义用来分析制度变迁的两种逻辑。理性选择制度主义通过理性路径来分析制度，认为制度的选择与变迁是个体为了实现利益的最大化而进行的算计行为，遵循的是“工具性逻辑”；社会学制度主义认为制度具有持续的惯性，制度一旦形成便会理所当然地持续强化和维持，制度变迁的过程被看作是新的行为模式或组织形态扩散的过程，体现为趋同化、模仿和相互学习，遵循的是“适当性逻辑”。社会学制度主义与理性选择制度主义对制度变迁逻辑的解释是截然不同的。理性选择制度主义从自身利益的最大化出发，社会学制度主义从社会认可出发。但制度变迁的逻辑受各种因素的影响，既不是单纯的遵从“工具性逻辑”，亦非单纯的遵从“适当性逻辑”。两种逻辑并不是排他的，而是在具体的情境中，在形成的脉络中相互博弈又相互渗透的过程。应用型本科高校发展教师工作考核制度的变迁逻辑，大致可分为三个阶段。

第一阶段为 1999—2008 年，“适当性逻辑”占据绝对优势。应用型

① 中华人民共和国中央人民政府. 学校教职工代表大会规定 [EB/OL]. (2012-01-09) [2018-11-03]. http://www.gov.cn/flfg/2012-01/09/content_2040254.htm.

本科高校发展初期，作为一种新的组织形式，其组织目标和组织环境均具有很大的不确定性。为了提高组织的合法性和生存的可能性，应用型本科高校教师工作考核制度不得不模仿那些已经得到广泛认可的教师工作考核制度，从而导致应用型本科高校教师工作考核制度呈现出与传统本科院校教师工作考核制度趋同的状况，强调理论教学和科研至上，不能适应应用型本科高校教师工作的特殊要求。在这一阶段，“适当性逻辑”是应用型本科高校教师工作考核制度构建的主导逻辑，按照这一逻辑所建立的教师工作考核制度片面追求合法性，在一定程度上忽视了对效率和特色的追求。

第二阶段为 2009—2014 年，“工具性逻辑”开始觉醒，“适当性逻辑”占主导。随着 2009 年合格评估的开展，高校转型工作开始进入了一个实质性发展阶段。已有的应用型本科高校教师工作考核制度的有效性越来越弱，并逐渐呈现出诸多弊端，引起教师群体的诸多不满。随着人们对应用型本科高校教师工作特殊性认识的逐渐加深和应用型本科高校合法性地位的逐步确立，应用型本科高校教师工作考核制度开始日益关注制度的有效性而不仅仅是合法性。在人事改革全面推进的背景下，应用型本科高校开始关注教师工作的分类考核和教师工作的特殊性。这一阶段，为增强教师工作考核制度的有效性，应用型本科高校开始进行了一些尝试。但是，鉴于传统制度的强大惯性和应用型本科高校发展过程中的不确定性，为了获得社会认可和提高组织的合法性，应用型本科高校在权衡“有效”与“合法”之间的成本与利益后，依然将“适当性逻辑”作为教师工作考核制度变迁的主要逻辑。但是，在这一阶段，为了促进院校的特色发展和满足应用型人才培养的需求，应用型本科高校已经开始将教师工作考核制度的有效性作为制度变革的重要因素。

第三阶段为 2015 年至今，“工具性逻辑”和“适当性逻辑”并行不悖，但“适当性逻辑”依然占上风。随着不断地发展壮大，应用型本科高校已经成为我国高等教育领域的半壁江山，有足够的力量来对抗传统惯例。随着 2015 年教育部“关于应用技术型大学转型试点”工作部署的开展和相关支持性制度的出台，应用技术大学联盟日益壮大，应用型本科高校的转型发展和办学定位日益明确，其合法性地位的确立开始不再需要仅仅通过模仿传统本科院校来获得。为了能够在转型发展的浪潮中抢得先机，在同类型本科院校的竞争中获得一席之地，各应用型本科高校纷纷出台政策，提高本校教师工作考核的质量和效率。因此，自2015年开始，应用型本科高校开始积极推进本校教师工作考核制度改革。在此阶段，教师分类考核开始实施，教学工作考核日益被强调，社会服务工作考核逐渐得到关注，"双师型"教师考核办法开始出台。但是，由于转型发展依然处于探索和试行阶段，高等教育内外部管理体制尚未完全改革，应用型本科高校为了避免失误的产生，在遵循"工具性逻辑"进行制度改革的同时，依然将"适当性逻辑"放在重要位置。且受认知因素的影响，"适当性逻辑"依然在制度变迁过程中占据上风。当然，这两种逻辑的同时存在和盛行，不可避免地导致这一阶段的教师工作考核制度变迁中存在诸多矛盾和冲突。

# 第四章　制度运行：应用型本科高校教师工作考核制度的现状分析

人类行为不仅在制度脉络中形成，而且深深地嵌入对个体意志和利益计算产生重要影响的规则、规范、期待、传统等制度结构。

——河连燮

随着应用型本科高校转型发展，应用型本科高校教师工作考核制度改革已经成为各院校的共识。但是，这一改革趋势也为制度的制定者、管理者、教师等相关利益群体带来了巨大挑战。国内尚没有成熟的应用型本科高校教师工作考核制度经验可以借鉴，国外的相关经验在何种程度上适用尚不明确。因此，有必要对当前应用型本科高校教师工作考核制度的现状进行分析，以发现当前的制度缺陷及其对教师工作行为的影响，进而增强制度变革的针对性。为探究当前应用型本科高校教师工作考核制度的运行现状及其对教师工作行为的影响，本部分假定制度是给定的，将教师工作考核制度作为“自变量”。在探寻应用型本科高校教师工作考核制度现状特征的基础上，分析一定组织背景中，认知和理性共同作用下教师工作行为选择的多样性和一致性。

# 第一节　数据来源

## 一、制度文本

为探究当前应用型本科高校教师工作考核制度的现状特征，本研究选取了30所应用型本科高校作为样本院校。虽然这些样本院校的人才培养目标定位表述有所差异，但均明确将“应用型人才”作为其人才培养目标定位，且在《广州日报》应用大学排行榜中排名均在前300名。其中，有12所院校排名在1—100名范围内；9所院校排名在100—200名范围内；9所院校排名在200—300名范围内。在一定程度上可以说，本研究所选取的样本院校代表了目前较高水平的应用型本科高校。在确定样本院校的基础上，笔者通过搜寻各学校的官方网站、各校教职工的帮助查找、实地调研等方式，搜集了30所样本院校的教师工作考核相关制度文本。这些文本至少包括教师年度考核办法、教师聘期考核办法、教学工作考核办法、科研工作考核办法等四部分内容。与此同时，鉴于制度的关联性，为进一步加深分析，也会涉及部分高校的教学工作量计算办法、教学成果奖励办法、科研工作量计算办法、科研奖励办法、“双师型”教师认定与考核办法、绩效奖励工资实施办法、专业技术职务评聘管理办法、岗位设置管理办法等文件。所收集的制度文本共计183份。具体的学校名称及其人才培养目标定位和在《广州日报》应用大学中排行榜中的位次，详见表4-1。

**表4-1　样本院校情况表**

| 序号 | 学校名称 | 人才培养目标定位 | 应用大学排名 |
|---|---|---|---|
| 1 | 上海工程技术大学 | 高素质工程应用型人才 | 6 |
| 2 | 大连大学 | 高素质应用型人才 | 18 |
| 3 | 聊城大学 | 高素质应用型人才 | 24 |
| 4 | 金陵科技学院 | 应用型人才 | 39 |

续表

| 序号 | 学校名称 | 人才培养目标定位 | 应用大学排名 |
|---|---|---|---|
| 5 | 东莞理工学院 | 新型高水平应用型人才 | 41 |
| 6 | 武汉纺织大学 | 应用型创新人才 | 54 |
| 7 | 湖州师范学院 | 高素质应用型人才 | 60 |
| 8 | 河北经贸大学 | 高素质应用型人才 | 61 |
| 9 | 许昌学院 | 有创新精神的高素质应用型人才 | 64 |
| 10 | 江西科技师范大学 | 应用型专门人才 | 66 |
| 11 | 洛阳理工学院 | 高层次应用型人才 | 76 |
| 12 | 华北科技学院 | 应用型人才 | 92 |
| 13 | 合肥学院 | 高素质应用型人才 | 112 |
| 14 | 中国劳动关系学院 | 高素质应用型人才 | 114 |
| 15 | 德州学院 | 创新性应用型人才 | 118 |
| 16 | 惠州学院 | 高素质应用型人才 | 136 |
| 17 | 湖南城市学院 | 高素质应用型人才 | 157 |
| 18 | 武昌首义学院 | 高素质应用型人才 | 158 |
| 19 | 盐城师范学院 | 应用型人才 | 161 |
| 20 | 湖北理工学院 | 应用型人才 | 167 |
| 21 | 唐山学院 | 高级应用型人才 | 194 |
| 22 | 韶关学院 | 应用型人才 | 212 |
| 23 | 湖北科技学院 | 高水平应用型人才 | 216 |
| 24 | 石家庄学院 | 高水平应用型人才 | 220 |
| 25 | 湖南工学院 | 高水平应用型人才 | 222 |
| 26 | 商洛学院 | 应用型人才 | 236 |
| 27 | 龙岩学院 | 应用型人才 | 245 |
| 28 | 平顶山学院 | 应用型大学 | 253 |
| 29 | 南昌理工学院 | 具有较强实践动手能力的应用型人才 | 245 |
| 30 | 周口师范学院 | 应用型人才 | 297 |

## 二、访谈数据

为更好地探究当前应用型本科高校教师工作考核制度对应用型本科高校教师工作行为的影响，本研究按照方便抽样原则，从 30 所样本院校中选择了 6 所院校，每所院校选择 1 名在职专任教师进行半结构深度访谈。考虑到样本选择的代表性，本研究所选取的访谈对象工作年限均在 3 年及以上，且均经历过年度考核和聘期考核，以确保所访对象对现行的教师工作考核制度有更深刻的感受和体悟。具体的半结构访谈提纲主要包括七个方面的内容，是在与相关专家咨询和讨论基础上最终确定的。从 2018 年 11 月初到 2018 年 12 月底，笔者通过面谈或微信视频的方式，分别对 6 名应用型本科高校教师进行了深度访谈，并根据访谈录音整理了 13 万余字的访谈记录。具体的访谈对象情况，详见表 4-2。对访谈数据按照“工作院校—访谈对象—访谈内容—具体问题”的顺序进行编码。如“B-YL-2-1”是指 B 院校的 YL 老师对第二部分内容的第一个问题进行的回答。因按事先约定访谈录音和记录稿须保密，故不对外公开。

**表 4-2　访谈对象情况表**

| 访谈对象 | 工作单位 | 年龄 | 职称 | 职务 | 工作年限 | 学历 | 访谈时长 |
|---|---|---|---|---|---|---|---|
| LZJ | A 校计算机学院 | 47 岁 | 教授 | 评估中心主任 | 20 | 硕士 | 95 分钟 |
| YL | B 校新闻与法学学院 | 38 岁 | 副教授 | 二级学院副院长 | 18 | 硕士 | 86 分钟 |
| LS | C 校机电与自动化学院 | 38 岁 | 副教授 | 二级学院副院长 | 12 | 博士 | 120 分钟 |
| LCM | D 校美术学院 | 39 岁 | 副教授 | 二级学院副院长 | 14 | 硕士 | 95 分钟 |
| CGQ | E 校马克思主义学院 | 31 岁 | 讲师 | 无 | 4 | 博士 | 98 分钟 |
| GTY | F 校教育学院 | 38 岁 | 讲师 | 无 | 3 | 博士 | 82 分钟 |

## 第二节　制度现状：基于制度文本的内容分析

学校层面的教师工作考核制度，由各院校根据国家相关文件自行制定。一般来说，学校成立考核领导小组，对全校的教师考核工作进行统一领导；二级学院根据学校对教师工作考核的要求，制定本单位教师工作考核的具体实施方案和细则，组织考核工作。鉴于不同高校二级单位的教师工作考核制度均是根据学校层面的教师工作考核制度制定，本部分仅对学校层面的相关考核制度进行分析。教师工作考核制度按照类型划分，可分为年度考核制度和聘期考核制度；按照内容划分，可分为教学工作考核制度、科研工作考核制度和社会服务工作考核制度。与此同时，教师工作考核涉及工资薪酬、岗位职责和职称晋升等内容，因此，本部分也会涉及相关的“双师型”教师认定与考核办法、绩效奖励工资实施办法、专业技术职务评聘管理办法、岗位设置管理办法等相关的支持性制度文本。为了对文本进行有效分析，本研究利用 ROSTCM 词频分析软件对相关制度进行“分词”和“关键词提取”，构建了关键词共词矩阵。然后利用 UCINET 软件对关键词进行了社会网络分析。在此基础上，结合不同院校具体的教师工作考核制度及相关支持性制度，对 30 所样本院校教师工作考核制度的现状特征和制度缺陷进行了深度剖析。

### 一、制度设计逻辑的文本分析

目的反映着人的价值取向。目的即以什么作为价值关系主体和把主体的什么需要摆在首位。教师工作考核目的的确定与社会结构、行为者的认知和理性判断等众多因素有关，决定着教师工作考核的方式和路径，是教师工作考核制度设计的逻辑起点。因此，本部分摘取了 30 所样本院校“教师年度考核办法”和“聘期考核办法”文本中“考核目的”部分，利用 ROSTCM 软件对其进行“分词”和“关键词提取”处理，以便对关键词词频进行统计，挖掘考核目的的核心内容。具体的词频统计情况，详见表 4-3。由于篇幅所限，在此只列出了排名前 30 位的关键词。在此基础上，运用 UCINET 软件对关键词进行了社会网络分析，以挖掘不同关键词的位置和关联度。关键词关联网络图谱，详见图 4-1。

**表 4-3　考核目的关键词词频统计表（前 30 位）**

| 序号 | 关键词 | 词频 | 序号 | 关键词 | 词频 | 序号 | 关键词 | 词频 |
|---|---|---|---|---|---|---|---|---|
| 1 | 岗位 | 102 次 | 11 | 人事 | 18 次 | 21 | 工资 | 12 次 |
| 2 | 聘任 | 51 次 | 12 | 德才 | 18 次 | 22 | 队伍建设 | 9 次 |
| 3 | 管理 | 45 次 | 13 | 质量 | 17 次 | 23 | 督促 | 9 次 |
| 4 | 实绩 | 41 次 | 14 | 晋升 | 17 次 | 24 | 解聘 | 11 次 |
| 5 | 激励 | 40 次 | 15 | 发展 | 17 次 | 25 | 服务 | 8 次 |
| 6 | 提高 | 39 次 | 16 | 积极性 | 17 次 | 26 | 工作效率 | 8 次 |
| 7 | 教学 | 22 次 | 17 | 政治 | 16 次 | 27 | 办学 | 8 次 |
| 8 | 业务 | 20 次 | 18 | 科研 | 14 次 | 28 | 创造性 | 7 次 |
| 9 | 奖惩 | 19 次 | 19 | 聘期考核 | 13 次 | 29 | 社会 | 6 次 |
| 10 | 年度考核 | 19 次 | 20 | 培训 | 12 次 | 30 | 贡献 | 5 次 |

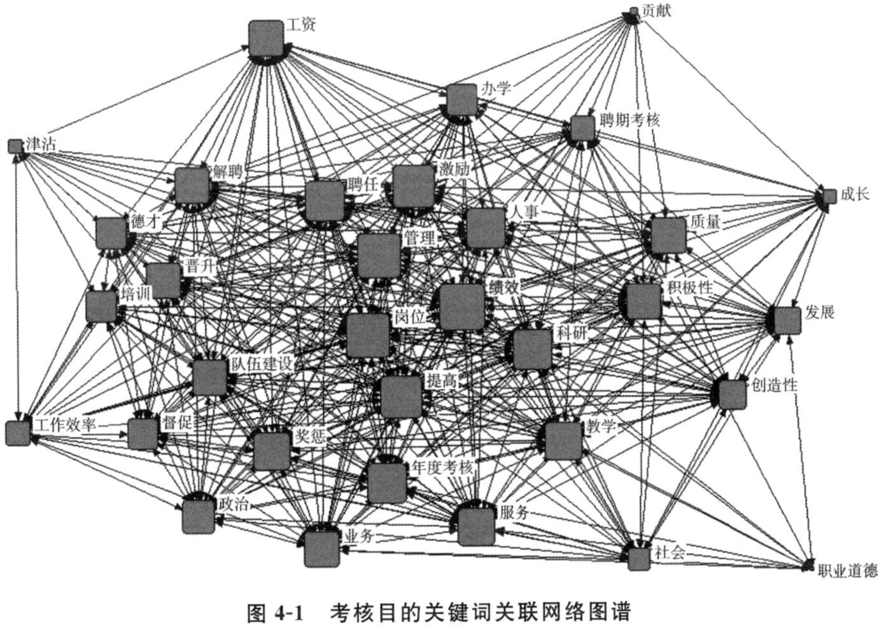


**图 4-1　考核目的关键词关联网络图谱**

统计发现，“岗位”“聘任”“管理”“实绩”“激励”“提高”六个关键词出现的频率最高，分别是 102 次、51 次、45 次、41 次、40 次、39 次。结合关键词关联网络图谱，可以推断目前应用型本科高校教师工作考核的主要目的在于：①增强岗位意识，促进教师履行岗位职责，强化岗位管理；②作为对教师队伍管理的手段之一，考核结果是教师聘任、晋升、奖惩和解聘的依据；③促进和激励教师不断提高其工作能力和效率。

由此可见，当前应用型本科高校教师工作考核制度关注教师岗位工作职责的完成和履行情况，注重教师业绩，强调教师工作考核的管理功能。在制度设计的逻辑起点上，将组织发展作为制度的主要目的，将大学教师的“经济人”属性作为主要属性，在一定程度上忽视了教师个人发展的需求，带有较明显的功利主义色彩。因此，应用型本科高校教师工作考核制度呈现出较明显的自上而下制定、行政意志主导和控制性执行的特点①。在词频统计中，“发展”仅出现了 17 次，“培训”仅出现了 12 次，且与教师发展相关的词语均处于关键词网络关联图谱的最边缘。这种重显性成效、轻隐性潜质的考核目的使教师在工作考核中处于被动地位，使考核结果容易被演化成教师管理的工具。

教师是高校运行的主体，教师工作考核的目的导向直接影响着高校工作的运作方向。在应用型本科高校转型发展的大背景下，教师是转型发展的突破口，教师工作考核制度可以成为转型发展的重要助力和导向。应用型本科高校应基于学校转型的战略规划来设计教师工作考核制度，通过教师工作的考核引导教师工作的转型发展。但令人遗憾的是，关键词词频统计中，体现应用型本科高校发展特色的词语出现的频率过低，如“服务”（仅出现了 8 次）、“社会”（仅出现了 6 次），且均处于关键词网关联络图谱的边缘位置。

---

① 俞亚萍. 高校教师评价制度：问题检视、成因诊断与优化策略 [J]. 黑龙江高教研究，2018 (10)：104-107.

## 二、教学工作考核制度的文本分析

### （一）教学工作考核制度概况

教学工作考核制度是教师工作考核制度的重要组成部分。教学考核一般每学年进行一次。学校成立考核小组（一般包括教学副校长、教务处和人事处的主要负责人）制定考核办法和指标体系，研究考核中出现的问题。在教务处的统一组织下，各学院（部）成立考核小组（一般包括教学副院长、院党委书记、教学督导组组长、教研室主任等）具体开展教学工作考核事宜。教学工作的考核方式一般包括学生评价、院系同行评价和督导评价。当然，根据不同学校的具体情况，三者的评分占教学考核总分的比例会有所不同。如大连大学中，学生评价、同行评价和督导评价的比例是 6∶2∶2；中国劳动关系学院中，学生评价、同行评价的比例是 7∶3，督导评分不计入成绩。虽然每个学校对不同评价主体的评分占比要求不同，但学生评价比例一般不会低于 50%。当然，也有个别学校如华北科技学院的学生评价仅占 30%。在教学工作考核中，获得教学成果奖、承担教改项目和指导学生获奖会有相应的加分；出现教学事故者则或做减分处理，或直接被评为不合格。一般而言，考核结果的等级分为优秀、良好、合格和不合格。其中优秀一般占 20%左右，良好占 50%左右，其余的综合得分 60 分以上的为合格，60 分以下的为不合格。

### （二）教学工作考核制度特点

为探究样本院校教学工作考核制度的现状，利用 ROSTCM 软件对样本院校的“教师教学工作考核实施办法”进行了分词、关键词提取和词频统计。具体的词频统计情况，详见表 4-4。由于篇幅所限，词频统计表只列出了前 30 位的关键词词频。在此基础上，为明确不同关键词之间的关系，构建了关键词共词矩阵，运用 UCINET 软件对关键词进行了社会网络分析，形成了教学工作考核制度关键词关联网络图谱，详见图 4-2。

**表 4-4　教学工作考核制度关键词词频统计表（前 30 位）**

| 序号 | 关键词 | 词频 | 序号 | 关键词 | 词频 | 序号 | 关键词 | 词频 |
|---|---|---|---|---|---|---|---|---|
| 1 | 评价 | 611 次 | 11 | 教学事故 | 66 次 | 21 | 项目 | 41 次 |
| 2 | 教学质量 | 420 次 | 12 | 职称 | 65 次 | 22 | 教学管理 | 39 次 |
| 3 | 学生 | 176 次 | 13 | 课程教学 | 64 次 | 23 | 反馈 | 37 次 |
| 4 | 教务处 | 158 次 | 14 | 研究 | 63 次 | 24 | 岗位 | 36 次 |
| 5 | 业绩 | 128 次 | 15 | 专家 | 61 次 | 25 | 教研室 | 35 次 |
| 6 | 考核结果 | 122 次 | 16 | 教学效果 | 59 次 | 26 | 奖励 | 31 次 |
| 7 | 学生评价 | 121 次 | 17 | 教学工作量 | 55 次 | 27 | 评优 | 28 次 |
| 8 | 教学单位 | 116 次 | 18 | 听课 | 50 次 | 28 | 规范 | 24 次 |
| 9 | 督导 | 115 次 | 19 | 同行 | 49 次 | 29 | 激励 | 24 次 |
| 10 | 课堂教学 | 93 次 | 20 | 检查 | 42 次 | 30 | 晋升 | 24 次 |

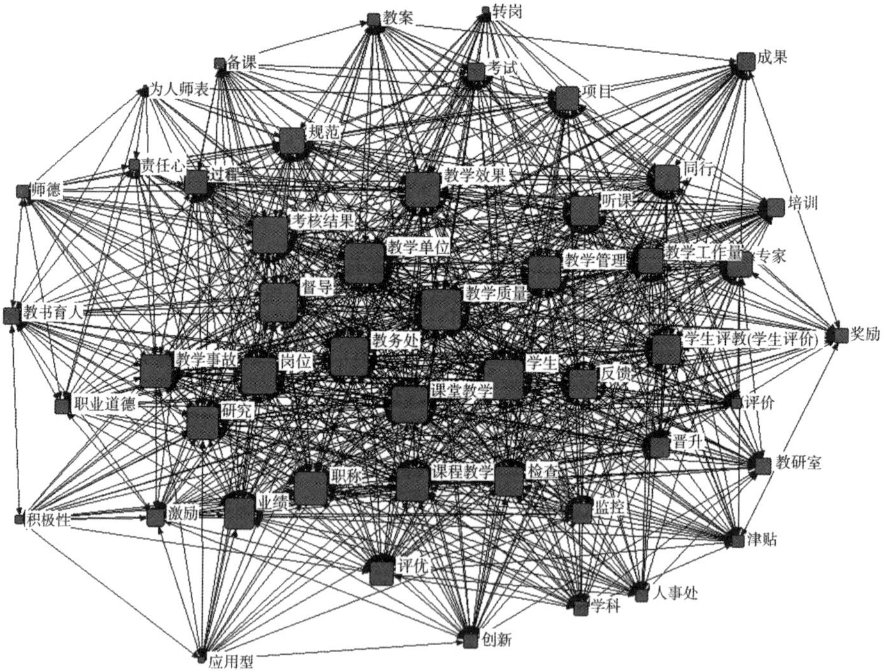


**图 4-2　教学工作考核制度关键词关联网络图谱**

根据对30所样本院校教学工作考核制度文本的统计分析，结合具体的相关文件，本研究认为应用型本科高校教师教学工作考核制度主要呈现出以下特征。

1. 教学质量是中心，但对质量的解释过于狭隘

关键词词频统计发现，"教学质量"一词累计出现的频率排第二，共出现420次，且处于关键词关联网络图谱的中心。由此可见，教学质量始终是教师教学工作考核的核心和关注点。教学作为应用型人才培养的主要渠道，是高校教师工作的主阵地，教学质量则是教学工作永恒的主题。虽然不同利益相关者对"质量"这一概念有不同的理解，但是Schindler等人指出，"质量"这一概念近几十年来并没有发生变化，依然主要涉及四个范畴：第一，目的性，即符合既定的任务、目的或标准；第二，变革性，即能够对学生学习或个人成长带来积极变化；第三，问责性，即能够向不同的利益相关者证明以最佳方式利用现有资源；第四，卓越性，即能够达到卓越或高标准①。教学质量的目的性维度主要体现为教学业绩和教学工作量，教学质量的变革性、问责性和卓越性维度主要体现为教学效果。令人遗憾的是，在关键词词频统计中，"业绩"一词排名第5，共出现128次，"教学效果"一词排名16，共出现59次。而"教学工作量"一词排名17，仅出现了55次。通过关键词关联网络图谱和具体的教学考核制度文本进一步分析发现，现行的教学工作考核制度主要通过量化的标准来衡量教师工作任务的完成情况，其关注点聚焦于教学质量的目的性维度，而忽略了变革性、问责性和卓越性等维度。

具体到不同院校的制度文本，以聊城大学的教学工作考核指标体系为例。"教学效果"这一指标在学生评价中的比例仅占30%左右，其具体的二级指标仅包括两项：①严格要求学生，敢于管理课堂，其言传身

① GOVER A, LOUKKOLA T. Enhancing quality: from policy to practice [EB/OL]. (2018-02-26) [2018-12-02]. https://enqa.eu/index.php/events/equip-webinar-enhancing-quality-from-policy-to-practice/.

教有助于学生治学与做人；②教师的教学有助于提高学生分析问题与解决问题的能力。这无法完全反映出教学质量的变革性、问责性和卓越性维度。在教学管理部门评价、督导评价和同行评价的指标体系中，均没有涉及“教学效果”这一指标。其中，管理部门评价仅包括教师受到校内通报批评或教学差错与事故情况；督导评价仅包括工作态度、教学情况（其中包括两项二级指标：热爱教学工作，责任心强，工作热情高，每年均为本科生上课；严格按照教学进程计划实施教学，遵守教学纪律，无教学差错与事故）、教研科研三项；同行评价仅包括职业道德、工作态度、课堂教学、教研科研四项。有些学校，甚至所有的评价指标中都没有涉及“教学效果”。

虽然教学质量的目的性维度是最基本和最容易测量的，但教学作为一项培养人的活动，教学质量应该更多地体现卓越性、变革性和问责性等维度。目前的教学工作考核制度，却恰恰忽略了质量的这几个维度，对质量的理解过于狭隘，导致教学质量在一定程度上约等于教学目标和教学工作量的完成情况。

2. 关注课堂教学，但实践教学被忽视

实践教学是与理论教学相对应的一种教学形式。严格意义上讲，实践教学并不完全是在课堂外进行，所以与课堂教学并不是完全对立的。但是，就总体而言，实践教学并不是在课堂教学中进行的；且在样本院校的相关文件中，课堂教学与实践教学均是以对立的形式出现的。如有的文件指出，“教学工作量主要是指由学校安排教师讲授和辅导的课程和承担的实践性教学的工作量，包括课堂教学、实践教学以及与教学直接相关的其他工作量”。所以，根据样本院校文件的语境和意蕴，本部分中将课堂教学作为与实践教学相对立的教学形式。

在关键词词频统计中，“课堂教学”一词，排名第10，共出现93次；实践教学（或实践性教学）排名第69，共出现20次。两者之间差异巨大，且在关键词关联网络图谱中，“课堂教学”位于网络的核心位置，与其他词存在紧密的联系。

相对于传统的大学，应用型本科高校需要更多地满足劳动力市场的要求，应用型人才培养要求更多地培养学生的实践操作能力。这并不意味着理论教学和课堂教学不重要，但意味着实践教学在应用型本科高校教师教学工作中应占据主要位置。但是，在现行的教学工作考核制度中，却没有给予实践教学应有的重视，很多学校甚至明确指出，“教学质量评价以课堂教学评价为基础”。

实践教学是培养学生应用能力、分析问题和解决问题能力、自学能力、创新意识与能力的重要渠道，是实现应用型人才培养目标的主要途径。这要求教师具有一定的实践能力和实践教学水平。但目前绝大部分应用型本科高校的实践教学工作考核依然处于被忽视状态。即使有些学校开始关注实践教学的考核，如许昌学院出台了《许昌学院实践教学质量评价办法》，但在具体的实施过程中，却依然存在诸多的制度性障碍。

3. 重视考核结果，但对教学发展的作用不强

考核结果反映了教师教学工作的水平和质量，是评判教师教学工作的依据。作为教学型大学，应用型本科高校对教师教学工作考核结果的运用，直接关系到教师的努力方向和应用型人才培养的质量。通过关键词词频统计发现，“考核结果”一词出现了 122 次，排第 6。与此同时，“考核结果”一词亦处于关键词关联网络图谱的相对核心位置。由此可见，各校对考核结果给予了充分的关注，这是一个可喜的现象。

在与“考核结果”运用相关的词语中，其词频统计由高到低分别是：“职称”（65 次）、“检查”（42 次）、“教学管理”（39 次）、“反馈”（37 次）、“奖励”（31 次）、“评优”（28 次），“激励”（24 次）、“晋升”（24 次）。由此可见，教学工作考核结果的运用主要体现于以下几个方面：第一，职称评定与晋升。教学工作考核结果最重要的运用便是职称评聘和晋升。各院校的制度文本大都规定，教学工作考核结果将作为当年教师晋升职称的依据之一，若考核结果为不合格等次，则延期晋升。有的院校甚至明确规定，“教师在聘期内每学年教学工作业绩考核都为 A 的，在下一轮岗位聘任时可直接申报 6 级及以上岗位，并在职称评定上给予政策倾斜”或“教师职称评定实行教学工作业绩一票否决制”。

第二，教学管理与改进。通过教学工作考核结果的反馈，为学校教学管理提供决策依据，进一步改进教学工作，提升教学质量。第三，评优与奖励。学校开展的“教学名师”“先进工作者”等评优评先活动，均会酌情参考教学工作考核的结果。对于考核结果优秀的教师，学校会给予一定的物质奖励，但奖励金额并不多。如有的学校规定，“对审定为优秀等级的教师名单，在全校予以公布，颁发证书，给予500元奖励”。第四，教师培训与发展。“培训”处于关键词关联网络图谱的最边缘，与考核结果之间的关联薄弱，是考核结果运用中最不重要的部分。且培训多是作为一种补救措施，对考核结果为“不合格”的教师进行相关培训安排，而非作为一种预防策略对所有教师出现的问题都给予相应的培训和指导。

将教学结果与教师职称、评优、物质奖励挂钩的做法值得肯定。应用型本科高校作为教学型大学，强调教学所带来的外部利益有利于鼓励教师重视教学。但是，仅仅强调外部利益的驱动却是一种短视的做法。教师作为“教育者”和“文化人”，具有发展的需求。且教学质量的提高是一个持续的过程，教师教学工作考核应该维持这个过程的持续性，通过促进教师发展推动教学质量的持续提高。但在具体的教学考核结果运用中，考核结果却更多的与外部利益挂钩，忽视了教师教学发展的内在需求，割断了教学发展与教学考核的内在联系，不利于教师在教学工作考核中发现问题，主动提高。

4. “应用型”和“应用性”尚未凸显

“应用型”是指应用型本科高校办学目标定位和人才培养类型的特征，“应用性”是指应用型本科高校教育教学工作中应培养学生解决具体实践问题的能力。应用型本科高校作为应用型人才培养的组织机构，其教学与传统的老牌本科院校有很大区别。应用型本科高校的教学应更加强调理论与实践相结合，强调培养学生解决实际问题的能力，强调应用导向，应该突出“应用型”和“应用性”。

但是，通过对样本院校制度文本的关键词进行词频统计，“应用型”

一词仅出现了 4 次，仅被 2 所院校所提及，位于关键词网络图谱的最边缘。且在被提及的 4 次中，有 2 次是因为提到了教育部颁发的《关于进一步深化应用型人才培养模式改革的意见》，1 次是提及“获学校应用型课程设计竞赛”，只有 1 次提及了“更好地实现学校培养高素质应用型人才的目标”。而“应用性”一词，在关键词词频统计中仅出现了 1 次。

教学是培养应用型人才的主要方式，教学工作考核制度直接影响着教师教学工作的开展方向。缺乏了“应用型”和“应用性”的应用型本科教学，将会与传统老牌本科院校的教学无异，应用型人才的培养也将会成为一句空话。课程设计如何体现应用性，教学方式如何增强应用性，教学工作安排如何推动应用型，学习结果如何体现应用型，这都理应在教学工作考核办法或指标中提及。但是，30 所样本院校对此全都不约而同地选择了漠视。

虽然目前各应用型本科高校均纷纷出台《双师型教师认证标准》和《加强实践教学的意见》等文件来突出院校的应用特征，但是在具体实践中，由于配套制度的不完善、现有制度的路径依赖、不同利益集团之间的博弈等原因，这些文件的真正实施并非易事。也正是因为如此，即使应用特征已经成为共识，促进应用特色发展的文件纷纷颁布，教师教学工作考核制度却依然没有给予应用特征足够的关注。

## 三、科研和社会服务工作考核制度的文本分析

在这里需要指出的是，社会服务有广义和狭义之分。广义的社会服务是指高校为满足社会发展需求所提供的各种服务支持，包括通过人才培养和科学研究等提供的直接和间接服务支持。狭义的社会服务仅指直接参与社会、文化、经济等发展和相关问题的处理。因在当前 30 所样本院校的教师工作考核制度中，社会服务部分均被纳入“科研工作考核办法”范围，为了避免混乱，本研究中的社会服务是指广义的社会服务。也正因为如此，在对制度文本进行统计和分析时，将科研与社会服务放在一起进行讨论。

### （一）科研和社会服务工作考核制度概况

教师科研工作考核是教师工作考核的重要组成部分，一般实行滚动考核，但具体的滚动时间间隔因学校而异。如上海工程技术大学实行五年滚动考核制，湖南城市学院实行三年滚动考核制。科研工作考核基本以科研工作量计分的形式进行。

对科研工作量内容的划分，每个学校各不相同。如大连大学将其划分为科学研究、学术交流、社会服务、科研工作四个方面；商洛学院将其划分为科研课题、学术论文、教材专著、专利、成果转让、成果奖、学术活动、实践性成果等方面。但无论哪种划分方式，其内容基本包括科研项目、科研经费、科研成果和社会服务成果四个方面。其中，科研项目主要包括国家级重大重点项目、国家一般项目、省部级项目、厅级项目和市级项目等；科研经费包括横向项目经费和纵向项目经费；科研成果包括论文（含 ESI 高影响力论文）、著作、获奖科研成果、艺术类重要创作成果等；社会服务成果包括政府决策研究与咨询、登记鉴定成果、专利成果、技术转让和科研开发成果等。

自岗位聘任制实施以来，各高校都自行规定了各级各类教师应完成的科研工作量或定额、不同科研成果的等级和计分标准。科研工作考核是根据科研工作量和科研成果等级来衡量教师科研工作完成情况，促进科研水平提升的手段。科研工作考核一般由科研处进行宏观调控，各教学单位负责具体实施。在科研考核的基础上，学校一般设立“科研成果奖励办法”，以促进科学研究和学科建设，鼓励教职工积极开展科学研究工作。

为了解 30 所样本院校科研工作考核制度和社会服务工作考核制度的现状，利用 ROSTCM 词频分析对 30 所院校的“科研工作考核办法”进行了关键词提取和词频统计。具体的关键词词频统计情况，详见表 4-5。由于篇幅所限，词频统计表只列出了前 30 位的关键词词频。在此基础上，为了明确不同关键词之间的关系，构建了关键词共词矩阵，运用 UCINET 软件对关键词进行了社会网络分析，形成了科研与社会服务工作考核制度的关键词关联网络图谱，详见图 4-3。

**表 4-5　科研和社会服务工作考核制度关键词词频统计表（前 30 位）**

| 序号 | 关键词 | 词频 | 序号 | 关键词 | 词频 | 序号 | 关键词 | 词频 |
|---|---|---|---|---|---|---|---|---|
| 1 | 科研工作量 | 118 次 | 11 | 职称 | 31 次 | 21 | 激励 | 14 次 |
| 2 | 奖励 | 74 次 | 12 | 发展 | 30 次 | 22 | 服务 | 13 次 |
| 3 | 学术 | 72 次 | 13 | 定量 | 27 次 | 23 | 绩效 | 11 次 |
| 4 | 科研成果 | 67 次 | 14 | 积极性 | 27 次 | 24 | 科技成果 | 11 次 |
| 5 | 教学 | 59 次 | 15 | 社会 | 26 次 | 25 | 专著 | 9 次 |
| 6 | 岗位 | 59 次 | 16 | 创新 | 21 次 | 26 | 人才培养 | 8 次 |
| 7 | 技术 | 45 次 | 17 | 聘任 | 17 次 | 27 | 津贴 | 8 次 |
| 8 | 管理 | 45 次 | 18 | 学科建设 | 16 次 | 28 | 咨询 | 8 次 |
| 9 | 科研项目 | 37 次 | 19 | 质量 | 16 次 | 29 | 竞争 | 8 次 |
| 10 | 论文 | 35 次 | 20 | 经济 | 14 次 | 30 | 产业 | 6 次 |

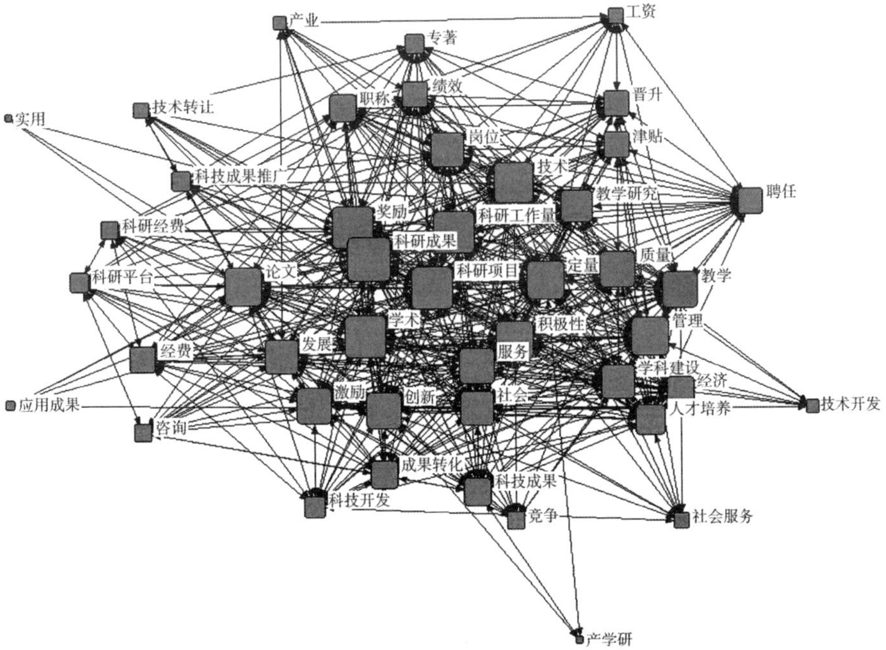


**图 4-3　科研和社会服务工作考核制度关键词关联网络图谱**

### （二）科研工作考核制度特点

#### 1. 关注数量达标度，但忽视质量要求

在关键词词频统计中，“科研工作量”排名第 1，共出现了 118 次；“定量”一词排名 13，共出现了 27 次。与此同时，在关键词关联网络图谱中，“科研工作量”一词居于核心地位，“定量”一词处于次核心地位。相较而言，“质量”一词仅出现了 16 次，且在关键词关联网络图谱的边缘位置。由此可见，现行的科研工作考核制度在考核内容上注重科研工作的数量达标，轻视科研工作的质量要求；在考核方法上，重量化方法，轻质性判断。这具体表现为两点：

第一，各院校对各级各类教师科研工作量进行了明确的数量规定。如上海工程技术大学要求，“①正高级职称教师每年至少有 100 学时科研工作量，五年内必须至少主持一项省、部级或教委重点项目的科研项目或一项高水平的横向项目；副高级职称教师每年至少有 80 学时的科研工作量，其他条件等同正高级。②中级职称教师每年至少有 60 学时的科研工作量，三年内必须至少主持一项市教委一般项目（或同级项目）或为主要承担者（前三位），并积极主持或参与横向项目。③初级职称教师每年至少有 30 学时的科研工作量。④基础、体育、社科、艺术类教师参照上述指标的 40％执行”。这些规定，对科研学时数和项目级别进行了要求，却没有明确质量要求。

第二，建立了统一的科研考核量化标准。各学校均对发表科研论文的期刊级别、专著的出版社类别、研究课题的立项级别和经费、科技成果的鉴定级别、科研成果奖的级别等有详细的划分，并赋予相应分值，从而建立起了详尽而具体的量化考核标准。各教学单位对照量化的考核指标将教师各项科研成果赋予分值，通过科研得分来最终判断教师科研工作的完成情况和决定科研考核的结果。

#### 2. 重视奖励作用，但不同级别成果的价值差距过大

对 30 所样本院校制度文本的关键词词频统计发现，“奖励”一次出现 74 次，排名第 2；“岗位”一词出现 59 次，排名第 6。同时，“激励”“津贴”等与奖励有关的词语也频繁出现，且在关键词关联网络图谱中，

“奖励”一词处于核心位置，与其他关键词联系密切。由此可见，应用型本科高校在科研工作考核中，充分重视奖励的作用。

为了明确划分科研成果的价值，各学校均制定了具体且详尽的科研奖励办法来区分不同的成果等级。如《河北经贸大学科研奖励办法》中，明确了不同等级的科研项目奖励、科研成果奖励、获奖成果奖励金额，规定“对承担的教育部科研项目实行分层次奖励：重大项目奖励项目资助金额的30%，重点项目奖励项目资助金额的20%，一般项目奖励项目资助金额的10%，并均给予项目资助金额50%的配套资金”。如此明确而具体的等级奖励标准，充分激发了教师作为“经济人”角色的内生动力，在一定程度上能够激励他们完成更多的科研工作。

但是，高校不是市场，科研不是商品，单纯的效率机制并不能真正促进科研工作的持续发展。对科研工作的考核应充分考虑学术的逻辑和大学教师“文化人”的角色，对不同等级的科研成果给予充分的尊重。目前，应用型本科高校科研工作考核制度将不同等级的科研成果的价值差异过分拉大，不利于形成良好的科研氛围。

第一，不同等级的科研成果奖励差距巨大。如平顶山学院规定，“在 *Science*、*Nature* 上发表的学术论文，每篇奖励50万元；在《中国社会科学》上发表学术论文，每篇奖励10万元；SCI一区、SSCI、A&HCI收录的期刊学术论文、《新华文摘》全文转载的期刊学术论文，每篇奖励5万元；SCI二区、平顶山学院A级中文权威期刊论文，每篇奖励3万元；SCI三区、平顶山学院B级中文权威期刊论文、《新华文摘》要点摘编的期刊学术论文，每篇奖励2万元；SCI四区、EI收录期刊学术论文，以及CSSCI来源期刊论文（不含扩展版）每篇奖励0.9万元”。不同等级的科研论文奖励金额差距巨大，且此种现象在应用型本科高校科研考核中非常普遍。

第二，社会服务成果的奖励普遍较低。如上海工程技术大学规定，“应用性科研成果得到正国级领导肯定性批示的，每项奖励3万元；主要内容被批转采纳或形成省部级机关文件的，每项奖励5万元。得到副国级领导肯定性批示的，每项奖励2万元；主要内容被批转采纳或形成省部级机关文件的，每项奖励3万元。得到省委书记、省长及中央国家部委主要领导肯定性批示的，每项奖励1万元；主要内容被批准采纳或形成市厅级机关文件的，每项奖励2万元；对获得国家专利的，发明专利奖励1万元，实用新型专利奖励1500元，外观设计专利奖励1000元，计算机软件著作权奖励1000元”。由此可知，得到正国级领导肯定性批示的应用性科研成果只抵得上一篇A级中文权威期刊论文的价值，社会服务成果相较于科研项目和论文，其奖励过低。

3. 与教学有一定联系，但不够密切

正如克拉克所说，在大学教育中，没有任何问题比教学与科研之间的关系更为根本①。由于国内应用型本科高校发展过程中的先天不足和后天畸形，应用型本科高校中科研与教学之间的矛盾尤其突出。应用型本科高校的办学定位要求关注教学，但应用型本科高校在寻求合法性的过程中又彰显出更加重视科研的倾向。因此，在应用型本科高校中形成了两种截然相反的趋势。

一是重教学、轻科研。由于应用型本科高校升本时间普遍较短，科研管理尚不完善，固有的教师科研能力较薄弱，加之近年来招生规模的不断扩大和教学改革，使教师面临大量的教学工作，进而导致教师既没有时间也没有能力进行科研，出现重教学、轻科研的状况。这种状况一般出现在中老年教师群体中。

二是重科研、轻教学。升本后的应用型本科高校为了增强其合法性地位，提升学校办学档次，以传统的老牌本科院校为榜样，致力于提高教师科研工作的效率，制定了诸多科研奖励办法，并在教师评聘、晋升和奖惩中更关注科研成果。在此背景下，为了能够获得更多的收益，有一定科研能力和基础的教师便将更多的精力放在科研上，出现了重科研、轻教学的状况。这种情况一般出现在青年和中青年教师队伍之中。

面对这两种情况，近年来应用型本科高校做了一些积极的尝试。体

① CLARK B R. The modern integration of research activities with teaching and learning [J]. Journal of Higher Education, 1997, 68 (3): 241-255.

现在科研工作考核制度中便是开始重视“教学研究项目”和关注科研对教学的影响。对样本院校制度文本的关键词词频统计发现，“教学”一词共出现了 59 次，排名第 5；“学科建设”一词出现 16 次，排名 18；“人才培养”一词出现 8 次，排名 26。由此可见，应用型本科高校教师科研工作考核开始关注教学与科研之间的关系，并尝试通过科研工作来推动教学工作的发展。

但是，“教学”“学科建设”“人才培养”等与教学相关的词语在关键词关联网络图谱中均处于边缘位置，与其他的关键词联系并不紧密。由此可知，虽然应用型本科高校开始意识到教学与科研工作协调发展的重要性，但具体的协调路径尚不明朗。目前绝大多数教师工作考核制度中，科研工作考核与教学工作考核是截然分开的。这也意味着，教学工作与科研工作在制度上是隔离的。且在现实的教师工作考核中，科研的收益普遍大于教学的收益，甚至出现了“科研论英雄，教学保工作”的现象。

应用型本科高校既不同于传统的老牌本科院校，也不同于高职高专，它既需要一定的理论研究，也强调教学工作的中心地位。促进应用型本科高校教师教学工作与科研工作的统筹发展，以教学促进科研，以科研推动教学，依然有很长的路要走。

4. 应用研究提上日程，但仍处于弱势

研究与创新是高等教育的本质属性，内在统一于任何一所高校，应用型本科高校也不例外。但是，不同于传统的老牌本科院校，应用型本科高校的办学定位和人才培养目标要求它更多地开展以应用和实践为导向的研究。与传统的理论研究相比，应用导向的研究虽然适用范围较小、价值相对较低，但是转化率高、转化周期短，能够迅速地转化为生产力，为行业和区域经济提供实际利益。同时，以实践为导向进行研究，也是教学人员在理论与实践之间保持平衡的一种良好途径。

随着应用型本科高校的转型发展，应用型本科高校开始日渐关注应用导向的研究，大多数学校制定了应用导向研究的衡量标准。如中国劳工关系学院规定，“技术转让和科研开发成果的科研工作量，按其实际取得的经济效益量化计分，以上交学校纯利润计算，每万元50分”。在样本院校制度文本的关键词词频统计表中，与应用导向研究相关的关键词开始出现，如“技术”出现45次，“社会”出现26次，“经济”出现14次，“科技成果”出现11次，“产业”出现6次等。由此可见，应用型本科高校已经开始认识到应用导向研究的重要性，并开始给予一些关注。

虽然应用导向的研究开始受到关注，但目前依然是学术和理论性研究占据主导地位。样本院校制度文本的关键词词频统计中，“经济”“科技成果”“产业”“实用”“应用成果”“产学研”“技术开发”等词出现的频率相对较低，且均处于关键词关联网络图谱的最边缘地带。即使是出现频率较高的“技术”一词，也处于关键词关联网络图谱较边缘的位置。与之相比，“学术”一词出现72次，排名第3，与其他关键词联系更为密切。同时，仍然有些学校并未将科技成果转化等工作纳入科研工作考核范围内。如中国劳动关系学院的考核内容，仅包括论文、著作、科研项目、获奖成果、授权专利、音影制品。

应用型本科高校肩负了更多的社会责任，其研究和创新职能与劳动力市场息息相关。如何在制度设计上给予应用导向的研究更多的关注，促进应用型本科高校科学研究工作的转型，依然是当前应用型本科高校教师工作考核制度需要关注和变革的内容。

（三）社会服务工作考核制度特点

应用型本科高校致力于区域发展，与区域劳动力市场联系密切。传统老牌本科院校的社会服务工作更多地体现为学术理论、国家战略发展、社会生产力的提高，而应用型本科高校的社会服务工作更多地体现于科技推广的指导与转让、为地方企业等社会组织成员提供培训和咨询服务，以及文化推广等活动。

随着转型发展的推进，应用型本科高校开始日益关注其社会服务职能。目前，大部分院校均或多或少地对社会服务工作考核有了相应的规定和要求。但是，由于社会服务工作自身的复杂性和长期的缺失，加之转型发展尚处于初始阶段，教师社会服务工作考核制度尚处于尝试建立时期。就目前而言，社会服务工作考核大都被纳入科研考核范围内，缺乏独立完整的考核标准和办法。社会服务工作考核内容范围较狭隘，一般仅包括政府决策研究与咨询、登记鉴定成果、专利成果、技术转让和科研开发成果等。总之，社会服务工作考核各方面的发展都不尽如人意。通过对 30 所样本院校相关考核制度文本进行梳理，社会服务工作考核制度主要呈现出以下特征。

1. 社会服务工作内容的缺失

应用型本科高校的地方性和应用型特点使其社会服务职能凸显。如果背离了这一职能，应用型本科高校容易脱离区域经济发展的现实，不利于其自身办学目标的实现。社会服务职能的不可或缺性要求应用型本科高校教师在工作中能够积极履行社会服务职能。但令人遗憾的是，应用型本科高校教师社会服务工作考核制度却呈现出内容缺失的现象，这主要表现在四个方面。

第一，完全没有与社会服务工作考核相关的规定或标准。在 30 所样本院校中，有 4 所院校的教师工作考核相关制度完全没有涉及社会服务工作相关内容，社会服务工作考核完全处于空白状态。

第二，缺乏单独的社会服务工作考核办法或规范。30 所样本院校均没有出台单独的社会服务工作考核办法，社会服务工作考核均被纳入科研工作考核范围内。如《湖州师范学院科研工作量考核办法》规定，科研工作计分范围包括公开发表的学术论文，公开出版的著作、教材、文学艺术作品，获政府奖和通过各级鉴定的科研成果，专利、技术转让等。

第三，社会服务工作所占比例较小。通过对样本院校科研工作考核制度文本的内容分析发现，“社会服务”一词仅出现了 5 次，且在关键词关联网络图谱中处于最边缘位置。由此可见，社会服务工作考核处于边缘化。即使在所占比例较大的学校，其占比也不足 30%。如《大连大学科研工作量化考核办法》中，各项科研工作的占比分别为：科学研究（65%）、社会服务与社会反响（20%）、学术活动与交流（5%）、科研工作（10%）。

第四，缺乏对社会服务工作的具体要求。30所样本院校均没有出台具体的社会服务工作量或工作要求，且在各级各类教师的岗位职责和聘任办法中，各院校也大都从思想政治、科研、教学、学科与专业建设、指导学生等方面进行规定，鲜少涉及社会服务工作及其相关内容。从而使社会服务工作考核既没有相应的考核依据，也无法与教师岗位和评聘挂钩，社会服务工作考核显得无关紧要。

2. 社会服务工作内容的异化

社会服务工作内容主要包括学术报告活动（一般包括参加国际、区域、地方或校级的学术报告）、智库决策（即参与国家、省、市重大战略决策调研论证，参加行业企业和地方经济社会建设重点项目决策认证，关键性产业技术项目和社会文化发展项目等研究论证活动）、专家服务（即以学者的身份参与诸如广播电视讲座、访谈、社会文化推广等活动）、产学研合作平台建设（包括参与校企合作产学研平台建设、产业技术联盟建设等）、社会公益活动（包括社会公益文化讲座、文体活动指导、志愿者等活动）、指导学生创新创业等。通过对样本院校社会服务工作考核内容的分析发现，现有的制度对社会服务内容严重异化。

第一，忽视了社会服务的社会效益。目前应用型本科高校制定的社会服务工作考核与奖励标准，大都以到账经费的多少或领导批示的级别来衡量，没有充分考虑到社会服务活动所带来的社会效益。如《洛阳理工学院科研业绩计分标准》规定，“建立校企产学研平台，有项目经费支持的为20分/项，项目经费未落实的为5分/项，参加公益文化讲座3分/次，为政府或行业进行人才培训5分/次”。而该校一篇CSSCI来源期刊论文为40分，一项国家级的科研项目为150分。在社会服务成果奖励中，仅仅对被政府部门采纳的或成功进行成果转化的进行奖励。如东莞理工学院规定，“科技成果转化活动经学校审批同意转让后，按照合同约定，给予转让费10%的奖励；被党政部门采纳或主要领导人做出重要批示的软科学成果，国家级、省部级、市厅级每项分别奖励10万元、5万元、2万元”，而对其他类型的社会服务活动没有任何奖励规定。

第二，社会服务的内容过于狭隘。社会服务工作的内容是多样的，其具体的工作内容和类型如前文所述。但是，现有的社会服务工作考核并不能涵盖社会服务工作的全部内容，呈现出对社会服务内容理解过于狭隘的特征。①把社会服务工作简单地理解为某些明显的成果，忽视了专家服务、社会公益活动、指导学生创新创业等内容。如大连大学对社会服务工作考核的内容仅包括“第一，横向课题。社科类按进账经费1万元折算科研分值1分累计，自科类按进账经费2万元折算科研分值1分累计。第二，获领导肯定性批示的成果。成果获国家级领导肯定性批示，每项计100分。获省及省级以上领导肯定性批示，每项计50分。获市厅领导肯定性批示，每项计10分。第三，产学研合作教育。获批产学研的省级平台、中心、基地等按1个每年10分累计。获校级平台、中心、基地等按1个每年5分累计”。②社会服务工作异化为参加校内活动。诸如HB学院等院校，将教师社会服务工作的考核内容分为规定的社会服务工作和可选的社会服务工作。其中，规定的社会服务工作是指参加校级和院级的各项会议和活动（包括思想政治教育活动、教学科研活动、文艺体育活动等）；可选的社会服务工作是指在校内、校外举行学术讲座或各类专题讲座；撰写新闻报道、工作经验交流并被录用；参加学校、学院文件和专题材料的起草。这种对概念的异化，使社会服务工作既脱离了社会，又脱离了服务，社会服务工作考核也由此沦落为一种无实质意义的形式。

## 第三节　运行结果：制度缺陷对教师工作行为的影响

制度对行为的作用主要表现于三个方面：一是影响着行为者目标的确立和偏好的形成；二是为行为者提供机会；三是对行为者施加限制。应用型本科高校教师工作考核制度正是通过这三方面，影响着教师工作目标和行为的确定，塑造着教师集体或个体的行为选择。人是随机应变的、投机取巧的，并具有为自身谋求利益最大化的倾向。在“手段—目的”理性计算下，综合考量文化和权力关系等要素，教师倾向于在不违反现有制度规则的前提下，作出利益最大化的行为选择。因此，应用型本科高校教师工作考核制度的现状、特点和制度缺陷，在很大程度上直接影响着教师行为的选择。就目前而言，应用型本科高校教师工作考核制度的缺陷所导致的教师行为选择主要表现在以下几个方面。

## 一、“应用”缺失导致教师工作应用转型的缓慢

随着应用型本科高校的转型发展，其为地方经济建设服务和应用型人才培养的目标定位日益明确，应用型本科高校教师工作也呈现出实践性、应用性、多样性等特点。环境的变化只是为制度变革提供了契机，但制度并不一定会对变化的环境有必然性回应。当前的应用型本科高校教师工作考核制度并没有充分体现出应用型本科高校的“应用”特征。制度一经形成，便影响着行为主体的身份认同和偏好选择。教师工作考核制度中“应用”特征的缺失影响着应用型本科高校教师工作的转型，甚至会导致教师工作行为与应用型本科高校办学路径相悖的状况。就目前而言，“应用”缺失对教师工作行为的影响主要表现在以下几个方面。

### （一）教学上，对实践教学的关注度不够

作为高级应用型人才培养机构，应用型本科高校应充分考虑区域发展的需求，大力推进实践教学，提高学生的实践能力和就业能力。但是，教师工作考核制度中“应用”特征的缺失表现在教学中，则是对实践的漠视，进而导致教师在实际教学工作中并没有给予实验或实训等实践教学环节足够的重视。

第一，考核形式化导致教师对实践教学缺乏热情。现行的实践教学考核标准，多停留于指导学生人数、时间、方式等量化的形式指标上，对实践教学的开展过程和学生的学习效果并不关注，进而使教师在完成实践教学任务过程中，多流于形式而缺乏实质性的质量追求，实践教学的作用难以真正实现。在访谈过程中，基本上所有的教师都对实践教学的有效性持怀疑或不确定态度。

“学生的实践和实训指导都是形式上的。要是在校内实习的话，我们还可以指导一下。但是，如果在校外实习的话，指导起来就比较麻烦了。说实话，很多时候学生去不去实习，我们也不一定能知道。”(F-GTY-3-3)

“具体的教学操作基本上还是按照传统的教学模式，虽然现在各学校都在提倡加大实践教学比例，但是人才培养方案里并没有太大的修订，教学工作考核也没有具体的规则。尽管我们学校现在也正在改制，但是落实情况并不理想。像我们学校的实习、实训都比较简单，一个老师带十几个学生，主要是负责安全方面。”(B-YL-7-1)

由此可见，尽管从教育部到地方教育行政管理部门再到高校，都在提倡增加实践教学比例，提高实践教学质量。但具体到教学工作中，由于配套设施的不完善和考核对实践教学质量要求的缺失，导致教师在实践教学工作开展中缺乏积极性和热情，甚至会出现应付了事的状态。

第二，“双师型”教师的作用难以充分发挥。为推进理论与实践融合，提高实践教学质量，很多学校都出台了“双师型”教师认定办法。但是，在具体的考核过程中，对“双师型”教师工作考核并没有提出特殊的要求。加之，“双师型”教师认证过程欠严谨，从而使“双师型”教师在当前的教学工作中并没有得到足够的重视，无法成为实践教学的主要推动力。在访谈过程中，几位教师均提及“双师型”教师在实践教学中的困境，认为应用型本科高校教师工作考核制度并不能有效引导“双师型”教师发挥其在实践教学中的作用。

“所谓的‘双师型’，具体做起来比较麻烦，好多教师被认定为‘双师型’，但是事实上是达不到所谓的‘双师型’标准的，因为‘双师型’教师大多数只需要有一个证书，拿这个证书很容易，但教师不一定真的具备这个能力。”(F-GTY-3-3)

“为了迎接合格评估，学校突击性地评选了一些‘双师型’教师，只要是能往‘双师型’靠的，学校一律都将其认定为‘双师

型’教师。而且，在我们这种院校，这应该是一个普遍共性的现象。”(E-CGQ-3-2)

（二）科研上，应用研究开展不多

应用型本科高校的研究，通常基于实践问题，通过与实践领域或利益相关者合作，实现实践的变革或成果的转化。但现行的教师科研工作考核制度却好像忽视了这一点，并呈现出对基础研究和高端研究的推崇。这导致教师科研工作的开展呈现两种趋势。

第一，追求基础理论研究。应用型本科高校服务于地方经济，致力于应用型人才培养，其研究工作理应更多地基于实践问题，开展应用研究。但是SCI、SSCI、EI、CSSCI等收录的期刊，国家科技重大专项、国家自然科学基金重大项目、国家哲学社会科学基金重大项目等基金项目和国家自然科学奖、国家科学技术进步奖等奖项，都更偏向于学术和理论研究。应用型本科高校为了提升自身科研水平，往往在科研工作考核和奖励中，将这些更具理论性的研究置于崇高地位，通过巨额奖励等方式来引导教师积极从事更具有学术含量的研究。在访谈过程中，提及这种倾向性，很多教师都持理所当然的认同态度。

“我个人更多地偏向于基础方面，在教师考核过程中，还是基础研究比较容易得到认可，加分比较多，而且现在好的期刊都比较注重文章的理论性和学术性。学校以后要上台阶，避免不了更加关注理论研究。”(A-LZJ-3-4)

“一些发明专利类的应用研究，在科研考核中，处于‘有了更好，没有也没问题’的状态。既然这样，我肯定把更多的精力投入到能够看到成效的理论或基础研究中。”(C-LS-3-4)

第二，缺乏开展应用研究的积极性。对于应用型研究，目前科研工作考核办法基本是按照实际取得的经济效益或政府部门采纳的级别进行量化计分。对于没有产生实际经济效益或没有被行政部门采纳的成果，不算在应用研究的成果范围内。但是，成果的转化受当地经济和产业发展状况、资金和其他不可控因素的影响，需要一个较为漫长的周期；上级政府部门的采纳也往往更偏爱于“名气在外”的学者们。应用研究成果更容易受到外部资源和条件的影响，且其收益远远低于理论成果。教师在进行“成本—收益”的计算后，进行应用研究的积极性往往不高。

> “XX省的经济不是很发达，我们所处的产业环境也并不理想，很难进行成果转化，产生经济效益。另外，学校也没有其他的额外支持。所以，就我个人而言，我实际上对应用研究并不看好。”（B-YL-3-4）

（三）社会服务工作缺失

教师工作考核制度中，社会服务的缺失或异化是一个普遍现象。虽然在具体的考核办法中多少都会提及社会服务，但在实际的操作过程中，社会服务工作的考核却处于“悬置”或“缺失”的状态，要么没有具体的要求或工作标准，要么有要求但是不执行。访谈过程中，所有的受访者均表示参加社会服务工作对他们而言是一项可有可无的工作内容。

> “没有硬性规定，没有相应的加分或奖励，面对繁重的教学科研工作，我们为什么还要给自己徒增工作量呢，所以大部分教师是没有积极性参与社会服务工作的。”（C-LS-3-5）

社会服务工作是学校与社会进行联系和沟通的重要渠道。应用型本科高校作为应用型人才培养和为地方经济建设服务的组织机构，应该将社会服务工作置于重要位置。但是，由于教师工作考核中社会服务工作考核内容的缺失或异化，教师主体参与社会服务工作的积极性不高。这不仅不利于应用型本科高校加强与地方的联系和应用转型，也不利于教师工作的全面开展。

## 二、教师群体认同感不高导致的不端行为

制度的制定应该由管理者与被管理者共同协商。但当前教师工作考核制度相关文本的制定过程中，学校管理者和具有行政职务的教授们几乎“垄断”了制度设计和运行的过程，基层教师基本处于沉默状态，其权益被最大限度地压缩。虽然有学术委员会和教职工代表大会，但这些代表往往由“双肩挑”的领导、少数“学术寡头”等担任，从而使教师工作考核制度只是管理者们的制度，最广大教师群体的诉求难以得到充分的尊重，教师缺乏制度认同感。访谈过程中，有几位受访者对教师工作考核制度的设计过程颇有异议。

> “像我们这种二本院校，很多学术委员会的教授们本身就不懂科研。但因为他们是老教授，又是所谓的专家，有资历和人脉，所以他们往往是规则的制定者，这不是瞎胡闹吗？比如，在我们学校高层次人才科研经费启动的时候，评委中就没有懂这个专业的，这就耽误了一批人。”（E-CGQ-2-2）

制度是按照一定方向约束参与博弈的行为主体的游戏规则。虽然不能决定行为，但可以通过过滤作用，为行为者提供有关未来选择的信息，减少行为者所面对的不确定性，从而制约行为者选择的脉络①。面对考核制度中的不合理，尽管教师群体不可避免地有诸多抱怨和不满，但是，在组织环境和主体认知的共同作用下，他们又不得不向现实低头，通过顺应当前教师工作考核制度的要求，来努力提高自己的待遇和职称。制度如果不能让绝大多数人满意，那么人们便倾向于改变自己的行为方式，产生“上有政策，下有对策”的行为模式，从而导致教师工作行为的失范和不端。在被迫顺应当前教师工作考核制度背景中，普通

① IMMERGUT E M. The Theoretical Core of the New Institutionalism and West European Politics [J]. West European Politics, 1998, 31 (2): 345-369.

教师容易出现两种倾向。

（一）通过恶性竞争跻身于“超额利润”集体

在权力关系不对等的情况下，竞争的公平性难以保证。在此背景下，学校内部的“马太效应”愈演愈烈，一些名气越大、成果越多、职位越高的教师则更容易获得承认、奖励和资源。正如默顿在《科学界的马太效应》中所言，“凡有的，还要加给他，叫他有余。凡没有的，连他所有的也要夺去”，从而使原本就已经具有明显分层特征的教师群体，呈现出更强烈的分层趋势。现有的教师工作考核制度下，普通教师很难在短时间内获得职位或待遇上的提高。面对考核过程中获益的“超额利润”者，普通教师难免心向往之。于是，为了能够早日跻身于“超额利润”集团，一些教师对自己的申报材料进行适当的“修饰”或“造假”；一些教师对“学官”或“明星学者”进行依附；一些教师通过权钱交易来提高晋升速度。在访谈过程中，有些受访者直白地讲述了这种现象。

> “我有一个同事，今年是第六年申请副教授了，但还是没有评上。前几年没评上，是因为他没有给教授委员会送过礼。今年他咬一咬牙，取了 4 万块钱，有重点地送了一下礼，还是没有评上。为什么呢？前几天一个评审委员会的成员跟我说，这个人长得一点也不像学者，也不像其他人那样送礼送得多，他就是有重点地选几个送，所以说他还是评不上。虽然他科研和教学在系里面是排第一的，但是评的时候是举手投票，整个学校的教授委员会他基本都不认识，也没有什么门路和关系，所以没几个给他投票。”（A-LZJ-4）

这虽然是一个失败的权钱交易案例，但从中却不难发现恶性竞争在教师工作考核中的普遍性。甚至有些教师已经见怪不怪，对此显得异常平静和麻木。

> “谁掌握了权力，谁就控制了资源。控制了资源，那么他就控制了一切。教师考核就是人为刀俎，我为鱼肉的事情，即使都知道

不公平，我们也是很难改变现状的，只能按照现有的规则去顺应。”(F-GTY-7-1)

（二）工作过程中消极怠工

由于资源的稀缺性和教师工作考核制度的体制性偏向，最基层的教师很难获得足够的经济和学术资源，导致部分晋升无望的基层教师工作热情不高，甚至会消极怠工。特别是当前教师工作考核制度缺乏对质量的规定和要求，如教学工作考核中基本上只要教师的教学工作量达标，不出现重大教学事故，其教学工作考核便是合格，因此，教师只要按照考核办法中的条条框框完成了相应数量的工作，在没有升迁或加薪追求的情况下，教师工作考核制度便没有办法再对教师进行更多的约束了，从而导致教师在工作中出现“投机取巧”“只走形式不走心”的状况，缺乏工作热情和工作动力。访谈中，多数受访者都提及了这一现象。

“有些年纪大一些的教师，他们不缺钱，也没有晋升的愿望。虽然还没有退休，但已经开始过上了退休的生活。有课的时候才会来学校上课，没课的时候根本就见不到人，而且他们基本上也不做科研。但法不责众，他们又有些资历，学校里拿他们也没有办法。”(D-LCM-1-2)

除此之外，当有些教师发现很难通过现行的教师工作考核制度获得个人发展或经济利益时，他们便开始积极从学校外部寻找“生财之道”。于是，很多教师专注于兼职，将主要精力放在校外兼职工作，对校内本职工作应付了事。访谈中，基本上所有的受访者都认为这是一种常态。

“每个学院或专业都存在几个这样的教师，他们应付完自己最基本的工作量后，绝大部分的精力都在校外兼职，这样他们可以有一些实际的额外收入，这是看得见摸得着的东西，能给他们带来实实在在的好处。”(A-LZJ-1-2)

## 三、功利化倾向导致的机会行为主义

教师工作考核制度为教师进行利益计算提供了较为确定的信息，决定着教师的行为方式和行为路径。大学教师不仅仅是“经济人”，更具有“社会人”“文化人”“创造人”“教育者”的属性，要求共生、平等、理解与对话。但当前的教师工作考核制度把提高教师工作效率放在过于突出的位置，过分强调外部功利手段对教师工作业绩的激励作用，强化了教师作为“经济人”的角色，而弱化了教师群体的其他属性，带有明显的功利主义色彩。当教学和科研变成了一种谋生和挣钱的手段，教师也就成了学校的“打工者”，教师本身的个性和自我便被逐渐磨平。正如马克思所提到的，一旦有适当的利润，资本就胆大起来……有50%的利润，它就铤而走险；为了100%的利润，它就敢践踏一切人间法律；有300%的利润，它就敢犯任何罪行，甚至冒绞首的危险①。功利化导向的教师工作考核制度，如同一个“铁笼”，使教师成为利益和权力的囚徒。在这种情况下，交换关系成为最直接的关系，经济利益成为行为选择的主要目标。

### （一）教学与科研收益不等价导致教师对科研的过多追求

教师工作至少包括教学、科研和社会服务三部分，但在这三者之间，教师往往具有很大的选择自主权，可以自主分配在不同工作中的时间和精力。各类型工作在考核中的权重直接影响着教师工作行为的偏向和选择。虽然当前强调“教学为主”已经成为主流，但现有的工作考核办法却实实在在地显示着教师的职称、工资待遇更多地与教师的科研成绩挂钩，而非教学。科研回报和收益远远大于教学，“你衡量什么，你得到什么”。在此情况下，作为“理性人”的教师会在制度允许的范围内追求利益的最大化。在“成本—收益”计算后，他们无疑会选择重科研轻教学。加之，传统认知中对科研的强调，教师偏向于科研工作更是

① 马克思，恩格斯．马克思恩格斯全集（第23卷）[M]．中共中央马克思恩格斯列宁斯大林著作编译局，译．北京：人民出版社，1972：829．

成了一项“理所当然”的事情。正如肯尼迪所言：“如若任命和提升程序取决于研究成果的话，并且薪金待遇显然忽视杰出的教学表现，那么满世界所有的这些告诫和批语，对改变教师的行为做法都是不会有什么作用的。”[①] 访谈过程中，受访者一致认为，现行的教师工作考核制度下，教师的工作行为呈现出明显的“科研论英雄，教学保工作”倾向。

“科研工作做得好的话，评职称就有优势。比如评教授和副教授，假如有权威期刊或者是国家项目就可以直接走绿色通道，直接聘为副教授或者教授了。但是，反过来，教学无论多么杰出，顶多就是拿个教学优秀奖和千八百的奖励金额，并没有多大的作用。”(F-GTY-5-1)

“科研成效快，教学成效慢，因为两者的速度和收益不一样，绝大多数教师都可能会感觉到不平衡，从而将更多的精力投入到科研工作中。”(A-LZJ-5-1)

“至今还没有出现因为教学问题去解聘教师的，但有因为科研问题而解聘的。”(B-YL-5-1)

“如果想做出点成果，更快地实现个人发展目标，就必须要做更多的科学研究，通过一些项目或课题来丰富自己。在很大程度上，教学只是一项任务，科研才是发展的关键。”(D-LCM-5-1)

教师们普遍认为科研工作的收益远远大于教学，更愿意将精力投入到科研工作中。应用型本科高校作为教学型大学，教师工作的重心应该更偏向于教学。虽然近年来随着教师分类考核的逐步实行，教学工作开始日益受到关注，但是由于教师工作考核中科研收益远远高于教学收益，教师工作向科研倾斜的状况依然相当普遍。

（二）单一的量化标准导致教师工作质量的缺失

量化考核标准主导着当前的教学与科研工作考核，虽然这能够提供

① 肯尼迪．学术责任［M］．闫凤娇，等译．北京：新华出版社，2002：112．

一个明确而详细的参考指标，简化考核程序，方便教师管理，但是，这却是一种简单而粗暴的考核逻辑，无法反映出教师的劳动付出和工作价值。访谈过程中，有受访者感慨道：

> "教师工作包括诸多无形的工作量，但当前的教师工作考核却专注于有形的工作量。"（E-CGQ-1-2）
>
> "当前教师工作考核以量为主，兼顾质还达不到，更别提以质量为主了。"（A-LZJ-7-1）

当前的量化考核标准已经弥散到教师工作的方方面面，诸如考核等级、薪酬分配、职位晋升、课题项目申请等，这种"弥散"反过来又强化着量化考核的导向作用，造成管理者和教师对量化标准的盲目崇拜和误读。在此背景下，很多教师为了短期内实现利益的最大化，急功近利，单纯地追求数量上的达标或超额，而忽视了教学和科研工作的质量。

就教学而言，应付了事，追求无过的教学态度普遍存在。虽然教学工作考核过程中会通过学生评教、同行评教和教学技能大赛等形式来鉴定教师的教学质量，但教学工作考核整体上却呈现出"奖优而不惩劣"的现象。只要教师工作量完成了，且没有教学事故，便没有不合格的可能。在访谈过程中，受访者 LCM 坦言，作为学校教学督导组的成员，虽然她会根据听课情况给被评教师打分，但基本未曾给被评教师打出不及格的分数，学校其他教学督导组员亦是，除非教师出现了重大教学事故。在教学奖励并没有多大吸引力、教学惩戒机制欠缺、学校教学管理宽泛的情况下，教师在教学工作中很容易出现追求无过、应付工作量要求的态度。

就科研而言，"为发表而研究"成为常态。科研工作是一项复杂而充满创造性的工作，"高产作者"和"高质作者"是有区别的，且两者的相关性比较低。但在当前的科研工作考核中，科研却成了一项机械的数学题和生产流水线上的产品。人们片面追求数字上的虚假繁荣，研究本身的创造性被漠视，教师便成了“计件民工”。在“数量为本”的考核制度下，作为“理性人”的大学教师在“成本—收益”计算后，无疑更倾向于选择能够实现个人利益最大化的路径。于是，文字垃圾层出不穷，课题结项应付仓促，学术造假此起彼伏。如此种种，追求的不过是数量上的达标和超越。“不发表则灭亡”正是这种单一量化的考核标准所催生出来的科研悲剧。在此背景下，许多平庸的乃至劣质的研究成果堂而皇之，“劣币驱逐良币”的现象普遍存在，“为发表而研究”成为常态。

（三）师德师风考核形式化导致师德建设徒有其表

无论是聘期考核还是年度考核，都专注于教学、科研等量化的考核指标，对师德、师风、学术道德的考核流于形式。只要教师不出现过分的教学事故和学术造假，教师的思想道德考核基本上都会被评为合格。教师作为教书育人的主导者，“教书”只是形式，“育人”方为根本。教师自身的思想素质对学生的人格养成和思想引领具有重要的作用。但当前教师工作考核却缺少对教师德行的实质性关注，使师风师德考核沦为一种“摆设”。访谈中，所有的受访者在谈到师风师德考核时，均认为现行的师风师德考核只是应付上级要求的形式。

> “师德考核主要是按照教育部的八条红线来考核。只要你没有触及这个红线，我们就认为考核是合格。因此，这只是一个形式上的流程，我们学校基本上在这方面没有考核不合格的教师。”（F-GTY-5-3）
>
> “师德考核一般都会合格，除非有乱搞男女关系的、刑事犯罪的这种重大事件，一般其他事情都会睁一只眼闭一只眼。我们学院曾经有个教师被举报论文抄袭，但因为事情不大，学院里就自行压下去了，也没有什么处分之类的。”(C-LS-5-3)

教师作为“教育者”角色，理应具有更高的德行要求。但是，在具体的教师工作考核过程中，却并没有真正对教师“教育者”这一角色的德行进行充分的考量。尽管各学校也出台了诸多师风师德建设指导意见，对教师的德行进行规定，但现实中，师风师德考核却流于形式，从而导致师德建设徒有其表。

## 四、制度供给不足导致的教师队伍建设困境

制度的发展和完善是一个长期的过程。目前，应用型本科高校教师工作考核制度尚未形成一套完整的体系，存在诸多漏洞。随着高等教育内外部环境的不断变化，教师工作考核制度供给不足所带来的弊端日益明显。表现在对教师工作行为的影响上，主要包括三个方面。

### （一）考核随意性带来的内耗和共谋

现行的考核制度缺乏明确可操作的监控流程。在进行考核前，缺乏恰当的培训和组织；在考核过程中，缺乏相应的监控机制；在考核结束后，考核结果的运用及公示机制尚不完善。这就导致教师工作考核在具体实施中具有较大的模糊性和随意性。在信息不完全对称的情况下，可能导致教师这一行为主体产生两种行为倾向：一是"内耗"，即高校内部人员为了个人利益的最大化，会产生不正当的竞争关系；二是"共谋"，由于考核过程的非专业性，可能导致一些虚假或伪劣的成果难以被识别，而一些具有创新性的教学或科研成果也难以被识别。在熟人关系网络和主观性的影响下，对考核小组进行"公关"活动可能会成为常态。正如访谈中受访者所提及的：

"大家每年都要去走访评委，送礼送钱。"（F-GTY-4-1）

### （二）惩罚机制缺乏导致的行为失范

虽然目前大多数学校有明确的惩罚规则，但这些规则却一般处于"悬置"状态，即使真正实施，其处罚能力也极为有限。且在实际运行中，对教师进行处罚的概率微乎其微。即使教学或科研不端行为被发现了，只要没有造成恶劣影响，大都只是内部批评，惩罚力度远远不能起

到警示作用。访谈中，有受访者轻描淡写地指出：

“对于存在一定科研不端行为的教师，学校的惩罚力度不大，就是扣千八百块钱的事，也不伤元气，对当事人来说也不是什么大事。”（E-CGQ-6-2）

行为失范的成本越低，利润越大，教师选择失范的可能性就越高。加之高校作为一个松散的组织集合，教师工作具有很强的自主性，很难完全对教师的行为进行监控。教师会根据现有的制度，预计行为选择可能导致的后果。教学的敷衍塞责并不会导致惩罚，科研过程中的学术造假、论文买卖等行为所带来的利润远远高于惩戒所付出的成本。在这种情况下，教师会存有侥幸心理，为了实现整体利益的最大化而出现一些失范行为。

（三）纠偏机制不健全导致的专业发展缓慢

考核是为了更好的发展。考核结束后，针对教师在考核中存在的问题，理应有相应的纠偏机制。但现行的考核过程中，考核结果公示往往意味着考核的结束。学校教师队伍的建设需要教师和学校的共同努力。教师工作考核作为教师队伍建设的重要一环，理应承担起教师工作的纠偏与促进作用。但是，“为了考核而考核”和“为了奖惩而考核”似乎是目前考核运行的主流。这既不利于教师自身的专业发展，也不利于学校教师队伍的建设。访谈中，提及教师工作考核后的纠偏机制，受访者均表现得很无奈。

“我们学校虽然有一个教师发展中心，但他们拿着学校的钱，却不做本校教师培训的事。现在，正在做中小学卓越教师培训。他们中心的领导也大都不是专业的，都是从其他岗位上调过来的。我进入这个学校以来，一次学校培训都没参加过，何谈教师发展和纠偏。”（F-GTY-6-2）

“考核之后肯定会发现教师有很多问题，这些问题需要教师自

己想办法，学院或学校根本没有相应的措施，我们也都习惯了。”(B-YL-6-2)

（四）顶层设计缺乏导致的重即效轻长效

学校的转型发展和教师的专业发展都不是一蹴而就的过程，需要长期的综合发展规划。但目前教师工作考核制度往往缺乏宏观的顶层设计，为了达到某一目的，经常频繁地变动，重即效轻长效，进而使教师很难结合考核制度制定周期性的个人发展规划，影响着教师专业发展的持续性和教师工作的延续性。访谈中，几位受访者均谈到近几年他们所在院校教师工作考核制度的频繁变动情况。

“学校为了快速获得一些成果，必然会采取一些急功近利的措施，来进行阶段性的刺激。比如说，为了把科研端上去，就会在某一个时间段内给科研重奖。在这种情况下，教师的主要精力就在科研上。因此，会影响其他工作的开展。学校没有去通盘考虑，没有一个完整的规划，只是为了冲击目标或者成果而变动考核办法，这在我们这种应用型高校里面是一个普遍存在的现象。”(C-LS-7-1)

“近几年，考核制度每年都变，导致我们没办法制定一个周期性的工作计划。”(D-LCM-1-1)

## 第四节　制度困境的原因分析

### 一、应用型本科高校对组织合法性的追求

应用型本科高校作为一个组织，处于一定的组织环境中，镶嵌于更大的社会关系网络。迈耶和斯科特将组织环境分为制度环境和技术环境。所谓制度环境，是指以具有完善的规则和要求（如果其中的个体组织要想获得支持和合法性就必然要遵守这些规则和要求）为特征的环境；所谓技术环境，是指以控制和协调技术过程（因对生产系统

有效和充分的控制而获得回报）为特征的环境。制度环境与技术环境并不是截然分开与对立的，根据制度环境与技术环境的强弱，斯科特划分了四种组合，详见图 4-4。技术环境强调“合理性”，即手段和结果之间实现合乎逻辑的配置手段，技术环境中的组织可以通过有效的生产活动和协调结构取得成功；制度环境强调“合法性”，即过去的活动能为他人理解和接受的说明。制度环境中的组织为了能够获得各种资源，会形成与已经确立的规范或权威相一致的结构安排与生产过程。应用型本科高校作为人才培养的公共组织机构，处于强制度而弱技术的组织环境中。

| 技术环境＼制度环境 | 强 | 弱 |
| --- | --- | --- |
| 强 | 属于基础设置的组织<br>银行<br>公立医院 | 一般制造业<br>制药业 |
| 弱 | 精神病院<br>学校和法律机构<br>教堂 | 饭店<br>健康俱乐部 |

**图 4-4　斯科特关于制度环境和技术环境的划分**

虽然高校的办学自主权正在不断扩大，但我国大学办学自主权的出现和发展并不是完全建立在“大学内在逻辑”基础上的，而在一定程度上是为了适应社会主义市场经济的建设，是建立在适应市场机制逻辑上的。因此，大学很难完全获得自主办学的空间、权利和资源。在制度高度发达而技术不发达的组织环境中，应用型本科高校的发展依然被上层管理单元所制约。高等教育主管部门通过过程控制和结果控制（诸如，目前教育部对应用型本科高校开展的合格评估、专业认证等评估或监测活动，对教师教育教学资格和职称的认定等活动），使应用型本科高校工作的开展与教育行政部门的行政管理较为紧密地结合在一起。但是，目前开展的各项“评奖”“评估”“认证”等活动，大都按照传统老牌本科院校的办学思路。特别是国内“一流大学”基本上是清一色的学术型综合大学，它们起着强烈的指导和示范作用，如“强有力的神话”般发挥着作用。

应用型本科高校作为一种新型的高等教育组织模式，在高等教育体系中处于相对弱势的地位。虽然转型发展已经成为共识，但具体的转型路径尚不明确，其教师工作考核制度更是没有相对完善的模式可以借鉴。在强制度而弱技术的环境中，应用型本科高校为了增强组织的合法性及生存概率，在利益和资源竞争中占据优势，只能试图从权威机构中寻求特权，并试图将自己的组织目标与结构制度化到这些权威机构的规则之中，与已有的规范和权威保持一致的结构安排与生产过程，并成为集体权威规则的一部分①。因此，应用型本科高校教师工作考核制度会整合一些具有外部合法性或仪式性的标准，来维持组织的稳定性和合法性。例如，应用型本科高校教师工作考核制度中，对高层次科研成果或高水平教师给予巨资奖励，这虽然不能带来绩效收益，但却会带来巨大的仪式性收益。借助高层次的研究成果或高水平的教师，应用型本科高校可以获得研究资金、吸引生源、提高学校的社会影响力。尽管从短期来看，这笔资金的收益要远远低于直接投入到应用型人才培养中的回报，对学校解决当下应用转型的关键问题没有太多帮助，但从长期收益来看，却有利于维护应用型本科高校内外部的合法性地位。

在此背景下，应用型本科高校很难完全根据自身的办学特色和应用型人才培养的目标定位来制定其教师工作考核制度。它们更倾向于采纳较为流行且已经制度化的教师工作考核制度，无论这些制度的直接效用如何。由此，应用型本科高校教师工作考核中“应用”特征缺失便成了一种普遍现象。

---

①　迈耶，罗恩．制度化的组织：作为神话与仪式的正式结构［A］//鲍威尔，迪马吉奥．组织分析的新制度主义．姚伟，译．上海：上海人民出版社，2008：53．

## 二、制度形成过程中权利关系的不平等

博弈理论认为，如果博弈参与者之间是平等的，其博弈结果便是制定出较为均衡的制度。院校层面教师工作考核制度的博弈者涉及管理者和广大教师群体。教师作为工作开展的主体，更了解应用型本科高校教学、科研和社会服务工作的逻辑和特点。但是，高校内部的权力分配，导致学术权力和民主权力只能在依附行政权力的状态下生存。特别是应用型本科高校，其办学历史普遍较短，教师的权益保障制度建设多不完善，最广大的普通教师群体很难有机会介入到决策过程。

虽然教职工代表大会制度已经成为一项基本制度，个人或集体偏好在没有任何扭曲的情况下可以通过利益集团来表达，但是，历史上形成的制度已经造成了利益集团之间的不平等权利，利益的代表过程也很有可能已经被扭曲，从而导致通过这一政策所产生的制度有可能是既有不平等权利的延续。正如施廷斯凯姆将“制度”定义为“有权利的人获得某些价值或收益的结构”①。当前，应用型本科高校中，往往是“双肩挑”的领导、少数“学术寡头”们在教学委员会和教职工代表大会中占主导，教师工作考核制度的设计和运行往往由他们完成并负责执行。可以说，学校的管理者和具有行政职务的教授们在一定程度上“垄断”了教师工作考核制度的设计过程。在应用型本科高校对国家教育行政部门依附性较强的高等教育大背景下，这些掌握权力的管理者们为了应对各项评估和提高工作业绩，便会千方百计地通过各项考评来提高教师的工作效率。基层教师在制度设计和执行过程中基本处于沉默的状态，其权益被最大限度地压缩，其诉求难以得到充分的尊重。

特定的制度结构决定着行为者靠近和享有权利的大小，任何一套制

---

① 鲍威尔．拓展制度分析的范围［A］// 鲍威尔，迪马吉奥．组织分析的新制度主义．姚伟，译．上海：上海人民出版社，2008：207.

度体系都有为某些行为者设置特权而让另一部分人处于不利地位的情况[①]。教师工作考核制度的设定又进一步影响着教师偏好的形成，导致这种不平等的延续。有些利益和偏好能够享受特权，而另一些利益和偏好则可能会受到不公正的待遇。由此，学校内部的“马太效应”愈演愈烈，一些名气越大、成果越多、职位越高的教师则更容易获得更多的承认、奖励和资源。

在权利不平等的情况下，个体的理性可能会导致集体层面的非理性结果。鉴于应用型本科高校教师工作考核制度博弈过程中，博弈参与者之间权利的不平等，在信息不完全对等的情况下，所制定出来的工作考核制度也就经不起“重新谈判”的考验，教师的意愿与利益得不到充分的体现，从而使最基层的广大教师群体难以获得足够的学术资源和生活保障。

## 三、院校竞争中工具理性的膨胀

工具理性借由实践确定工具或手段的有用性，追求物的最大价值，从而服务于某种功利目的[②]。工具理性强调物质的、眼前的和可见的利益，将手段与目标放在首位。与价值理性相对应，其典型特征表现为工具主义、实用主义和思维的单面性。随着高等教育人事制度的改革和市场经济的发展，应用型本科高校教师工作考核制度中工具理性日益膨胀。虽然这在一定程度上有利于提高教师的工作效率、促进管理制度的规范化和管理手段的技术化，但是，工具理性的过分膨胀也导致了价值理性衰落和意义的丧失，使教师工作考核呈现出功利化倾向，片面追求效率，进而使教师日益沦落为劳动工具。教师作为“文化人”和“创造人”的尊严在工具理性膨胀过程中日益被压抑。之所以会出现工具理性膨胀的现状，其原因主要包括以下几个方面。

---

① HALL A P. Governing the economy：the politics of state intervention in Britain and France [M]. New York：Oxford University Press，1986：233.

② 魏崇辉. 新制度经济学意识形态理论批判与我国意识形态安全研究 [M]. 北京：中央编译出版社，2014：145.

第一，高校竞争日益激烈导致对效率的片面追求。随着高校办学自主权的不断扩大，各种评估、认证和大学排名等活动的开展，高校之间的竞争日益激烈。应用型本科高校作为新建的或转型发展的院校，具有更大的上升空间和发展潜力。为了能够在转型发展的浪潮中占据有利位置，各应用型本科高校纷纷努力提高自身的地位和声誉。在此背景下，应用型本科高校的管理层为了推动教师工作效率的提升，提高院校的办学能力，对教师的工作量进行了较为严格的限定，将管理和奖惩作为教师工作考核的主要目的，要求教师拿出相应的教学或科研成果，并呈现出以成果论英雄的倾向。在这种以竞争和奖惩为主的考核制度中，教师过分专注于成果所带来的实际利益，导致考核的发展功能、大学教师的学者特质、师风师德建设等处于弱势地位。

第二，市场经济下人的趋利性凸显。随着市场经济和分配制度的改革，功利价值、等价交换等思想日益成为共识，经济利益的作用越来越凸显。学术开始成为一种职业，高校教师开始追逐利益的最大化。在此大环境下，为了激励教师工作，物质奖励成为主要手段，大学教师作为“经济人”的属性被充分强调。制度引导着人的行为，人的行为又反过来影响着制度。对大学教师“经济人”属性的强调又进一步促进制度的功利主义倾向，从而导致现行的教师工作考核制度呈现出较浓厚的功利主义色彩。

第三，对量化方法的盲目崇拜。随着应用型本科高校的外延式发展，各学校的教师人数迅猛增长。就各校的院系而言，有的学院有近百名教师，每名教师的特点、专业、工作状况又各不相同。在此背景下，采用量化的方法对教师工作进行考评便显得颇有效率。一方面，可以降低考核成本，一目了然地了解当前教师工作的状况；另一方面，有利于进一步加强学校管理层的行政权力。于是，创造化的工作转变成简单的数字，量化的方法成为主流。但是，教师工作的复杂性和量化方法的机械性使教师工作的质量和价值很难被准确界定，在对量化的盲目崇拜下，科研和教学工作中急功近利、片面追求数量便成为一种常态。

## 四、对应用型本科高校教师工作认识的有限理性

在信息不完全、信息成本获取高昂或个人认知能力有限的情况下，人的行为不一定是完全理性的。“人们力图做到理性，但只能有限地做到。”①“有限理性”便是处于完全理性和非完全理性之间的一种中间状态，这意味着决策者不能做出完全理性的决策。在有限理性下，人们做出决策的模式主要包括三种：一是行为模式。即并非基于历史的和整体的问题思考，而是针对局部的和当下的问题做出决策。如当前教师工作考核制度中顶层宏观设计缺乏，短视性政策层出不穷。二是直觉模式。即决策的制定并不是基于“算计”的结果，而是凭借历年来的工作经验或感觉。例如访谈中，受访者所提到的“很多教师工作考核制度文本都是领导‘拍屁股’得出来的”。三是进化模式。即决策的制定没有一个明确的终极目标和目的，只是一个不断进化和完善的过程。应用型本科高校教师工作考核制度的形成，多多少少都有这三种模式的痕迹。之所以会出现这种现象，其原因主要包括以下几个方面。

第一，应用型本科高校发展及其教师工作的复杂性。制度的制定受内外部环境的影响。在应用型本科高校教师工作考核制度发展过程中，应用型本科高校的转型发展作为外部环境，直接影响着制度制定的方向；教师工作本身作为内部环境，直接影响着制度制定的内容。就外部环境而言，应用型本科高校作为一种新型的高等教育组织模式，自2004年开始，其转型发展才被提上日程，目前尚没有公认的成功案例或发展模式，甚至有些院校的办学定位及发展路径尚不明确。人们对“何为应用型”，“如何实现应用型”等问题尚未形成共识。随着高校之间的竞争日益激烈和各项评估活动的开展，应用型本科高校又不得不在一定程度上依附教育行政管理部门。外部环境的多变性和不确定性，使其教师工作考核制度缺乏确定的组织环境。就内部环境而言，教师工作

① WILLANSON O E. The econimic institutions of capitalism [M]. New York: The Free Press, 1985: 45.

内容包括教学、科研和社会服务等方方面面，不同学科、年龄、类型的教师又存在诸多差异。教师工作的复杂性和创造性，使很多“无形的”工作难以测量，教师工作考核制度难以囊括教师工作的方方面面。因此，在不确定且复杂多变的环境中，应用型本科高校教师工作考核制度的发展不可能实现完全理性。

第二，知识的有限性。人们制定或改革制度，是基于既有的知识储备。但是，由于人类认知能力的有限性和知识发展的无限性，无法将可能涉及的所有范畴和将来可能发生的所有事情都囊括其中。即使是最明智的制度制定者，也不可能制定出完备的制度。更何况，目前应用型本科高校教师工作考核制度的制定多由管理者和具有行政职务的教授们“垄断”，基层教师的利益诉求往往难以得到重视。在此背景下，制度的制定者更是难以完全把握应用型本科高校教师工作的特征。

第三，非理性因素的影响。制度可以为行为者提供机会，让行为者能够享有相关的权利和职责。同时，制度也可以对行为者设定限制，让行为者按照制度规定开展行动。高校教师工作考核作为一种价值判断，往往容易受到决策者价值偏好的影响。与此同时，制度的制定者们在进行制度选择时，往往更倾向于采取最有利于实现自身利益最大化的策略。鉴于此，制度往往是体现一部分人的利益，为一部分人提供机会，为另一部分人设定限制。现行的教师工作考核制度多是管理层单方设计的结果。因此，尽管促进教师发展已经成为常识，但教师工作考核制度依然将组织管理和发展作为逻辑起点。

# 第五章 制度借鉴：应用型本科高校教师工作考核制度的域外经验
## ——以英国哈德斯菲尔德大学为例

不识庐山真面目，只缘身在此山中。

——苏轼

不同国家或地区，由于政治经济和文化传统的不同，其高等教育发展各具特色。应用型本科高校与地方经济联系更加密切，在发展过程中更是呈现出鲜明的地域特征。其具体的教师工作考核制度往往由高校根据国家相关规定和本校发展特色自行制定，具有鲜明的单元性特征。鉴于不同院校之间的差异性和教师工作的复杂性与多样性，我们很难从校本制度中去抽象概括出某一国家或地区应用型本科高校教师工作考核制度的具体状况与特征。因此，为了避免空泛的论述，本研究放弃了总体的、抽象的概括，采用个案分析的方法，选取了哈德斯菲尔德大学(University of Huddersfield，Hud）这一典型且运行卓有成效的英国应用型本科院校作为案例，深入细致地剖析了 Hud 教师工作考核制度的运行现状与特征。尽管有“管中窥豹”之嫌，但笔者认为相对于泛泛而谈，个案分析更能有所启发。

## 第一节 个案的选择

本研究选择英国的 Hud 作为案例院校，通过对其教师工作考核制度进行剖析，来探究合理的应用型本科高校教师工作考核制度的特征。之所以选择 Hud 作为案例院校，是因为该院校与我国应用型本科高校的产生背景、目标定位、发展模式类似，且该院校在应用型人才培养过程中，取得了卓越的成就。

早在 20 世纪 60 年代，随着技术的进步，各行各业对专业人员的需求日益增长，以应用型人才为培养目标的高等教育如雨后春笋般在欧洲各国出现。尽管不同国家对该类型高等教育有不同的称呼，但他们在欧洲层面上被统称为专业高等教育（Professional Higher Education，PHE），与学术高等教育（Academic Higher Education，AHE）相对应。经过半个多世纪的发展，欧洲国家形成了世界一流的 PHE 系统，有效地培养了学生的就业创业能力，满足了区域劳动力市场的需求，促进了技术和产品的创新，为欧洲各国技术技能的积累、国际竞争力的提升做出了巨大贡献，成为欧洲高等教育体系中不可或缺的一部分。

Hud 的发展历史可以追溯到 1844 年成立的哈德斯菲尔德力学研究所（Huddersfield Mechanics' Institution）。随着 19 世纪 60 年代对科学和技术的需求，1883 年哈德斯菲尔德力学研究所与当地的女子教育学院合并，并更名为技术学院和机械研究所（Technical School and Mechanics' Institute）。1896 年，技术学院和机械研究所更名为哈德斯菲尔德技术学院（College of Technology），其办学目标在于为哈德斯菲尔德的工业提供技术和科学支持。在二战期间，哈德斯菲尔德技术学院为武装部队培训了大量的无线电技师、工程师、装配工和文员。1970 年，哈德斯菲尔德技术学院与奥斯特勒教育学院（Oastler College of Education）合并成为哈德斯菲尔德理工学院（Huddersfield Polytechnic）。1992 年哈德斯菲尔德理工学院更名为哈德斯菲尔德大学（University of Huddersfield，Hud）①。

Hud 位于英格兰西约克郡的哈德斯菲尔德，是一所公立的教学型

① University of Huddersfield. History of the university of huddersfield [EB/OL]. [2018-07-02]. https://www.hud.ac.uk/non-cms/175-Years/timeline/timeline.html.

大学。其使命在于提供一种可获得的、具有启发性的学习经历，进行开拓性的研究和专业实践，并充分与雇主和地方社会经济相联系[①]。其目标在于为学生提供卓越的就业教育，为劳动力市场提供从业者和先进的研究。鉴于此，Hud 始终积极加强与工业、商业和社区的联系，增强学生学习过程的价值。由此可见，Hud 与我国的应用型本科高校在本质上属于同一类型的高等教育机构。

为表彰优秀的教学，英格兰政府引入了卓越教学框架（Teaching Excellence Framework，TEF），对大学本科教学进行评估，进而将大学的教学分为金牌、银牌和铜牌。通过 TEF 评估，Hub 因其卓越的教学，被评为金牌大学[②]。在此之后，2017 年，Hud 获得了由英国高等教育学会（UK-based Higher Education Academy，HEA）组织的全球教学卓越奖（The Global Teaching Excellence Awards，GTEA）第一名。由此可见，作为一所教学型大学，Hud 专注于教学的发展，并取得了卓越成效。英格兰高等教育拨款委员会 2016 年公布的数据显示，Hud 具有教学资格的员工比例在英格兰所有大学中排名第一[③]。根据 Hud 的毕业生调查显示，2015 年 95.4% 的毕业生在毕业六个月内完成了就业（包括继续攻读学位）[④]。与此同时，Hud 在 2018—2019 年的 QS 世界大学排名中排 701—750 名；在 QS 的英国最佳大学排行榜中排名 61 位；在 QS 的 STAR 评级系统中，整体上被评为四星级，其中，教学、就业、国际化、设备和包容性方面被评为五星级[⑤]。

---

① University of Huddersfield. Our strategy map 2013-2018 [EB/OL]. [2018-07-23]. https://staff.hud.ac.uk/media/universityofhuddersfield/content/documents/vco/staffpoliciesandprocedures/strategy-map-2013-2018.pdf.

② University of Huddersfield. A gold-rated university [EB/OL]. [2018-07-02]. https://www.hud.ac.uk/about/our-awards/tef/.

③ University of Huddersfield. No.1 in England for teaching [EB/OL]. [2018-07-02]. https://www.hud.ac.uk/about/our-awards/first-for-teaching/.

④ University of Huddersfield. Key facts [EB/OL]. [2018-07-02]. https://www.hud.ac.uk/about/keyfacts/.

⑤ QS. University of huddersfield [EB/OL]. [2018-07-02]. https://www.topuniversities.com/universities/university-huddersfield/undergrad.

Hud通过各种项目与当地的企业建立了紧密的联系，以学生为中心，强调专业导向，专注于就业能力，在培养学生就业能力方面享有盛誉。Hud之所以取得如此成就，与其卓越的教师工作考核制度密不可分。

## 第二节 哈德斯菲尔德大学教师工作考核制度概述

### 一、制度理念

#### （一）基于教师主体

大学的成就往往取决于教师的素质和承诺。Hud认为，“如果大学能够采取符合教师价值观并且有优势的政策，则会吸引并激励具有适当水平的教师全身心投入到工作之中，进而促进学校和教师自身的发展”[①]。鉴于此，Hud教师工作考核制度的制定，始终遵循着以下原则：①招聘和留住高质量的员工；②在奖励政策及实践过程中实现公平、公正和一致；③确保Hud的工资水准在高等教育市场中对其他大学保持竞争力；④确保教职员工能够致力于实现其所在组织的战略目标；⑤确保奖励制度是透明的；⑥构建一个更加灵活和尊重员工选择的利益结构。根据以上原则，Hud明确要求在教师工作考核过程中，教师享有以下权利：获得公平和一致的对待；有足够的准备时间；对批判进行回应；个人诉求被倾听；要求管理者对持有的观点进行充分解释[②]。

#### （二）基于工作内容

教师工作计划是Hud教师工作考核的中心和主要内容。教师工作考核一般是对教师上一年工作计划完成情况进行考察，并在此基础上讨

① University of Huddersfield. University staff handbook [EB/OL]. (2016-11-06) [2018-07-17]. https://staff.hud.ac.uk/hr/policies/staffhandbook/.

② University of Huddersfield. Appraisee's guidance notes [EB/OL]. [2018-07-20]. https://staff.hud.ac.uk/media/universityofhuddersfield/content/files/hr/policies/staffhandbook/Appraisee-Guidance-Notes.pdf.

论、制定未来一年的工作计划，以促进教师的个人发展。鉴于教师工作内容的多样性和复杂性，教师投入到不同类型工作的比例是一个专业判断的问题（这必须以教师本人为基础，同时考虑到个别教师和所在单位的需要）[①]。Hud 为了保障教师工作计划符合每个教师工作的特征，出台了详细的教师工作计划制定办法。为了能够合理地确定每个教师的工作量和工作目标，Hud 要求工作计划的制定必须统筹考虑各方面的平衡：学校或机构的发展规划、整体职业和个人发展目标、教学经验、需要指导的学生的数量、不同的学科需求、需要教授的课程数量和范围（特别需要考虑教授一门新课或创新型课程）、不同活动之间的有效平衡等。例如，当教师承担了最大限度的正式教学任务时，教师的其他责任可以暂时不被正式要求。根据这些需要考虑的内容，Hud 出台了教师工作任务计划确定的程序和步骤：①在适当的高级员工参与下，院长应该根据下一年的学术计划、学院和学校的总体发展规划与目标，考虑教师发展的要求；②根据教师工作考核的结果和相关原则，暂时确定教师个人工作量和工作职责的分配；③与每一位教师进行充分的协商，以确保他们同意在接下来的一年中的工作安排；④最终每位教师的工作安排和计划（包括工作量、职责和责任）将会公开（一般在七月的第二周），并以书面的形式通知每一位相关教师。当然，考虑到九月份的新生录取等相关事项，在接下来一学年中教师的工作安排也可能会有细微的调整，但这种调整都将会与教师个人进行协商。教师工作计划将由院长进行最后确认，如果教师对工作计划有异议，且院长和直接管理者均无法协调，教师可以通过申诉程序来解决问题。

Hud 通过人性化和透明化的管理实践，充分考虑教师工作内容的多样性和复杂性，通过统筹考量各方面影响因素，明确不同教师个体的具体工作量和年度目标，有效地避免了因为工作量和工作目标等原因对教师、学生所造成的影响，保障教师在各方面都能良好地履行其角色和

---

① University of Huddersfield. Principles [EB/OL]. (2016-11-06) [2018-07-17]. https://staff.hud.ac.uk/hr/policies/staffhandbook/.

职责，促进教师工作质量的提高，使教师能够有效地利用时间，同时也促进教师个人专业发展和组织目标的实现。

## 二、制度运行

### （一）严格规范的考核主体

为全方位了解教师的工作状况，Hud 教师工作考核主体涉及教师自身、学生、同行和管理者（直线经理）等多方利益相关者。在考核过程中，如果教师因某些原因反对拟定的考核主体，可以向院长或主任提出报告。当然，除非提供客观证据证明改变考核者将有利于教师获得公平的考核，否则评估者不会被更改。一般而言，考核小组中应至少包括三名有经验的考核人员和来自相关工会的考核人员。所有的考核人员都要求在最近一年内经过培训并被认定合格。小组成员绝大部分由具有相关工作经验的人员组成。例如，对科研型教师进行考核的小组中，绝大部分考核成员都应从事学术职位。为了尽可能保障考核的客观性与公正性，Hud 对考核主体的行为与活动进行了一系列的指导。

1. 避免偏见的管理者考核

管理者（直线经理）在 Hud 教师工作考核中占有重要地位。鉴于管理者在教师工作考核中的重要性和考核方法以质性为主，为避免考核过程中的个人偏见，保障教师工作考核的客观性和公正性，Hud 出台了管理者的主要偏见类型和避免方法，以供管理者在考核中参考并引以为戒。具体的偏见种类和避免方法，详见表 5-1。

**表 5-1　主要的偏见种类和避免方法**

| 主要的偏见类型 | 避免方法 |
| --- | --- |
| 一些教师擅长某些事情，不擅长某些事情，这种刻板印象影响你的判断 | 根据真实的表现进行判断 |
| 最近发生的事件的重要程度超过更久前发生的事件，人们往往很难记住 9—10 个月以前的事情，但是这些事情应该与最近发生的事情被赋予同样的权重 | 记录定期的非正式考核，而非仅仅依靠记忆 |

续表

| 主要的偏见类型 | 避免方法 |
| --- | --- |
| 陈旧的观念，你不能让这些陈旧的观念影响对教师工作表现的判断 | 根据真实表现进行考核，并时刻对你的价值观进行反思 |
| 不同的管理者对不同的技能和贡献有不同的偏好，考核者需要谨记，自己做事的方式并非唯一的或者最好的方式 | 识别自己的偏见倾向并加以防范 |

资料来源：University of Huddersfield. Assessing Current Performance [EB/OL]. [2018-07-30]. https://staff.hud.ac.uk/hr/policies/guidanceformanagers/.

在使管理者意识到可能出现偏见的基础上，为保障考核的有效性，Hud 颁布了详细的考核注意事项，要求管理者在对教师工作考核时必须认真考虑并避免①。

①不要认为考核是一项行政琐事，如果那样的话，将不可能投入时间和注意力。这种缺乏准备可能会导致在讨论过程中的分歧和不良的工作关系。

②关于教师工作考核的论述将包含对教师工作表现的反馈。在这个过程中，注意不要“站在标准上”。你需要帮助每个教师认识他们自己的表现，如果你过于注重判断，那么教师就会变得过于自卫和谨慎，你很可能会集中精力于改进领域，并且过于苛刻。

③如果你让被考核教师被动，或者你主导了讨论，那么教师可能更具防御力，而且会有不一致的倾向。

④如果你把考核讨论当成面试，你可能会把考核看成是你对员工所做的事情。试着把这次会议看作你们之间的讨论——你们双方都有共同的兴趣，从讨论中获得积极的结果。它应该是“有目的的谈话”。要做

① University of Huddersfield. Preparation... things to think about and problems to avoid [EB/OL]. [2018-07-30]. http://hr.hud.ac.uk/downloads/policies/pdf/1000230.pdf.

到这一点，你需要诚实和准确地进行反馈，并认真倾听。

⑤作为管理者，你可能将要完成几项考核活动。但是，从教师的角度来看，他们有权利要求你专心对他们的工作表现进行讨论和反馈。

⑥你需要了解你考核的工作岗位，而不是假设它。记住，很少有人能理解这项工作，也不了解从事这项工作的人。即使你过去做过这项工作，你的理解也可能不会那样彻底。

这些注意事项的说明，有利于使管理者在教师工作考核过程中与教师保持平等地位，充分考虑教师工作开展的具体情况，避免因管理者的权威或地位而导致考核结果不能真实反映教师工作状况。根据这些注意事项，Hud 制定了管理者考核的具体流程，以帮助管理者在考核过程中有效地发挥其职能。具体而言，管理者对教师工作进行考核的流程主要包括十个步骤[①]：

①充分地准备。考核者应该保证足够的准备时间，至少应该保证有时间去查阅相应的文件和数据。在此基础上，评估者应该尽可能地与被考核对象的同事、团队成员或其直接管理者交谈，以获得准确的反馈。在讨论考核结果之前，考核主体应该提供给被考核对象一份预备表格（这份表格完成后可以反馈给管理者，也可以不反馈。如果反馈给管理者，管理者应确保认真阅读并关注意见与教师相同和不相同的地方）。考核是一个持续反馈和沟通的系统，你应该收集关于表现的事实和证据，而非传闻或未经证实的意见。

②确定场地和时间。考核需要持续的时间，因此，请确保考核不会被打扰（电话呼叫转移或在门口贴上纸条）。确定讨论的时间后，应该预留出比预计时间更多的时间。不要让讨论时间超过一个小时。如果一个小时无法完成的话，应该安排一个后续任务而非在双方都很累的情况下继续讨论。考核讨论需要集中和精力，你应该确保自己不会在短时间

① University of Huddersfield. Preparation... before you start things to do and think about [EB/OL]. [2018-07-30]. http://hr.hud.ac.uk/downloads/policies/pdf/1000231.pdf.

内做太多的事情。

③相关数据。确保你已经掌握了所有的相关数据。这在遇到有争议的问题时，通过事实来支持你的观点，可以有效地减少争执和误解。

④氛围。站在教师的立场上思考问题。教师可能紧张甚至害怕这件事情，或者他们认为考核是一件浪费时间的事情。因此，营造一种氛围异常重要。改变一种非正式的氛围，如不要坐在桌子的对面；提供茶、咖啡；确保你没有被打扰。通过让教师发表意见和你开放积极的预期来创造一种积极的环境。

⑤计划和安排。记住，你和被考核教师都不想在会议中浪费时间。因此，在访谈过程中你和教师应该有效地利用时间。请想清楚你将如何规划访谈——你想要了解的内容包括什么。你同时也需要灵活安排让教师进行陈述，并提出那些你以前可能没有考虑过的问题。

⑥奖励和批评。奖励是必不可少的。如果没有表扬和奖励，卓越的表现将会消失。当表扬是有针对性的时候，表扬的效果是最好的。不要仅仅说“做得好”，一定要针对特定的实例来说明他们的优点。在对待批评时要积极，不要把问题看成是一个抽象的问题。例如“我很欣赏你的报告速度，但我们也需要关注如何提高准确性”，而不是“你的报告总是充满错误”。批评必须始终是事实和非个人的——你批评的是错误而不是人。记住你也可能受到批评，你的本能反应可能是防御性的。然而，如果你这么做了，你很可能会毁掉已经建立起来的信任，会议可能会演变成一场争吵。应澄清批评并同意考虑。

⑦考核朋友。你评审的一些人可能是多年来与你一起工作的朋友。坐下来和他们讨论工作可能很奇怪。他们可能会觉得这是毫无意义的，因为他们每天见到你。然而，越是关系亲近，你就越需要站在第三方的立场上去思考一些问题。

⑧处理绩效不佳。你需要尝试找出问题所在，并发现如何控制问题，而不是关注到底是谁的错误。这是被评者能控制的吗？这是你作为他们的管理者能控制的吗？这是你能影响的吗？但是，如果教师能力不

佳是主要问题，应该通过能力程序来解决。

⑨促进发展。作为一个管理者，你应该提高员工现有的技能，尝试开发工作中可能需要的新技能。这并不是提供一门课程那样简单。你需要考虑：如何发展员工的专业角色并创造更大的灵活性？如何防止员工工作的厌倦？员工的抱负是什么？如何提供支持并促进其实现？

⑩会议结束。记住总结会议上的主要行动要点，这样你们双方就容易就接下来的事情达成一致。设定一个日期来检查行动的进展情况——一个非正式的回顾，看看是否有任何目标需要修改。

与此同时，为了确保管理者对教师工作考核结果处理的有效性，Hud 规定了良好管理者考核结果处理的关键原则，即公平对待员工，有效沟通，并采用适当的措施来支持教师工作的改善。表 5-2 总结了管理者在考核结果处理中适当和不恰当的做法。

**表 5-2　管理者在考核结果处理中的行为划分**

| 好的管理者 | 不好的管理者 |
|---|---|
| 一致的 | 不一致的 |
| 分享信息 | 有选择的保留 |
| 公平 | 有个人偏好 |
| 客观 | 不客观 |
| 有号召力 | 无号召力 |
| 建立团队精神 | 导致恐慌和分裂 |
| 以身作则 | 不以身作则 |

资料来源：University of Huddersfield. Dignity at Work［EB/OL］.［2018-07-03］. http://hr. hud. ac. uk/downloads/policies/pdf/1000229. pdf

2. 多种形式的学生评教

学生作为学习的主体，真实地经历着教与学的过程，是教师工作考核过程中不可忽视的一部分。学生作为考核主体，一方面可以增强学生的学习体验，帮助学生反馈他们的意见；另一方面有利于从不同的视角来反馈教师的工作质量，促进教学工作的改进。为全面地获得学生的反馈，Hud采用了不同的机制来获得学生的意见。一方面，通过定量反馈（如问卷）来获得教学工作好或不好的“证据”，这通常是为了达成质量保障的目的；另一方面，通过定性反馈（如问卷的开放式问题、学生代表的访谈）来获得教学工作做得不好或好的原因。学生的正式反馈主要通过三种形式进行：大学评价委员会中的学生代表，学生评议小组，大学课程教学评价问卷调查。

（1）大学评价委员会中的学生代表

学生代表反馈是学生反馈的一个重要方式。通过学生代表反馈，可以直接、及时地从学生那里获取信息，为教师和学生提供双向互动的沟通。与此同时，通过这种方式也可以增强大学与学生会之间的相互联系。学生代表主要有以下几种参与形式：在学校层面的评价委员会中作为代表，这主要包括大学评议会、教学委员会、研究委员会、学生会；在学院层面的评价委员会作为代表，主要包括课程委员会、学院理事会、年度评估、学院教学委员会、学院研究委员会和学院机会平等与多样化委员会等。

（2）学生评议小组

学生评议小组是学生对教师教学和其他相关问题提出反馈的最关键形式。学生评议小组使每个学生都有机会提出他们所关心的问题。学生评议小组的成员主要由学生代表和主要的课程负责人组成。在学生小组中，学生代表一般要多于教师成员。学生成员一般由他们的同班同学选举产生，经过指导和培训，学生代表将会有一年的任期。每年至少有两次学生评议小组会议。当然，对于学生关心的紧急问题，学生评议小组有权要求召开额外的会议。

（3）大学课程教学评价问卷调查

大学课程教学评价问卷是Hud学生评教的一个重要渠道。通常在课程教学结束前两周，相关工作人员会以电子邮件方式向学生发出调查问卷，以收集学生关于学习经历的标准化信息。问卷一般包括一系列的开放问题和封闭问题，以获得定量和定性数据。具体的问卷内容，详见表5-3。

**表 5-3 Hud 课程教学评价问卷**

| |
|---|
| 这份问卷大约需要花费您 5 分钟的时间来完成，本问卷要求您对本学年课程教学经历进行反思。<br>您的反馈至关重要，您的反馈将被用来帮助我们所有人在接下来的几个月或几年中改善我们的大学。<br>请标明适当的选项，说明您同意或不同意下列语句的程度。<br>您可以通过点击“保存”按钮来保存您的进度，稍后回来完成调查。但是，一旦您完成了调查，您必须点击“提交”。<br>选项<br>5 完全同意<br>4 大部分同意<br>3 不同意也不反对<br>2 大部分不同意<br>1 完全不同意<br>N/A 不适用<br>学校承诺关于问卷的任何信息均会保密，并根据大学的相关法律保障问卷的匿名性。 |
| 课程的教<br>1. 教师擅长解释事物<br>2. 教师使这门课程有趣<br>3. 教师对他们的教学充满了热情<br>4. 这门课程具有启发性 |
| 评价和反馈<br>5. 评分标准事先明确进行了规定<br>6. 评价过程和结果是公平的<br>7. 对于学习的反馈是及时的<br>8. 关于我的学习，我收到了详细的评论<br>9. 对于学习的反馈，帮助我理解了我没能理解的内容 |

续表

| |
|---|
| 学习支持<br>10. 关于我的学习，我获得了充分的建议和支持<br>11. 当我需要的时候，我能够及时联系到教师<br>12. 当我需要在学习上做出选择时，我能够获得好的建议 |
| 组织和管理<br>13. 课程表是有效的<br>14. 关于课程或教学的任何变化，能够有效地沟通<br>15. 课程有效的组织并且进展顺利 |
| 学习资源<br>16. 图书馆的资源和服务能够有效满足我的需求<br>17. 当我需要的时候，我能够访问并获得一般的 IT 资源<br>18. 当我需要的时候，我能够获得专门的仪器、设备或场地 |
| 个人发展<br>19. 这门课程帮助我自信地展示了自己<br>20. 我的交流能力提高了<br>21. 这门课程让我对处理不熟悉的问题充满了信心<br>22. 总之，我对这门课程是满意的 |
| 更多建议<br>23. 积极的<br><br>24. 消极的 |

3. 备受关注的同行评价

同行具有相同或相近的专业知识和类似的工作经历，能够更专业地发现教师教学中存在的问题，鉴别教师科研成果的质量。在 Hud 教师工作考核过程中，同行评价是非常重要的一部分。就学术研究而言，Hud 的教师工作考核制度明确指出“同行评议在研究结果的发表和传播、研究奖项的评估和申请、研究项目的伦理审查中是一个重要部分”，并在实践中推动同行评议在成果鉴定中的作用①。

就教学而言，同行观察有利于促进教学问题的公开讨论，推动良好实践的共同分享。鉴于此，Hud 尤其强调同行观察在教学中的作用，并出台了同行教学观察指南和要求：

①所有全职的教师每年都要参与同行观察。

②所有全职工作的教师每学年至少有一次被观察和观察另一个人教学的经历。

③每个观察都会至少涉及一个观察者和一个被观察者。然而，在适当的情况下，员工应该从更广泛的范围内被观察。

④避免观察者和被观察者之间的互惠关系。

⑤每一次观察之前都应该有一个观察会议来讨论观察目标和目的。

⑥每一次观察后都应该紧随一次汇报会议。

⑦在学院或部门中保存每次观察的记录。

⑧同行观察摘要将与系主任（或其提名人）分享，他们将使用摘要来告知教师工作发展的重点。

⑨同行评议的教学记录应在考核中应用，以促进教师发展和支持教师的需求。

在此基础上，为增强同行教学观察的有效性和可靠性，Hud 制定了同行教学观察反馈表，详见表 5-4。

**表 5-4　Hud 同行教学观察反馈表**

1. 观察前会议（由观察者们完成）

以下相关事宜应该在观察前会议中确定

| | |
|---|---|
| 被观察者姓名： | |
| 观察者姓名： | |
| 模块代码： | |

① University of Huddersfield. University staff handbook [EB/OL]. (2016-11-06) [2018-07-17]. https://staff. hud. ac. uk/hr/policies/staffhandbook/.

续表

<table>
<tr><td>模块名称：</td><td></td></tr>
<tr><td>观察主体：</td><td></td></tr>
<tr><td>观察日期：</td><td>观察时间：</td></tr>
<tr><td colspan="2">需要观察的活动<br>讲演<br>研讨会<br>个别辅导<br>工作坊实践<br>教学视频<br>VLE Session<br>其他</td></tr>
<tr><td colspan="2">1. 观察目的和具体目标：<br>被观察者：<br><br>观察者：</td></tr>
<tr><td colspan="2">2. 观察（由观察者们完成）<br>观察者应就观察前会议中的具体目标进行评论。其评论的内容同时也应该包括：组织和方式、传递和进度、层次的适当性、传播的内容和质量、学生参与、反馈和资源的使用。</td></tr>
<tr><td colspan="2">3. 观察简报<br>反馈你在观察中学到了什么，特别是在观察前会议中提出的目标。<br>被观察者：<br><br>观察者：</td></tr>
</table>

续表

| |
|---|
| 4．提高教学质量（由观察者和被观察者共同完成）<br>主要的长处和好的实践是什么？<br><br>哪方面需要提高，怎样提高？ |
| 5．教师发展优先目标<br>讨论教师发展的优先事项，以及与之相关的院系教学和学习发展策略。<br>被观察者：<br><br>观察者： |
| 请记住：<br>• 与同事们通过学院的教学页面，分享最好的教学实践。<br>• 将接下来的这些细节发送到 adatl@hud.ac.uk。<br>• 你所观察的教师姓名、观察时间（观察表的副本不需要提供）。<br>• 你观察的活动的属性（讲课、研讨会、个别辅导、实践等）。<br><br>签名（观察者）　　　日期　　　　　　签名（被观察者）日<br><br>该份表格的完整复印件需要发送至：<br>① 你的直线管理者，用来评估你的发展目标和判断你的支持需求。<br>② 部门的领导者，他们将使用这个表格来告知学院或部门你的优先发展事项。 |

4．自我评价

自我评价是教师对自己工作的实际状况做出的评价。Hud 教师工作考核是一项教师高度参与的活动，非常强调教师的自我评估，以确保教师在发展规划、目标确定、工作计划制订等方面发挥重要作用。一般而言，教师的直接管理者会提供给教师一个自我评价表格，来帮助教师更好地对自身工作情况进行评价。

## （二）以教学为中心的考核内容

### 1. 教师工作分类

Hud作为应用型本科高校，始终将教学作为工作的中心。这反映在教师工作考核中，则是形成了以教学为中心的工作分类考核内容。为全面考察教师的工作，避免考核过程中的重叠现象，Hud以教学为中心，对教师工作进行了分类。教师工作主要包括以下三种类型。

（1）正式安排的教学

正式安排的教学一般是指需要提前准备，并在教学结束后需要后续行动的教学任务。在此过程中，教师需要和学生直接接触，促进学生知识或技能的获得。这类活动一般包括有：①举办讲座、研讨会、个别指导，主持实验室、工作室或专门的车间教学与演示；②管理、教授和指导与实习和专业有关的课程；③对学生的项目、论文和特定作业进行定期指导；④对正在相关行业进行实习的学生进行定期指导；⑤定期对学生的课程学习进行评价和反馈。

（2）与正式教学联系紧密的其他专业活动

与正式教学联系紧密的其他专业活动主要是指直接辅助教学工作开展的各项活动。这主要包括：①正式授课前的准备；②评价学生，包括确定评价（考试）内容和成绩；③作为学习委员会、课程规划委员会、监测委员会和考试评价会议的成员或出席者；④对学生的个人学术指导或辅导；⑤教学方法的发展与改进；⑥与正式课程表相关的管理；⑦及时了解与正式课程表相关的科目范围。

（3）与正式教学不直接关联的其他专业活动

该类活动是指与教师直接教学联系比较薄弱，但又是教师整体工作中必不可少的、大学整体框架中不可或缺的一部分内容。这些活动主要包括：①学术和研究活动；②招生录取活动；③课程的发展和教学方法的评价；④学生的心理指导；⑤组织行业实习、实践教学和其他形式的工作实习指导；⑥带领学生进行校外参观（教育或行业）；⑦课程或学科领导；⑧符合学校要求的咨询或创收活动；⑨指导音乐、戏剧制作、演出，组织展览，监督课外活动；⑩代表大学或大学的其他外部附属机构。除此之外，还有安全责任、评价和组织与运行短期课程等活动。

2. 教师工作量要求

鉴于工作内容的不同和学科领域的不同要求，规定具体的工作时间既是不合适的也是不符合要求的。通常，Hud 要求教师每学年应至少有 24 个教学周是工作的（兼职按小时付费讲课的时间将不计算在内），每周的正常工作时间应该是 37 个小时。具体的教师工作量要求，详见表 5-5。

就教学工作而言，Hud 要求每周应该有 14—18 个小时从事正式的教学工作。同时，正常的教学时间每周通常应不超过 18 个小时，或每个教学年度应不超过 550 个小时（但这一要求不适用于所有的学科，如教师教育、艺术、设计、表演等）。除非出现特殊情况，教学安排不可以随意取消或推迟。如果教师要取消或推迟，需要提前取得系主任的同意①。

Hud 明确要求，作为工作职责的一部分，教师应该从事研究和学术活动。这意味着在正常教学和假期以外，教师的时间将主要用于研究和学术活动。虽然研究和学术活动主要是自我管理②，但教师应该确保有足够的时间从事研究或学术活动。作为教师工作考评的一部分，除了对科研工作时间的要求外，Hud 要求所有的学术人员都应该有与其研究领域相关的、具有一定质量要求的（如果适用的话）可量化的学术目标，且该目标应该具有阶段性，以便能够及时地监测教师工作的进展和成果。

与此同时，教师作为应用型人才培养的主导者，必须保障有足够的时间进行教学和对学生进行个别指导。鉴于此，学校期望所有的教师在工作周都会出现在校园里，以保障学生能获得足够的指导，且不给管理者和其他同事带来负担。如果教师要想在家工作，必须得到相关领导的

① University of Huddersfield. Working hours [EB/OL]. (2016-11-06) [2018-07-17]. https://staff.hud.ac.uk/hr/policies/academicstaffhandbook/.

② University of Huddersfield. Allocation of workload [EB/OL]. (2016-11-06) [2018-07-18]. https://staff.hud.ac.uk/hr/policies/academicstaffhandbook/.

批准，并告知与其工作相关的人。教师应该让学生知道他什么时间是在办公室的（在办公室门口张贴时间表或通过办公邮件发送时间安排），以确保学生能够找到教师。

**表 5-5　Hud 教师年度工作量基本要求**

| 正式的教学安排 | 与教学联系紧密的活动 | 研究和学术 | | 学术管理或行政 |
|---|---|---|---|---|
| 最大 550 小时 | 没有最长时间，但是通常不超过 1100 小时 | 最短时间为 148 小时，没有最大时间限制 | | 根据规范/活动来确定时间安排 |
| 主要活动：讲座、研讨会和辅导，并承担实验室、演播室和专业讲习班的教学和演示；指导、教学和监督现场工作和主讲课程；对研究生和其他承担项目、论文和作业的学生定期监督；对学生在工业实习和教学实践中的定期监督；定期评估，包括监考和课程评估的反馈 | 主要活动：准备正式的教学计划；学生评估，包括评分考试、学习委员会、课程规划委员会、验证和监督委员会以及考官评估会议的成员和出席情况；学生的学术指导和辅导；制定与正式教学职责相关的教学方法；了解与正式课程表相关的学科领域 | 研究活动：生产高质量的研究成果；申请和担保研究经费和合同收入；在国家和国际研究会议上演讲；监督研究学位；担任研究学位的内外部审查员；学术期刊参考；在编辑和科学委员会、学术机构和咨询机构任职；审查资助机构的研究拨款申请；研究会议组织 | 学术活动：出版教科书、教学/教育和专业文章；企业活动，包括：开展咨询活动，进行商业测试，促进和承担大学设施的销售；参加会议和短期课程；专业机构组织的成员；创作报纸文章、专栏；为雇主创建和提供 CPD 短期课程；建立与工业和雇主的联系；开发创新的教学方法；开发新课程、模块 | — |

### （三）立足工作岗位的考核方法

Hud 采用海氏工作评价系统（Hay Guide Chart Profile Method of Job Evaluation）的判断框架，来综合比较和衡量不同类型教师的工作情况。海氏工作评价系统，也有人将其称为“指导图表形状构成法”，由美国工资设计专家艾德华·海（Edward Hay）于 1951 年研究开发出来。该评价框架有效地解决了不同职务之间相对价值的相互比较和量化的难题，在世界各国的大型企业推广应用并获得成功，被企业界广泛接受①。在考核过程中，Hud 基于一个事先假定的标准，考虑职位特征和当前教师工作的表现，而非教师以前的工作或将来的发展。鉴于此，Hud 出台了《工作考核条例》，该文件指出整个考核系统将从三个方面来进行比较和判断：①专业技术，包括达到职业要求的知识、技能和经验；②解决问题的能力，包括分析、评估、创造、推理、得出结论所需的思维；③风险责任，指工作职位承担者的行动自由度、行为后果影响及职位责任大小。

### （四）公开透明的考核程序

考核主要根据上一次教师工作考核后所确立的教师工作计划，对教师在过去一段时间内工作完成情况进行判断。在考核结果讨论后，根据考核结果和不同考核主体的反馈，每一位教师及其直接管理者都需要鉴定适应个人发展的方案，以确定未来工作的主要行动要点和目标。其具体的考核程序包括七个步骤。

①确定一个考核讨论日期，这个日期应该征得教师的同意。

②给被评者一份员工指南和一张自我评估表。这张评估表仅供教师个人使用，他们也可以选择不使用。通过召开会议讨论考核事项，重点讨论评估表的主要指标。

③开展会议进行讨论。在会议中，教师可以就其表现进行陈述，管

① MBA 智库百科．海氏工作评价系统［EB/OL］．［2018-07-03］．http://wiki.mbalib.com/wiki/海氏工作评价系统．

理者将在考核表上注明商定的未来工作主要行动要点和目标。

④管理者和教师共同签署评估表，以确保能准确记录未来工作的行动要点、目标和优先事项。

⑤教师和管理者均保存一份副本。

⑥管理者与各教师的直接管理者就所有的考核结果进行讨论，以确保能够对教师培训和发展的资源分配、教师发展活动进行实时监控。与此同时，考核结果是大学不同管理部门对教师进行管理的依据。

⑦如果教师认为他们在考核过程中受到不公平对待，可以使用申诉程序进行申诉。

除了正常的工作考核外，新招聘的教师或晋升到更高层级的教师，都需要经过一个试用期。其中 1—6 级员工的试用期为 6 个月，7—9 级员工的试用期为 12 个月，高级员工的试用期为 12 个月或更长时间。

通常情况下，作为日常工作的一部分，直线管理者会定期与教师进行日常会面。但是，在试用期的某些关键时间节点，直接管理者需要与试用期的人员进行正式的会面和讨论。例如，对于试用期为 6 个月的员工，直接管理者应在第一个月底、第三个月底和第六个月底时会面。对于有 12 个月试用期的员工，直接管理者应在第一个月、第三个月、第六个月和一年结束时与员工会面。在每次会面中，直接管理者和员工都要对工作进行讨论，确定需要改进的地方和可以提供的支持。

如果试用过程中，教师的表现不符合预期目标，将会被明确地指出来，并确定改进目标和相关的支持策略。如果教师的表现依然没有改善，则会启动正式程序。

在启动正式程序之初，会通过一个正式的会议来讨论员工的表现和试用期结果。其中，工作中令人不满意的地方和采取任何行动的证据，改进的目标、标准、期限和进一步的支持策略等，都将汇编成行动计划草案，在会议前以书面形式提供给教师。在会议上，教师有机会提供任何可能影响绩效的相关证据，并对行动计划发表评论，提出可能需要的支持资源。

根据会议中制订的行动计划，将会在一段时间后对教师的工作表现进行第二次考核，根据考核结果，对教师的试用做出决定。具体的考核结果及决定，如表 5-6 所示。

**表 5-6　试用期二次考核结果类型及相应处理方式**

| 结果 | 反映 |
|---|---|
| 所有目标达成，表现令人满意 | 没有其他的行动要求，正常的试用期继续 |
| 取得了重要的进展，但是需要进一步的支持来保障能够持久地表现满意 | 延长试用期 |
| 因为特殊原因目标未达成，如生病、共同商定的支持资源无法提供 | 延长审查期或延长试用期 |
| 目标未达成 | 员工将被通知他们的表现不令人满意，试用期失败 |

## 三、制度结果

### （一）充分运用的考核结果

Hud 教师工作考核的结果直接与教师的薪资和职位挂钩，并影响着教师接下来的工作计划和发展目标。Hud 教师工作考核结果的运用主要体现在两方面。

1. 发展目标的制定

在教师工作考核结束后，Hud 要求针对考核结果，确定教师接下来的工作计划和发展目标，并对工作计划和发展目标的制定提出具体的要求：①有针对性的。主要目标应该集中在最需要改进或发展的领域，或过去发展有限的领域。②可测量的。目标应该足够精确，以避免将来关于它们是否已经实现产生争论，但也不能过于精确到说明具体的目标实现途径，被考核对象应该被允许选择实现目标的具体路径。③可实现的。目标必须是可实现的，因为如果个人不相信目标的可实现性，教师便无法作出改进。④现实主义的。如果没有检查或检测目标完成的方法，设置目标则便没有什么意义。因此，当目标被设定时，应建立明确的监控方法。⑤定时的。应设置完成期限，但在这个期限后应该有一个过渡阶段，且总体目标可以分解成更短时间限制的任务，设置较短的时间框架来保持教师工作的热情。⑥关注教师个体在工作中的发展。⑦与学校/所在部门和学校的战略规划有关。在设置目标时，应该考虑这个目标对学校/所在部门战略目标有多大意义。⑧具有挑战性。目标应该具有挑战性，以促进个人发展。在此基础上，目标应该能够让教师明确知道什么地方需要改进，什么时候完成改进，哪些改进是优先级的。

2. 薪资与晋升

Hub将教师的薪资等级分为10级，主要通过教师工作考核和大学评价委员会的审议来确定教师的薪资水平。Hub假设教师的工作能力是随着教师经验不断丰富而逐渐增长的。因此，如果教师的表现是令人满意的（符合某一等级的正常水准），那么教师工资的增长将会是一个自动的过程。教师每年工资是否增长将会在每年的8月1号确定[①]。对于10级教师和现金清算教师，将不会有自动的工资增加。同时，考虑到教师工作的表现，在下列情况下，教师的工资也将不会增加：①在现有职位的最初阶段表现不令人满意（指在6个月的试用期或12个月观察期中的表现）；②根据《能力程序》，被认为当前能力不足以适应当前岗位；③因为违反纪律程序而受到正式的警告。当然，在此过程中大学评价委员会也会考虑大学或学校工会关于薪资结构方面的建议。

如果教师在工作考核中取得一个较高的分数，那么教师将有向更高等级晋升的可能。如果教师在工作考核中的分数比较低，那么将有可能降级，任职于能够胜任的较低工作岗位。另外，在教师晋升过程中，除了考虑工作考核的结果，也会考虑教师的任职年限。在晋升过程中，无论是新教师还是原有教师职位的变动，都需要一段时间的试用期和考核，其目的在于激发教师工作的全部潜能，并使管理者对试用期教师的工作能力、技能进一步确认。

① University of Huddersfield. Salary scales [EB/OL]. (2016-11-06) [2018-07-17]. http://www.hud.ac.uk/hr/intranet/salaryscales/.

（二）详实的不合格处理机制

为了确定问题并发现原因，为考核不合格教师提供帮助和支持，Hud 颁布了《能力程序》(Capability Procedure)。管理者将根据学校颁布的《能力程序》对不合格的教师进行处理。在对教师进行能力程序处理结束之前，将不会进行下一个阶段的工作考核。当然，如果考核不合格是由于教师忘记了考核申请，那么将根据纪律程序进行处理。Hud 颁布了一套纪律守则（Disciplinary Rules）和纪律程序（Disciplinary Procedure)①，如果由于健康状况不佳和/或残疾导致不合格，则应根据大学的疾病缺勤管理政策处理。在处理考核不合格中，Hud 明确要求必须做到以下五个方面：①让教师知道必要的考核标准；②明确目标，帮助教师达到满意的工作水平；③给予支持；④允许时间改善；⑤明确不改进的后果。

1. 考核不合格原因分类及处理方式

教师考核不合格可能是由于各种不同原因所致，《能力程序》对教师考核不合格的原因进行了分类，以方便针对具体原因采取措施。

①教师没有足够的必要知识或技能来完成工作，这可能是因为招聘不力或教师没有紧跟时代潮流所致（例如，信息技术在教学中的应用）。针对这种情况，可以采取有针对性的特定知识或技能培训。

②教学单位进行了重大改革并提高了对教师的要求，导致一些员工缺乏信心并感到技能缺乏。针对这种情况，通过针对性培训、观察和指导来帮助教师重拾信心，补充新知识或技能。

③工作环境以外的其他因素对工作表现的影响，例如亲密关系的破裂、家人或朋友的生病、经济的困难等。当出现这种情况时，应及时意识到这些问题并提供支持，通过心理咨询、休假等方式给教师时间并帮助他们适应这些生活变化。

④由于生病原因导致考核不合格。如果长时间的持续生病，可以通

① University of Huddersfield. Disciplinary rules [EB/OL]. [2018-07-03]. https://www.hud.ac.uk/media/policydocuments/Disciplinary-Rules.pdf.

过疾病缺勤管理程序来提供援助；如果员工出现残疾情况，学校应重新部署或调整职位来帮助教师保持就业。

2. 不合格情况的处理程序

Hud 在处理不合格情况时，第一步是试图通过非正式程序，指导并提供支持来帮助教师解决问题。在此过程中，教师会被明确告知他们的表现没有达到标准，管理者会通过支持策略给予教师达到标准的机会。如果教师的工作表现依然不令人满意，则会通过正式程序为教师工作的改进和支持设立清晰的目标。如果经过一段时间后，教师依然没有达到标准，则会发布正式的警告，明确告知教师如果继续不符合标准，则面临被解雇的危险。具体而言，对于考核不合格的情况，主要有两种处理程序。

第一，非正式程序。在绝大多数情况下，表现不佳只是暂时性的问题，可以通过管理者的支持和指导等非正式程序来解决。但是，如果无法以非正式方式解决问题，或者表现不佳的状况过于严重，则可采用正式程序。

第二，正式程序。正式程序的实施是建立在非正式程序不起作用的前提下，主要包括以下几个步骤。

①第一次正式会议。在第一次正式会议中，讨论教师的具体表现。在会议召开至少五个工作日之前，将会提供给教师两份材料：一是有关表现不佳的证据以及迄今采取的行动，包括所有的支持和工作观察记录的详细信息。二是行动计划草案，包括教师下一步工作的目标、标准、期限和进一步支持，且目标的设定应能够在 6 到 8 周内衡量进展情况。在会议过程中，教师可以阐明影响其工作的相关证据和原因（管理者可能不知道的方面），对下一步的行动计划进行评论，并提出可能需要的进一步支持。在此基础上，根据行动计划的进展情况，设定目标达成的审查日期、进展衡量的标准、审查的事项等。

②第一次审查会议。在会议召开之前，管理者将通过书面报告的形式来说明审查目标的达成度及其他支撑材料（例如，观察报告的副本、提供的支持等）。会议将根据教师的陈述和审查报告，做出决定。一般

来说，决定包括四种情况，详见表 5-7。当然，如果教师对审查结果存在异议，可以在会议结束后的 10 个工作日内进行申诉。

**表 5-7 审查会议的结果类型及其后续行动**

| 结果 | 后续行动 |
| --- | --- |
| 1. 所有的目标均达成，教师的表现令人满意 | 无需采取进一步行动 |
| 2. 取得了重大进展，但是需要后续支持来保持工作表现 | 延长审查期 |
| 3. 由于特殊原因（如生病等）目标未达成 | 延长审查期 |
| 4. 目标未达成 | 根据教师行动计划（可能有所修改）对教师表现进一步监控，如果进一步监控后依然没有实质性的改善，将会采取进一步的正式行动，最终可能导致因能力不足而被解雇 |

资料来源：University of Huddersfield. Capability procedure [EB/OL]. (2016-11-06) [2018-07-03]. https://www.hud.ac.uk/media/policydocuments/Capability-Procedure.pdf.

③第二次审查会议。第一次审查会议结束后，针对第 2、3、4 种情况，会召开第二次审查会议。第二次审查会议的过程与审查结果类型及处理方式与第一次审查会议基本相同。

如果第二次审查会议中教师的表现依然不让人满意，则会启动小组审查。小组一般由三名不在被审查教师单位的具有高级职称的专业人员组成。为保持审查结果的客观性和有效性，小组成员与被审查教师之前的考核将不会有任何关联。审查小组主要从六个方面对教师工作重新进行审查：①表现不佳的程度；②这种表现不佳对工作和其他同事的影响；③是否遵循了《能力程序》；④教师因表现不佳被警告的程度；⑤是否真正提供了行动计划中规定的支持策略；⑥教师或教师代表（工会或朋友）做出的陈述。根据这些审查事项，审查小组可能做出三种决定：①所有的目标均已达成，教师的工作表现令人满意；②设置进一步的审查期，根据行动计划进一步对教师表现进行监控；③因能力不足而被解雇。当然，如果审查小组决定解雇教师，教师有权提出上诉。

（三）持续的工作支持策略

通过对教师工作进行考核，必然会发现教师工作中存在的问题。为促进教师专业发展和教育教学质量的提高，在考核结束后，Hud会根据教师工作考核过程中暴露的问题（无论考核结果是否合格），为教师发展提供支持策略。目前，Hud最常使用的教师支持策略主要包括以下六种。

①与直接管理者定期进行会议。通过定期会议讨论工作中存在的问题，确定解决方案，并监测进展情况，拟定未来的工作计划。

②导师帮扶。在特定领域具有丰富经验的教师将会被指派为表现不佳教师的帮扶导师，为表现不佳者提供建议。当然，导师与被帮扶者之间的讨论是保密的。但是，导师需要向管理者提供一份总结报告来证明真正履行了帮扶的职责。

③工作观察。直接管理者或者其他适宜人员可以直接观察教师的工作（观察之前，应当通知教师具体的观察时间）。观察结束后，立刻就教师表现进行及时的口头反馈，以便教师及时意识到工作中存在的问题。口头反馈后，进一步形成正式的书面反馈，教师本人也将被要求对反馈结果进行反思。

④观察学习。组织教师观察校内或校外其他优秀教师的工作，这种观察既可以是短期的也可以是长期的。

⑤培训。包括长期或短期的课程培训、阅读、远程学习资源或在职培训等形式。

⑥技术培训。如果直接管理者认为有必要对工作中使用的技术进行培训，那么教师将会被要求进行适当的技术培训或再培训。

# 第三节　哈德斯菲尔德大学教师工作考核制度的特点及启示

## 一、以应用型人才培养目标定位为指导统筹设计

Hud作为英国典型的应用型本科高校，始终致力于增强学生的就业能力和应用人才的培养，通过人才培养和产品技术的创新不断满足区域劳动力市场需求。为了引导教师工作与学校办学目标定位的契合，不断提高应用型人才培养的能力和水平，Hud在教师工作考核制度设计和运用过程中，始终将学校应用型人才培养的目标定位作为制度设计的重要内容。在教师工作考核制度设计之初，Hud便明确要求教师工作考核制度应该能够确保教师工作致力于实现其所在组织的战略目标（即应用型人才的培养和不同学科专业的建设），使教师工作考核制度在顶层设计上便将应用型本科高校的特征纳入考量范围。在此基础上，为了能够使考核内容真正体现教师工作的"应用"特征，在教师工作计划和目标的制定中，又进一步要求将学校的发展规划及教师的职业发展进行统筹考量，明确要求"在适当的高级员工参与下，院长应该根据下一年的工作计划、学院和学校的总体发展规划与目标，考虑教师发展的要求"。由此，真正使学校的发展目标定位与教师的个人发展和教师工作紧密联系在一起[①]。促进教师工作考核制度和学校目标定位的相辅相成，即通过教师工作考核推动学校目标定位的实现，通过学校发展目标定位的实现为教师工作提供进一步支持。

## 二、基于应用型人才培养过程的复杂性确定考核方法

鉴于教师工作的多样性和复杂性，与量化的考核方法相比，Hud

① University of Huddersfield. Factors taken into account [EB/OL]. (2016-11-06) [2018-07-17]. https://staff.hud.ac.uk/hr/policies/staffhandbook/.

更加关注质性方法在教师工作考核中的作用。在考核过程中，量化方法主要用于对教师基本工作量等基础达标性工作内容的考核，质性方法才是考核中使用的核心方法。这有效地避免了教师工作考核制度的“一刀切”和僵化性。鉴于应用型人才培养的专业性、教师工作的复杂性和不同教师的个人情况，Hud 的教师工作考核强调讨论、会议、观察等方法在确定教师工作表现中的重要性。例如，管理者考核主要是在相关数据基础上，以会议的形式进行；同行教学考核主要以教学观察为主；学生评价中关注学生评议小组的重要性。鉴于质性方法容易受到个体主观的影响，Hud 制定了具体的预防机制。如为了避免管理者考核中有失公允，出台了主要的偏见种类和避免方法、考核过程注意事项、会议准备和安排事项等，可谓是面面俱到，有效地预防了质性考核过程中的主观性和无效性。

## 三、基于教师个体工作的差异性关注考核主体

应用型人才培养是一项复杂的工程，教师作为这项复杂工程的主导者，其工作不可避免地呈现出更加复杂的特征。不同专业实践教学的方式、研究成果表现形式、教师的个人经历和特点等都影响着教师工作的开展。基于此，Hud 的教师工作考核制度充分体现了对教师的尊重和包容。在考核制度设计之初，便把教师的价值观作为重要的考虑因素，站在教师的立场上思考问题，以构建更加灵活和尊重员工选择的利益结构。在工作计划制定中，充分考量教学经验、需要指导的学生数量、不同学科的需求、需要教授的课程数量和范围（特别需要考虑教授一门新课或创新型课程）等因素，以制定适合教师个体发展的针对性工作计划和目标。在教师工作考核过程中，给予教师足够的准备时间，管理者直接与各教师就所有的考核结果进行讨论，并允许教师对批判进行回应，从而使教师的合法权益得到最大程度的保障。对于考核不合格的教师，给予一定的缓冲期和资源支持促进其工作改进，并根据考核不合格的原因，制定详细的教师工作改进程序，帮助教师工作早日进入正轨。教师作为“文化人”“知识人”，他们有被尊重、平等和交流的需求，只有在

尊重教师个体价值观的基础上，才能真正激励教师全身心地投入到工作中去，建设高质量的师资队伍，促进学校应用型人才培养能力的发展。

## 四、基于教学的核心地位确定考核内容

Hud 在英国卓越教学框架中被评为教学金牌大学，在 QS 的 STAR 评级系统中其教学被评为五星级。Hud 在教学中取得的成绩，与其对教学的重视和关注是分不开的。这反映在教师工作考核制度中，便是将教学工作确定为考核的核心内容。在教师工作分类中，Hud 便以教学工作为中心，将教师的所有工作分为正式安排的教学、与正式教学联系紧密的其他专业活动、与正式教学不直接关联的其他专业活动三类，从而将所有的工作都看作是教学工作的辅助，从根本上确定了教学在教师工作中的核心地位。在教师工作考核规定中，明确要求教学安排不可以随意取消或推迟，并必须保障有足够的时间进行教学和对学生进行个别指导。与此同时，为全面考核教学工作的运行状况，Hud 特别关注学生和同行在教学工作考核中的作用。在学生评价中，将定量与定性相结合，除了最常用的课程教学评价问卷调查，还有每年至少两次的学生评议小组会议和各种委员会中的学生代表的评价，充分发挥了学生这一直接利益相关者在教师工作考核中的反馈作用。在同行评价中，为确保同行观察能够真正发挥作用，制定了详尽的同行评议办法和反馈表，要求所有的全职教师都参与到同行观察中。应用型本科高校作为教学型大学，其核心职能便是通过教学培养应用型人才，增强学生的就业能力。虽然研究职能内在统一于所有的高校，但在应用型本科中，研究并不应该成为教师队伍整体的工作重心。Hud 教师工作考核中对教学工作的充分重视，有效确立并增强了教学在院校发展中的核心地位，增强了教师对教学工作的重视程度和投入教学工作的积极性。

## 五、基于教师专业发展致力于教师工作持续改进

教师工作考核的目的，一方面是为了确定目前教师的工作情况是否达到要求，另一方面是为教师工作改进提供建议。为了促进教师工作的

持续改进，Hud 在教师工作考核结束后，通过相关支持策略，有效地促进了教师工作的发展。第一，根据考核结果制定教师工作计划和目标。教师工作考核应该是一个螺旋前进的过程，为了增强前一阶段考核与后一阶段考核的连续性和衔接性，在考核结果确定后，Hud 要求管理者与教师根据考核结果，共同讨论并确定教师下一阶段的工作规划和发展目标，从而使教师工作能够不断改进。第二，为教师工作改进提供资源支持。教师的工作表现不可能是完美无缺的，教师工作考核中或多或少的都会暴露教师工作中存在的或大或小问题。因此，根据教师工作考核结果，对于所有教师（无论考核结果如何，只要教师有需求），Hud 都会尽可能地提供资源支持，以促进教师工作的持续改进和发展。第三，建立了有效的考核不合格处理机制。针对考核不合格的教师，Hud 制定了详尽的处理程序。充分考虑教师考核不合格的原因，为教师工作改进提供具有针对性的策略或支持。在此基础上，给予教师较长时间的缓冲期，并根据教师工作改进计划和目标，组织评审小组对改进情况进行考察。在对教师不合格情况做出最终处理前，教师至少有三次改进机会。考核结果只是考核的一个阶段，并不意味着考核的结束。Hud 通过教师工作计划的制定、支持策略的提供和不合格处理机制，有效地发挥了教师工作考核在教师发展中的重要作用，增强了不同阶段考核运行的衔接性，推动着教师队伍建设的持续发展和教师工作的持续改进。

# 第六章　制度展望：应用型本科高校教师工作考核制度的变革路径

面对未来，我们人类可能遭遇古希腊神话中科林多王国西西弗斯的命运：在未知的世界里被罚将巨石搬运上山，巨石永无休止地从山上滚下来，而他又永无休止地将巨石搬运上山。

——舒国滢

对于轰轰烈烈的改革最终无疾而终，新制度主义主要有两种解释，一种解释强调环境对改革的制约作用，认为改革往往只局限于制度的改革，而回避了制度背后的深层社会结构因素；另一种解释强调个体选择的重要性，认为改革总是使行为者成为牺牲品而非变革的动力。制度镶嵌于复杂的社会关系、组织结构及诸多利益主体的博弈之中，结构和行为处于“互构”的关系模式中①。就应用型本科高校教师工作考核制度而言，虽然表面看上去仅仅是如何考核教师的问题，但实际上，却是在社会结构与组织环境中，学校如何通过教师工作考核制度限制教师行为并提供机会，来实现利益最大化和最优安排等一系列的问题。

随着应用型本科高校的转型发展，应用转型不再仅仅被看作是大学的“降格”或“异化”，而是高等教育发展逐渐成熟过程中自身特色的彰显。“在知识社会中，应用型将不再是高等教育发展的一种价值选择，

---

① 朱玉成，周海涛.“双一流”背景下高校创新人才培养困境分析：基于组织分析的新制度主义视角 [J]. 研究生教育研究，2018 (1)：1-5.

而是必然趋势。”[①] 在此背景下，为了适应院校的转型发展和人才培养的特点，对应用型本科高校教师工作考核制度改革正在成为一种必然趋势。但是，受社会结构和行为主体双重因素的影响，制度的改革往往牵一发而动全身。要想真正实现制度变革，避免改革的无疾而终，必须统筹考量外部的结构要素与内部的主体要素，统筹外部变革路径与内部变革路径。

## 第一节　应用型本科高校教师工作考核制度变革的外部路径

任何制度都包含着当时的社会环境和文化特征。制度与其所处的社会发展阶段与文化状况是密不可分的，要想真正实现应用型本科高校教师工作考核制度的变革，必须统筹考量制度背后的社会结构因素。

### 一、推动高校分类发展

高校作为高等教育的提供者，受各级教育行政部门的管辖和各种专业机构或协会的认证与评估。一所院校的资金来源，无论是各级政府的投入、学生学费还是社会募捐，往往取决于人们对这所高校的合法性的认可。高校的产出（学生、知识再生产和社会服务）往往是无法进行严密监测的：人才培养质量的好坏难以明确界定，知识的再生产是模糊的，社会服务水平是难以测量的。加之，大部分民众对高校人才培养和知识再生产的过程又缺乏理解，从而使高校极容易受到冲突性外部要求的影响。

目前，我国高校分类发展及应用转型尚处于起步阶段。由于高校分类管理的路径尚不明确，落实情况又令人担忧，我国的高等教育机构依然呈现出重学轻术等状况。在强制度弱技术的组织环境中，应用型本科

① 郭少东. 地方本科高校转型发展中的应用性科研体制建设 [J]. 中国高校科技，2017 (9)：36-39.

高校更倾向于寻求“合法性”而非“合理性”。在此背景下，为了迎合教育行政部门和各种评估对学校的要求，应用型本科高校便把教育行政部门和各类评估活动对高校的要求移植到教师工作考核制度中，导致教师工作考核制度中“应用”特征的缺失。鉴于此，为促进应用型本科高校的发展及其教师工作考核制度的变革，推动高校的分类发展是最重要的结构要素之一。

（一）构建多样化的评估标准

随着高等教育日益走向多元，高校的类型、职能也呈现出多样化的趋势。但是，由于高等教育管理的滞后性和对研究性大学的偏爱，导致我国高校评估的标准相对单一，且偏向于研究型大学。这就使本就处于高等教育金字塔顶端的研究类大学凭借其特权、地位和政策的偏向性更容易获得资源，而处于金字塔底端的应用型本科高校为了能够获得更多的资源和话语权，不得不放弃自身的个性而去关注科研成果，盲目追随金字塔顶端院校的发展模式。鉴于此，必须要建立高校分类评估标准和调整资源分配模式。

第一，确立院校分类评估的关键标准。不同类型院校的发展定位和人才培养模式不同，用统一的标准去衡量不同类型的院校无异于削足适履。教育行政部门主导的全国性高等教育评估，应着重考量应用型本科的定位和人才培养类型，在院校评估、专业认证、资源配置等过程中充分尊重不同类型院校的特点。在制定关键性指标的基础上，给予不同院校充分的发展空间。民间评估机构，诸如大学排名等，应将不同类型院校进行区别考虑，划分不同类型院校的排行榜。只有进行分类评估，应用型本科高校才能真正按照自身的办学特色制定出适合自身发展的教师工作考核制度，教师工作的开展才能真正促进应用型本科高校的转型发展。

第二，变革高校管理者“政绩考核”指标。管理者的决定往往直接影响着院校的发展轨迹。但是，管理者为实现自身利益的最大化，增强自身业绩，更倾向于按照“政绩考核”的标准去推进其任职高校的发展轨迹。目前，对管理者的政绩考核多倾向于大学排名、学科点建设、教学科研业绩量，而忽视了不同类型院校的文化建设、特色发展等内容。因此，在对大学管理者进行业绩考核的过程中，应统筹院校类型、特色建设等指标。

（二）引导应用型本科高校特色发展

只有在宏观层面确定了院校发展的轨迹和路径，才能促进院校内部制度更好的变革和完善。在一定程度上可以说，应用型本科高校的特色发展是其教师工作考核制度变革的基础。基于此，引领应用型本科高校的特色发展对教师工作考核制度的改革尤其重要。

第一，加强省、市级教育行政部门的统筹与引领作用。应用型本科高校与地方联系密切，一般由省、市教育行政部门主管。各教育主管部门应根据区域经济发展和劳动力市场的状况，超前谋划、统筹规划高等教育布局，明确各类高校的任务、职责及发展路径，引导应用型本科高校明确办学定位和发展路径。

第二，均衡资源配置。相较于传统老牌本科院校，应用型本科高校致力于应用型人才的培养，更倾向于小班教学，具有更大比例的实践教学，其人才培养成本往往更高。因此，在教育教学经费投入和支持中，应给予应用型本科高校适当的倾斜。与此同时，在重点学科和特色专业建设、评优、重点项目遴选等方面，应制定不同类型高校的评估标准和适当规定分配比例，改变基于身份倾斜的现状①。

（三）推动应用型本科高校纵深发展

在传统的“重学术轻技能”观念下，应用型本科高校出现之初就被视为“二等院校”。鉴于我国应用型本科高校发展的现实，应从横向和纵向上综合推动应用型本科高校的发展。就横向而言，应确保应用型本科高校与传统大学具有同等的地位和资源，并促进两者之间的合作。高校向应用型转变，是高等教育范畴内的转型发展。应用型本科是高等教

① 何万国，蔡宗模，杨正强．我国高校分类发展对策研究［J］．中国高教研究，2016（2）：60-66．

育范畴内的教育，并不是其他类型的教育。应用型本科高校与传统大学理应获得同样的地位和资源。同时，为提高学生的综合能力，为学生发展和技术创新提供更多的机会与可能，应在确保应用型本科高校与传统本科具有同等地位的前提下，为两类院校之间的学生流动和交流、科技创新与合作提供一个畅通的衔接渠道。就纵向而言，应构建“中职—高职—应用型本科—专业硕士—专业博士”相衔接的应用型人才培养体系。随着技术的不断更新和产业结构的不断升级，劳动力市场对就业者的知识储备要求越来越高。虽然应用型本科旨在培养学生的就业能力，但是先进技术的转移和创新、专业实践的发展，需要大量兼具实践与理论能力的高层次人才。随着专业知识在知识型社会中的地位越来越重要，应用型本科高校在创新和研究中的作用也越来越大，构建上下衔接的应用型人才培养体系，既是社会发展的要求，也是提升应用型本科高校地位的必经之路。

## 二、完善相关互补制度

制度具有互补性，不同制度之间既相互支持，又相互制约。应用型本科高校教师工作考核制度呈现出诸多弊端且变革缓慢，这不仅仅是应用型本科高校自身制度建设的问题，也受到其他诸如大学教师权益保障制度、职称评定制度、各类评奖评优制度等的影响。鉴于此，推动应用型本科高校教师工作考核制度的变革，需要统筹考量相关互补制度。

### （一）健全高校教师权益保障制度

保障教师的合法权益，是教师在工作考核制度设计和运行过程中公平博弈的前提，是教师工作考核制度公正性的保障和均衡状态的基础。为此，应从以下三方面进行努力，以健全高校教师权益保障制度。

第一，在法律上，扩充和细化教师权利保障的法律法规。虽然我国的《教育法》《教师法》《高等教育法》等法律条文均对教师的权利进行了明确的规定，但这些规定大都是从原则上进行笼统的概述，缺乏具体可操作性的实施细则。例如，《教师法》规定了教师可以被解聘的三种情况，却对三种情况中相关概念缺乏具体的界定。随着高等教育人事改革的推进，“非升即走”和“竞争上岗”等方法被普遍采用，使教师面临较大的工作压力，但对教师权益却鲜少提及。在自身权益无法得到保障的情况下，教师的自我保护能力较弱，职业安全感较低。因此，有必要对三大法律中教师权益有关内容进行修订或扩充，形成一套较为系统且完整的教师权益保护法律体系。

第二，在组织上，完善工会和教职工代表大会制度。虽然“维护职工的合法权益是工会的职责”①，但在现实中，工会往往独立性有限，且维权职能被边缘化，导致工会制度在维权方面形同虚设。因此，应加强工会组织的独立性建设，明确工会的工作重点，提高工会在参与学校教职工事宜中的决策权。与此同时，教职工代表大会是教师参与民主管理的主要渠道，应逐步增加普通教师作为教工代表的比例，并在此基础上，增强教职工代表的主体意识，通过相关政策的制定和落实，保障教职工代表的发言权、投票权等权利，切实保障教职工代表大会能够最大限度地代表广大教师的利益。

第三，建立专门的大学教师协会。由于我国长期受“集体大于个人”传统观念和集权管理模式的影响，当教师的个人利益被侵犯时，面对集体，教师个人往往很难有反击之力。在现有制度的基础上，我国可以借鉴美国的大学教授协会，建立一个专门的大学教师协会，整合单个教师的力量，通过集体谈判，使大学组织能够和教师处于一个相对平等的沟通地位，增强教师参与大学治理的能力。

### （二）改进应用型本科高校的工资薪酬制度

教师工作薪酬与教师工作考核结果直接挂钩，是教师积极从事教育教学工作的直接动机。自 2011 年事业单位收入分配制度改革推广以来，我国应用型本科高校基本上均实行绩效工资制。应用型本科高校教师的工资一般包括三部分：基础绩效、奖励绩效和津贴补贴。其中，基础绩效主要体现教职工在职在岗、日常考勤以及基本工作任务完成的情况；

① 百度百科. 工会法［EB/OL］.［2019-01-21］. https://baike.baidu.com/item/中华人民共和国工会法/396858? fr=aladdin.

奖励绩效主要体现教职工在聘任岗位上完成工作任务的数量、质量以及贡献；津贴补贴主要体现于职务津贴、科研奖励津贴和国家规定的改革性或奖励性补贴。应用型本科高校作为服务于地方并致力于应用型人才培养的院校，强调"应用"特征—实践教学、应用研究和社会服务。为使工资薪酬制度与教师工作考核制度相辅相成，应用型本科高校应有的放矢，建立适合自身发展特色的工资薪酬制度。在工资薪酬分配过程中，应适当地偏向于教学。鉴于此，这至少应该包含两方面的改进。

第一，给予教学（特别是实践教学）适当的倾斜。教学工作是应用型本科高校教师的主要工作。教学工作过程中除了有形的工作量外，更多的是无形工作量。特别是实践教学过程中，教师可能面临着更多新的教学情境和问题，需要在教学方法和内容上更具有创新性和创造性，需要耗费教师更多的时间和精力。因此，在工资薪酬分配中，应给予教学工作（特别是实践教学）更多的倾斜。

第二，将社会服务工作纳入工资薪酬范围内。应用型本科高校致力于为地方经济文化建设服务，需要教师更多地参与区域社会服务。这既是教师与社会沟通的渠道，也是应用型本科高校教师工作的特色所在。但是，现行的工资薪酬制度却基本上没有将教师的社会服务工作纳入考量范围之内。在缺乏适当激励的状态下，社会服务工作考核便变得可有可无。

### （三）改进应用型本科高校的职称评审制度

职称评审是对教师的教育教学水平、学术水平及其能力与成就的一种资格认定。教师工作考核制度与职称评审制度具有直接关系，通常教师工作考核结果是教师职称评审的重要参考依据之一。在一定程度上，甚至可以将教师工作考核看作是教师职称评审的过程性考核。由于高等教育的发展传统和惯性，我国各级各类院校教师职称评审制度一直呈现出"学术主导"和"重理论轻实践"的倾向。但是，应用型本科高校作为高级应用型人才培养的组织机构，其教师职称评审制度应该具有鲜明的应用导向性。鉴于此，应用型本科高校教师职称评审制度应在理念和实践中有所转变。

第一，明确应用型本科高校教师职称评审的定位。应用型本科高校既不同于传统的老牌本科院校，又不同于高职高专，它既强调应用型人才培养，又要求具有一定的科学研究能力。因此，在教师职称评审制度的制定中，要充分考虑应用型本科高校的特性，以应用为导向，统筹考量教师的专业理论与技术应用水平。博耶在其著作《学术反思》中指出，学术形式包括发现的学术、综合的学术、应用的学术和教学的学术。应用型本科高校的职称评审应更加关注教师应用的学术和教学的学术。在职称评审过程中，除传统的科研成果形式外，应当综合考量教师的专业技术等级、发明专利和科技转化与应用等情况，并给予教学（特别是卓越的实践教学）适当的倾斜。

第二，构建独立的“双师型”教师职称评审制度。近年来，“双师型”教师队伍不断扩展，并将会成为应用型本科高校教育教学的主体。“双师型”教师既具有一定的理论素养又具有较强的实践能力，如果将“双师型”教师的职称评定与普通教师统一而论，无疑是失之偏颇的。应基于“双师型”教师的工作特点，制定专门的职称评定制度。

第三，建立同行专家鉴定制度。应用型本科院教师工作呈现出很强的专业性。在教师职称评审过程中应引入同行评审，建立专家评审与同行评审相结合的制度①。同行专家不仅应包括其他高校相同研究领域的学者专家，还应包括来自行业或企业的工程技术专家，从而保障教师的职称资格真正达到业界公认水准，并促进教师工作能够更好地契合应用型本科高校专业发展和人才培养的要求。

## 第二节　应用型本科高校教师工作考核制度变革的内部路径

有限理性、认知制约和历史发展过程的复杂性和非效率性，意味着制度不可能规定未来所有的变化，理性的追求也可能会导致非理性的结

① 吴美华. 技术本科院校教师专业发展研究［D］. 上海：华东师范大学，2013.

果。因此，我们无法做出完全理性的决策，建构出一种“最优”的制度。但是，人类可以在有限理性范围内，通过对行为和选择的估计，建构出包含有限变量和有限结果的，各方利益相关者均“较为满意”的制度。一项制度的设计和运行，涉及诸多内部变量要素。正是这些要素，影响着制度运行的结果。就应用型本科高校教师工作考核制度而言，制度的内部要素主要包括七个：

①应用。即应用型本科高校的特性，这决定了教师工作考核制度的定位与方向，是教师工作考核制度设计和运行的核心。

②期望。即不同行为主体希望通过教师工作考核制度达到什么目的，这决定了教师工作考核制度的价值倾向。

③考核主体。即教师工作由谁来进行考核，影响着考核过程和结果的客观性。

④考核对象。即被考核的教师，是期望与考核结果的直接作用对象。

⑤考核内容。即按照什么样的标准对教师进行考核，影响着考核的有效性。

⑥考核程序。即考核过程是如何安排的，影响着考核的透明性和公正性。

⑦结果。即考核的最终结果及其呈现方式，是教师今后工作安排的重要参考。

具体的构成要素及其逻辑关系，详见图 6-1。完善应用型本科高校教师工作考核制度，应统筹考量以上七个影响要素，以实现不同要素的相辅相成，推进应用型本科高校教师工作考核制度的发展与完善。

## 一、加强顶层设计，突出“应用”特性

应用型本科高校作为我国高等教育领域中的特殊板块，具有独特的内在发展逻辑和驱动因素。应用型本科高校的出现与发展，一方面是为了满足高等教育大众化或普及化过程中人们对于高等教育的需求，另一方面是为了应对劳动力市场对人才和创新的需求。在发展过程中，应用

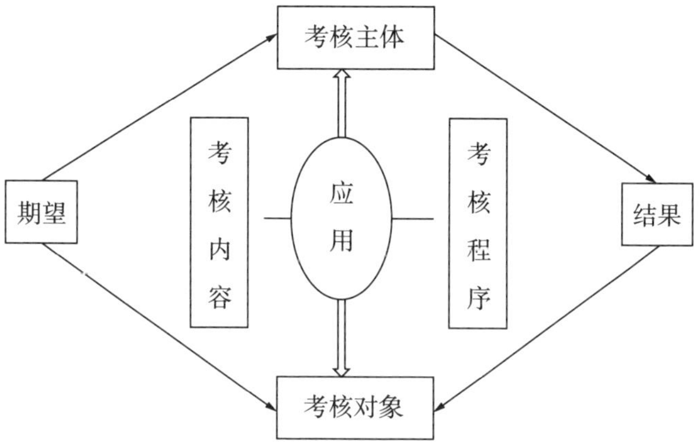


**图 6-1　应用型本科高校教师工作考核制度的构成要素及其逻辑关系**

型本科高校呈现出与区域劳动力市场联系日益密切，强调理论与实践融合加深，关注基于应用和实践导向的研究，致力于为地方经济建设服务等特征①。但是，由于我国应用型本科高校发展过程中的先天不足和后天畸形，其发展战略规划尚不能完全符合高级应用型人才培养的要求，其教师工作考核制度更是呈现出“应用”特征缺失的状况。鉴于此，应该从宏观上加强顶层设计，在教师教学、科研和社会服务工作考核过程中，整体上突出“应用”特色，构建适合应用型本科高校持续发展和推动教师工作改进的考核制度。

### （一）教学上，增强对实践教学的激励

虽然应用型本科高校一直在强调增加实践教学比例，并制定了相关激励措施，诸如对开展实践教学的教师进行工作量减免或给予相应补贴等，但是，教师工作考核制度中“约束多于激励”的制度安排和实践教学考量的困难性，使教师很难全身心地开展实践教学，从而导致了“无作为”或“假作为”现象。为增强应用型本科高校教师实践教学的积极性，在制度设计过程中应该加大激励，减少约束。

第一，制定具体的实践教学考核办法。实践教学是增强学生实践

① 陈寒．欧洲专业高等教育的发展、困境及启示［J］．中国高教研究，2018（10）：56-62．

能力，实现应用型人才培养的重要途径。目前绝大多数应用型本科高校都没有制定单独的实践教学质量考核办法，而是将其与传统教学放在一起进行考核。应用型本科高校的实验、实训和实习及理论课中的试验和实训部分均与普通的理论教学存在较大差异。因此，各院校应根据自身特色，制定独立的实践教学质量考核办法，以考核实践教学是否真正满足了应用型人才培养的要求。与此同时，应给予实践教学优异的教师一定奖励，以强化教师对实践课程实施的责任意识和质量意识，激励教师积极进行教学内容、管理办法的改革，全面提高实践教学质量。

第二，减少对实践教学的约束限制。虽然增强实践教学比例和推动教师教学创新已经成为共识，但由于实践教学中教学环境的多变性、教学方法的多样性和教学结果的难测性，在安全因素和传统观念的影响下，学校对实践教学的场所、地域、方法等方面往往有诸多的限制性规定。鉴于此，在实践教学工作考核中，应该增强其包容性和开放性，减少对实践教学的约束与限制。

第三，严格“双师型”教师的考核要求。“双师型”教师是实践教学开展的主体，直接影响着实践教学的质量。但是绝大部分高校仅仅是有“认证标准”，而缺乏“考核机制”，且认证过程中存在诸多“放水”现象。为保障“双师型”教师队伍的质量和实践教学的水平，应严格“双师型”教师的考核标准，确保名副其实。

（二）科研上，给予应用研究充分的关注

研究与创新是高等教育的本质属性，内在统一于任何一所高校。斯托克斯根据科学研究的过程，从“追求基本认识”和“应用考虑”两个维度，将研究分为四个象限，如图 6-2 所示。应用型本科高校的科学研究关注“应用”，应该聚焦于“巴斯德象限”和“爱迪生象限”。但现有的科研工作考核制度在顶层设计中便忽视了应用研究的重要地位。为此，必须重塑应用研究在应用型本科高校科研工作考核中的位置。“应用和实践导向的研究，不是研究方法上枯竭导致的研究，它们是满足社会需求并在更广泛意义上定义质量的一种研究模式的创新。”[①] 应用研究的成果更具有针对性，能够迅速地转化为生产力，对行业和区域经济发展具有更重要的意义，更符合应用型本科高校发展的特点。应用研究的进行离不开实践，而企业管理和技术的创新也离不开应用研究。校企双方进行合作研究是一项优势互补和合作双赢的工程，两者可以通过共建合作项目等途径，实现企业产品、技术与学校教学科研相结合的目标，促进研究与行业的“无缝对接”[②]，进而推进“产学研”的融合。因此，在科研工作考核中应给予应用研究足够的重视，在科研奖励中应按照不同科研成果的类别划分比例，并给予应用研究适当的倾斜，以此来增强教师开展应用研究的热情，推进应用型本科院校科研工作的转型发展。

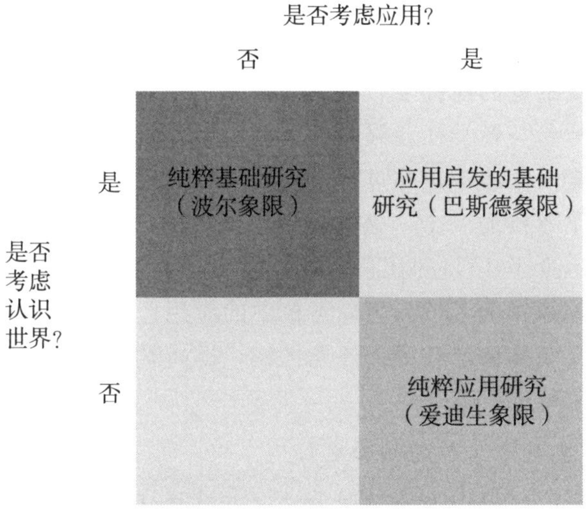


**图 6-2　科学研究的四个象限**[③]

① FURLONG J. Assessing quality in applied and practice-based educational research [R]. Oxford: Oxford University Department of Educational Studies, 2005.

② 陈寒. 欧洲专业高等教育的发展、困境及启示 [J]. 中国高教研究，2018 (10): 56-62.

③ 井美莹，杨钋. 以应用研究指导地方本科院校科研的转型：来自欧洲应用科技大学的经验和启示 [J]. 教育学术月刊，2016 (10): 30-36.

（三）构建社会服务工作考核标准

服务职能的目标不仅是服务社会，而且是形塑社会。教师作为高校履行社会服务职能的主体，对社会的发展和进步具有重要作用。应用型本科高校致力于为地方经济建设服务，与社会联系更加密切。但是，现行的教师工作考核制度中却存在社会服务工作考核内容缺失或异化的状况，从而使社会服务工作成为教师可有可无的一项附加性工作，导致教师参与社会服务的热情极为低下。

鉴于此，应制定单独的社会服务工作考核办法，构建合理的社会服务工作考核标准。教师参与社会服务工作一般包括教学服务（如远程教学、证书教育、技能培训等）、科研服务（如基地建设、合作联盟、成果转化等）、文化服务（如公益文化、文化下乡、文化合作等）、教师支援服务等。社会服务工作考核办法的制定，应在与教学和科研工作考核制度不冲突或重叠的前提下，囊括教师参与社会服务工作的不同类型，综合考量教师参与各类社会服务工作的效果，制定具体明确的社会服务工作考核与奖励办法。在此过程中需要注意的是，社会服务工作考核应该是教师工作考核的一个“必选项”而非“可选项”，且在教师工作考核中应占据不少于15%的比例。在此基础上，充分考虑社会服务工作考核结果在教师年度考核和聘期考核中的应用，使社会服务工作与教师的工资薪酬、职称评定和评优评先挂钩，提高教师参与社会服务工作的积极性和热情。

（四）落实教学工作的核心地位

应用型本科高校作为教学型大学，主要通过教学活动实现应用型人才的培养，教学工作理应成为应用型本科高校教师工作的主要内容。在教师工作考核过程中，应该给予教学而非科研工作更多的关注，以增强教师参与教学工作的积极性。

第一，提高教学工作在教师工作考核中的权重。作为教学型院校，教学工作是应用型本科高校教师最基本的工作，在教师工作考核中，应适当提高教学工作的权重。对于教学与科研并重型教师，教学工作在考核中所占的比重应该不少于40%，对于教学为主型教师，教学工作在考核中所占的比重应该不少于60%。

第二，厘清教学与科研工作的界限。教学与科研同属于教师工作内容的两大范畴。虽然两者相互关联，但是教学工作与科研工作并不是相互替代的关系。为激励教师认真做好教学工作，应杜绝科研成果取代教学工作量的现象，将教学工作量的实质性达标作为教师工作考核合格的基本条件。

第三，关注教学质量。教学是一项培养人的活动，具有复杂性和多样性，单纯的量化标准并不能完全反映教师的教学水平。特别是在实践教学中，不同的教学质量往往意味着教师精力和时间投入的巨大差异。因此，应增强学生评价和同行评价的比例和权重，根据学生学习效果，综合评价教师的教学质量。

## 二、关注教师发展，增进人文关怀

管理和激励功能是教师工作考核制度的应有之义。大学这个“松散结合的系统”，主要通过教师工作考核对教师工作进行调控。但是，当前的应用型本科高校教师工作考核制度却过分关注其管理与激励功能，并在运行中呈现出较为强烈的功利主义倾向。大学教师作为“文化人”和“创造人”，他们更追求平等、共生、对话与理解。工具主义的盛行使教师作为“文化人”和“创造人”的尊严被压抑，人作为“主体”被“物化”，导致教师工作考核制度在理论和实践中的不合理。教师工作考核的目的在于实现个人、学科和高校三方面的共同发展，而非仅仅是学校组织本身。人性的一个普遍表现，就是对于成长的渴望。应用型本科高校教师工作考核制度，在强调效率和管理的同时，也应该关注教师的发展，避免功利主义的盛行和精神使命感的消逝。

### （一）有效性与人文性兼顾

近年来，应用型本科高校为了在转型发展过程中抢占先机，更加关注教师工作的效率，强调教师工作考核制度的激励作用。但是，这种片面的效率观极容易导致教师的职业倦怠。教师作为一个“社会人”，他们不仅只需要物质上的激励，更需要尊重和关怀。特别是应用型本科高校中，青年教师和中青年教师占据绝大部分。他们在面临工作压力的同时也面临着生存和发展的巨大压力。真理存在于主体的内在精神之中，离开了人的主体意境，考核便也丧失了意义。教师工作考核制度在发挥激励作用的同时，也应该根据教师的个人情况，适度为教师创造良好的、和谐的工作氛围。

（二）统一要求与分类指导相结合

在高等教育大众化背景下，应用型本科高校教师数量巨大。为了确保教师管理的有效运行，统一的教师工作考核标准必不可少，比如基本的教师工作量。但是，由于教师所在专业、教师个人情况、应用型人才培养过程中的差异性均异常显著，必须在教师工作考核中尊重教师个体发展的差异，在尊重统一标准的基础上，给予个性化的指导和考量。例如，可按照教师工作的重点，将教师分为教学型教师、教学科研并重型教师、科研型教师、社会服务型教师。在此基础上，按照不同教师类型进行工作分类考核，并在评优和奖励过程中按照类型给予适当的比例分配。与此同时，由于应用型本科高校青年教师群体过大，在教师工作考核制度设计及运行中，需适当考虑青年教师的工作特点，给予适当的指导和关怀。

（三）个人发展与组织目标相统一

组织是由个体所构成的，个体的发展能够推动组织的进步，组织的发展也有利于个体的发展，组织与个体的发展目标应该是相辅相成的。但是，由于应用型本科高校教师工作考核制度对效率的片面追求，导致发展目标中“只见组织，不见个人”的状况，这不仅损伤了教师个人发展的积极性，也不利于统筹各方力量推动组织的进步。在今后的考核工作中，应将个人发展目标与组织发展目标进行统一规划，在促进应用型本科高校转型发展的同时，推动教师个人工作的应用转型。

（四）定量与定性相协调

教师工作的复杂性和创造性，决定了单纯的量化指标难以考量所有的教师工作范畴。特别是应用型本科高校中实践教学的水平、应用研究的价值和社会服务的层次，都是量化指标难以衡量的部分。为保障教师工作考核制度的公正性，应在量化考核的基础上，给予定性考核一定的空间，使定量与定性相协调，综合考量不同学科岗位中教师的工作表现。例如，在量化考核的基础上，学校可以预留出15%左右的定性考核空间，通过同行评议等方式来判断教师的教学、科研和社会服务工作质量，增强数量和质量之间的关联，推动教师工作水平的不断提升。

## 三、均衡权利配置，提高制度公正

教师工作考核制度中权利的配置状况直接影响着考核制度的公正性。但由于应用型本科高校的发展时间较短、办学经验不足及我国高等教育发展中形成的固有的弊病等原因，应用型本科高校教师工作考核制度更多的是从管理者的视角出发，普遍存在权利关系不平等的现象。平等的双方能够深思熟虑，问题的处理通常也就正确。为保障教师工作考核制度的公正和有效，必须增强权利配置的均衡性。

### （一）学校与院系之间权利的均衡

不同学科专业教师的工作特点具有较大的差异，单纯学校层面的统一规划无法完全关注到这些差异。特别是应用型本科高校，其专业之间的差异更是巨大。但就目前而言，我国应用型本科高校运行过程中呈现出学校权利较大，院系自主权较小的状况。虽然，教师工作考核制度由各院系根据学校统一规定的考核制度具体制定考核细则，且由二级学院负责具体实施，但是，由于学校教师考核制度的规范性和约束性限制，各院系在制定具体的教师工作考核制度中并没有多少自主权。鉴于此，学校在教师工作考核过程中，应该将重点放在监督和宏观调控方面，不宜制定过于细化的教师工作考核办法，以给院系留有较大的自主空间。院系应该强化自主意识，转变完全按照上级要求执行的观念，根据本院系不同专业和教师的工作特点，制定有针对性的教师工作考核细则。

### （二）“学官”与普通教师权利的均衡

“学官”是指具有一定行政职位的学者。由于教师工作考核制度的制定过程大都被管理者或具有行政职位的“学官”所垄断，最广大普通教师的权利往往得不到充分的彰显。制度只有获得教师的认同，教师才会积极地去遵守并践行。鉴于此，各高校或院系在制定教师工作考核制度时，应创造条件，尽可能让更多的普通教师参与到制度设计与运行过程中去，增强教师工作考核的公开性和透明性，增强普通教师的知情权、发言权和监督权，使教师工作考核在广大教师的监督下有效运行。

（三）行政权力与学术权利之间的均衡

由于高等教育传统和办学机制的影响，我国高校的校长、二级学院院长、处长甚至系主任均由上级任命而非选举产生。他们作为大学管理的主体，主导着教师工作考核的开展。但这些管理者的产生方式决定了他们主要对上级负责，贯彻上级指令，他们不断强化教师的义务而忽视教师的权利和发展，从而使行政力量成为应用型本科高校教师工作考核制度的主导。应用型本科高校首先是一个教育组织，具有其自身发展的逻辑。因此，应增强教师或教授委员会这一学术力量在教师工作考核过程中的作用，增强学术力量在博弈过程中的权利。通过与行政力量的均衡，来保障教师群体的合理要求，实现教师工作考核过程中权利与义务的平衡。

## 四、增强制度供给，促进制度全面

由于应用型本科高校发展的阶段性和人的有限理性，目前应用型本科高校教师工作考核制度尚存在一些漏洞，主要表现为缺乏相应的预防机制、惩戒机制和教师发展机制等制度安排。这些漏洞影响着教师工作考核制度的公正性，为教师工作考核过程中考核主体有失公允，考核对象行为失范，考核过程缺乏程序公正提供了土壤。促进应用型本科高校教师工作考核制度的完善，必须加强制度供给，提高制度的完善性。

（一）构建防范机制

现行的教师工作考核制度对教师的道德素质做了过于理想化的假设，缺乏适当的预警教育和预防性制度安排。为了有效地预防教师工作考核过程中的不良行为，应至少从两方面入手构建有效的防范机制。

第一，预防考核过程的徇私舞弊。教师工作考核是一项系统的工程，每一个环节的疏忽都可能会导致不公正现象的出现。为预防考核过程中的徇私舞弊现象，考核小组成员的选择应考虑专业性和代表性。在考核进行前，应对参与考核工作的所有人员进行培训，阐明考核的重要性和主要原则，并警示可能出现的不公行为；在考核过程中，应建立适当的监督和纠正机制，保障考核过程的透明性并对考核中出现的问题及时纠正；在考核结束时，应及时公开考核结果和考核小组的意见，保障广大教师的知情权；在考核结束后，应建立畅通的申诉机制，解决教师对考核过程和结果的疑问与不满。

第二，预防教师行为的失范。人的意志需要靠一些特殊手段的支撑。为避免教师因应对考核或追求相关奖励而导致的行为失范，需要对教师行为进行事前规范。如可以要求教师在网上公布自己的备课记录，以方便对教师教学工作的考核，避免虚假的教学；为学生发表对教师的看法提供一个平台，来了解学生对教师的真实想法或意见；建立学术责任制并加强对教师学术道德的培训，避免各种学术不端行为的出现。

### （二）构建惩戒机制

人们不会自动地遵守规则，需要制度的强制执行机制，对不遵守制度的行为者进行制裁。因此，必须构建有效的惩戒机制，才能实现对教师工作考核的有效监管。

一方面，构建违反考核规则的惩戒机制。教师工作考核中之所以会出现各种徇私舞弊的事件，主要是因为违反考核规则所取得的收益远远高于其付出的成本。为了避免考核过程中的行为失范，必须构建严格的惩戒机制，真正做到“有错严惩”，才能遏制当前功利主义倾向下考核主体和考核对象的行为失范。其中，对于考核主体，可以根据其违反规定的程度，进行通报批评、警告、处分或职务降级甚至解聘等处理；对于考核对象行为的失范，一经发现，应取消其接受考核或评奖评优资格，情节严重的应做解聘处理。

另一方面，构建教师考核不合格的惩戒机制。当前应用型本科高校教师工作考核呈现出“奖优而不罚劣”的状况，即使有惩罚，也大都是象征性地扣除部分绩效工资，不能真正发挥考核的惩戒作用。对于考核结果，必须赏罚分明，才能真正推动全体教师不断提高自身的工作水平。鉴于教学工作的主体地位，对于教学工作考核不合格的教师，应该在取消年度评奖评优资格基础上，推迟职称晋升或做“低聘”处理；对于科研工作考核不合格的教师，应该给予适当的缓冲期，在缓冲期后依然不合格则需要考虑从工资薪酬和职称评定等方面进行适当的惩戒。

（三）构建教师发展机制

教师工作考核的目的包括管理和教师发展，但现行的教师工作考核制度多将注意力放在管理功能，而忽视了促进教师发展的功能。教师工作考核是对教师一段时间内工作结果进行的系统性总结，考核结果反映着教师工作中的不足和优点。应用型本科高校正处于转型发展的关键期，为推动转型发展和学校战略规划的实现，应该重视教师队伍的建设和发展。教师工作考核结果便是教师队伍建设的依据。不同院系应该根据本单位教师工作考核的最终结果，结合教师个人的基本情况和学科专业，为教师制定适当的发展规划和目标。特别是青年教师，由于刚进入职业生活，更需要根据考核结果规划发展路径。

鉴于此，在考核结束后，学校应该根据考核结果进行整体分析，在发现问题的基础上组织教师培训或经验交流。各院系应成立教师发展领导小组，该小组由具有一定资历和教学科研经验的老教授或考核结果优异的教师组成，根据教师的考核结果和不同教师的个人情况与专业特点，帮助有需要的教师发现问题，并制定改进策略。各专业应成立具体的教师发展讨论小组，针对本专业教师的考核结果、教师的个人特征和专业特点，具体帮助各教师发现问题并制定发展规划。其中，对考核为良好或合格层次的教师，重点在于帮助其发现问题；对考核不合格的教师，重点在于指导其工作改进。

# 结语：基本结论与展望

本研究以应用型本科高校教师工作考核制度为研究对象，基于新制度主义的理论视角，构建了“制度—环境—行为”的分析路径。基于“制度—环境—行为”和“行为—环境—制度”两条主线，围绕制度、社会结构与组织环境、行为主体三大中心及其相互作用，对应用型本科高校教师工作考核制度的变迁机制和运行现状进行了探究。在此基础上，通过域外经验借鉴，探寻成功的应用型本科高校教师工作考核制度所具有的特征。最后，统筹考量外部的结构要素与内部的主体要素，提出我国应用型本科高校教师工作考核制度变革的路径，以增强应用型本科高校教师工作考核制度的合法性与合理性，促进应用型本科高校教师工作真正向“应用”转型。

## 一、基本结论

本研究聚焦于应用型本科高校教师工作考核制度的发展历程和运行现状，试图探究应用型本科高校教师工作考核制度的变迁法则和制度缺陷，探寻合理的应用型本科高校教师工作考核制度的特征，为我国应用型本科高校教师工作考核制度的变革与转型提供新思路。基于此，本研究以新制度主义理论为分析框架，对我国应用型本科高校教师工作考核制度进行了历史分析、现状分析，并在此基础上进行了域外经验分析。通过制度分析，本研究的主要结论可以归纳为以下三个方面。

### （一）我国应用型本科高校教师工作考核制度变迁是社会结构与行为主体的共同作用，并呈现出明显的路径依赖特征

在宏观的经济体制、高等教育管理模式与高等教育生态环境、文化观念等社会结构因素的影响下，应用型本科高校教师工作考核制度的变革是渐进的，并带有明显的时代特征。制度变迁过程中的行为主体主要包括教育行政部门、应用型本科高校和教师。其中，教育行政部门是初级行动团体，支配着制度变迁的进程；应用型本科高校是次级行动团体，是制度变迁的实施者；教师作为最直接的利益相关者，理应在教师工作考核制度变迁过程中处于重要位置，但在制度变迁的现实中，教师群体却处于静默和被动状态。

制度变迁的过程实际上是行为主体的制度选择过程，是“工具性逻辑”与“适当性逻辑”的博弈过程。这个博弈大致可分为三个阶段：第一阶段为 1999—2008 年，“适当性逻辑”占据绝对优势；第二阶段为 2009—2014 年，“工具性逻辑”开始觉醒，但“适当性逻辑”占主导；第三阶段为 2015 年至今，“工具性逻辑”和“适当性逻辑”并行不悖，但“适当性逻辑”依然占上风。

在社会结构与行为主体的共同作用下，我国应用型本科高校教师工作考核制度的变迁呈现出明显的路径依赖特征。一方面，这有利于渐进地推进应用型本科高校教师工作考核制度的变革，减少变革成本和动荡；另一方面，受路径依赖影响，我国应用型本科高校教师工作考核制度改革的步伐相当缓慢，并使教师工作考核制度呈现非灵活性、非效率性的特点，已经难以满足应用型本科高校转型发展的需要。路径依赖特征明显的原因，主要在于集体行动的高额投资、认知的制约、制度的互补性和权利的不均衡。

### （二）当前应用型本科高校教师工作考核制度不能完全满足应用型本科高校转型发展的需要

通过对 30 所样本院校教师工作考核制度文本的分析发现，当前应用型本科高校教师工作考核制度呈现出以下特征：①就制度设计的逻辑

起点而言，当前应用型本科高校教师工作考核制度将组织发展作为制度设计的逻辑起点，将大学教师的“经济人”属性作为主要属性，忽视了教师个人发展的需求，带有明显的功利主义色彩。②就教学工作考核而言，当前应用型本科高校的教学工作考核制度，关注教学质量，但对质量的解释过于狭隘；关注课堂教学，但忽视实践教学；关注考核结果，但忽视教师发展；“应用型”和“应用性”尚未突出。③就科研工作考核而言，当前应用型本科高校的科研工作考核制度，关注数量达标度，但忽视质量发展；充分发挥考核的激励作用，但不同级别成果的奖励差距过大；与教学有一定联系，但不够密切；应用研究被提上日程，但仍处于弱势。④就社会服务工作考核而言，当前应用型本科高校的社会服务工作考核制度存在社会服务工作内容的缺失和异化现象。

制度塑造着集体或个体的行为。应用型本科高校教师工作考核制度的缺陷对教师工作行为的影响主要体现于四个方面：①“应用”缺失导致教师工作应用转型缓慢。表现在教学上，则是对实践教学的关注度不够；表现在科研上，则是应用研究开展不多；表现在社会服务中，则是教师社会服务工作的缺失。②认同感不高导致的不端行为。主要表现为通过恶性竞争跻身于“超额利润”集体；工作过程中消极怠工。③功利化倾向导致的机会主义行为。主要体现为教学与科研收益不等价导致教师对科研的过分追求；单一的量化标准导致教师工作质量的缺失；师德考核形式化导致师德建设徒有其表。④制度供给不足导致的发展困境。主要表现为考核随意性带来的内耗和共谋；惩罚机制缺乏导致的行为失范；纠偏机制不健全导致的专业发展缓慢；顶层设计缺乏导致的重即效轻长效。应用型本科高校教师工作考核制度之所以出现这些制度缺陷，其原因在于组织对合法性的片面追求、权利关系的不平等、工具理性的膨胀和有限理性的不可避免。

### （三）制度的改革受社会结构和行为主体双重因素的影响，往往牵一发而动全身

要想真正实现制度变革，避免改革的无疾而终，必须统筹考量外部的结构要素与内部的主体要素，统筹外部变革路径与内部变革路径。

就外部变革路径而言，第一，推动高校分类发展，构建多样化的评估标准，引导应用型本科高校特色发展。第二，完善相关互补制度，健全大学教师权益保障制度，增强工资薪酬制的应用导向，促进教师职称评定制度的应用引导。

就内部路径而言，第一，加强顶层设计，突出“应用”特性。在教学考核中增强对实践教学的激励，在科研考核中给予应用研究充分的关注，并构建社会服务工作考核标准，落实教学工作的核心地位。第二，关注教师发展，增进人文关怀。兼顾与统筹有效性和人文性，统一要求与分类指导，个人发展与组织目标，定量与定性。第三，均衡权利配置，提高制度公正。促进大学与院系之间，“学官”与普通教师之间，行政权力与学术权利之间的权利均衡。第四，增强制度供给，促进制度全面。构建防范机制、构建惩戒机制和教师发展机制。

## 二、可能的创新

### （一）新制度主义理论分析框架的综合运用

新制度主义理论在以往高等教育研究中的应用大都局限于社会学制度主义。但是，新制度主义不同流派的假设各有优缺点，近年来，随着新制度主义不同流派之间的交流和整合日益加深，新制度主义理论的综合运用在理论和实践中都得到了一定程度的论证。本研究整合了新制度主义不同流派之间的假设，吸收各流派的优点，综合运用不同流派的新制度主义来分析应用型本科高校教师工作考核制度，能够更加清晰地解释应用型本科高校教师工作考核制度的变迁机制和运行效果，探寻制度变革的趋势。

### （二）混合研究方法的应用

现有的研究大多停留于经验的总结和理论的反思，缺少对应用型本科高校教师工作考核制度文本的具体分析和倾听来自应用型本科高校教师的声音。本研究采用定量与定性相结合的方式，横向上对 30 所应用型本科高校教师工作考核制度进行文本分析，对 6 名应用型本科高校教师进行深度访谈；纵向上考察了应用型本科高校教师工作考核制度的具体变迁历程。与此同时，通过个案研究来追寻应用型本科高校教师工作考核制度的特征。混合研究方法的使用，有利于避免单一研究方法的不足，从多个维度追寻应用型本科高校教师工作考核制度的现实困境、变革障碍和发展趋势。

（三）应用型本科高校教师工作考核制度改进新视角的探索

当前应用型本科高校教师工作考核制度存在诸多问题，但现有的研究大多停留于经验的描述或总结，缺少对问题根源的追溯。本研究以“制度”为切入点，从横向上对30所应用型本科高校教师工作考核制度的特征进行了文本分析，对制度的运行效果及原因进行解释；从纵向上将应用型本科高校教师工作考核制度置于我国高等教育发展的大背景下，对制度变迁过程、特点和动因进行剖析。深入挖掘了当前应用型本科高校教师工作考核制度中存在的缺陷及其根源，并在剖析域外经验的基础上提出我国应用型本科高校教师工作考核制度变革的内外部路径，能够为我国应用型本科高校教师工作考核制度的发展和改进提供新思路。

## 三、研究的不足与展望

本研究只是从新制度主义的理论视角，对我国应用型本科高校教师工作考核制度的发展与运行提供了一种可能性的解释与分析。鉴于笔者个人研究能力、资料饱和程度、研究视角和研究条件等各种因素的限制，本研究还存在诸多不足。

（一）理论分析框架的局限性

本研究基于新制度主义理论视角，遵循了“制度—环境—行为”的分析路径，围绕制度、社会结构与组织环境、行为主体三大中心及其相互作用，对应用型本科高校教师工作考核制度的变迁机制和运行现状进行了分析和解释。但这种分析只是一种可能的解释，而非一种必然的解释。新制度主义在本研究中也是一把双刃剑，一方面为本研究提供了理论分析视角，另一方面也限制了本研究对其他因素（诸如技术层面）的考量。因此，本研究既期望呈现出理论本身对问题独特的解释视角，同时也承认新制度主义理论固有的局限之所在。笔者期望在今后的研究中，能够从技术层面构建一套合理的、完整的、科学的、具有操作性的应用型本科高校教师工作考核指标体系，以推动应用型本科高校教师工作考核制度的转型发展。

（二）样本数据的不足

应用型本科高校作为我国高等教育的半壁江山，有800多所。但是本研究按照方便取样的原则，只选取了30所样本院校，不足样本总量的5%，且这30所院校，在《广州日报》应用大学排行榜中均排名在前300内。与此同时，本研究在样本选择时并没有考虑样本院校的地域、升本时间、性质（公办或民办）等要素。因此，样本院校的代表性和结论的普适性问题需要进一步思考。与此同时，本研究仅对6名应用型本科高校专任教师进行了访谈，且受研究时间和研究者理论水平等因素的限制，访谈数据的饱和性、代表性和数据分析的适切性、全面性等问题需要进一步完善。

# 参考文献

## 一、中文文献

### （一）著述类


［1］密尔顿．论出版自由［M］．吴之椿，译．北京：商务印书馆，1958．

［2］布卢姆．教育评价［M］．邱渊，等译．上海：华东师范大学出版社，1987．

［3］科塞．社会冲突的功能［M］．孙立平，译．北京：华夏出版社，1989．

［4］夸美纽斯．夸美纽斯教育论著选［M］．任钟印，任宝祥，译．北京：人民教育出版社，1990．

［5］森特拉．大学教师工作评估［M］．许建钺，等译．北京：北京航空航天大学出版社，1992．

［6］克拉克．高等教育系统：学术组织的跨国研究［M］．王承绪，等译．杭州：杭州大学出版社，1994．

［7］诺斯．制度、制度变迁与经济绩效［M］．刘守英，译．北京：生活·读书·新知三联书店，1994．

［8］张新平．教育组织范式论［M］．南京：江苏教育出版社，2001．

[9] 克尔. 高等教育不能回避历史：21 世纪的问题 [M]. 王承绪，译. 杭州：浙江教育出版社，2001.

[10] 纽曼. 大学的理想 [M]. 王承绪，译. 杭州：浙江教育出版社，2002.

[11] 克拉克. 高等教育新论：多学科的研究 [M]. 王承绪，译. 杭州：浙江教育出版社，2002.

[12] 范德格拉夫. 学术权力：七国高等教育管理体制比较 [M]. 王承绪，译. 杭州：浙江教育出版社，2002.

[13] 肯尼迪. 学术责任 [M]. 闫凤娇，等译. 北京：新华出版社，2002.

[14] 库恩. 科学革命的结构 [M]. 金吾伦，胡新和，译. 北京：北京大学出版社，2003.

[15] 周光礼. 学术自由与社会干预：大学学术自由的制度分析 [M]. 武汉：华中科技大学出版社，2003.

[16] 克拉克. 建立创业型大学：组织上转型的途径 [M]. 王承绪，译. 北京：人民教育出版社，2003.

[17] 马斯洛. 马斯洛人本哲学 [M]. 成明，译. 北京：九州出版社，2003.

[18] 陈厚丰. 中国高等学校分类与定位问题研究 [M]. 长沙：湖南大学出版社，2004.

[19] 江新华. 学术何以失范：大学学术道德失范的制度分析 [M]. 北京：社会科学文献出版社，2005.

[20] 邱均平. 大学评价与科研评价 [M]. 北京：华夏出版社，2005.

[21] 辛鸣. 制度论：关于制度哲学的理论建构 [M]. 北京：人民出版社，2005.

[22] 王伟廉. 中国大学教学运行机制研究 [M]. 广州：广东高等教育出版社，2005.

[23] 古斯基. 教师专业发展评价 [M]. 方乐，等译. 北京：中国

轻工业出版社，2005.

[24] 希尔斯. 学术的秩序 [M]. 李家永，译. 北京：商务印书馆，2007.

[25] 汤普森. 行动中的组织—行动理论的社会科学基础 [M]. 敬乂嘉，译. 上海：上海人民出版社，2007.

[26] 王前新. 新建本科院校运行机制研究 [M]. 北京：科学出版社，2007.

[27] 曾宪钊. 网络科学：第 2 卷 [M]. 北京：军事科学出版社，2008.

[28] 缪榕楠. 学术组织中的人：大学教师任用的新制度主义分析 [M]. 南京：南京师范大学出版社，2008.

[29] 莫利. 高等教育的质量与权力 [M]. 罗慧芳，译. 北京：北京师范大学出版社，2008.

[30] 詹姆斯. 社会理论的基础 [M]. 邓方，译. 北京：社会科学文献出版社，2008.

[31] 黄建如. 比较高等教育：国际高等教育体系变革比较研究 [M]. 北京：社会科学文献出版社，2008.

[32] 古贝，林肯. 第四代评估 [M]. 秦林，蒋艳玲，等译. 北京：中国人民大学出版社，2008.

[33] 鲍威尔，迪马吉奥. 组织分析的新制度主义 [M]. 姚伟，译. 上海：上海人民出版社，2008.

[34] 阿特巴赫. 高等教育变革的国际趋势 [M]. 蒋凯，译. 北京：北京大学出版社，2009.

[35] 潘懋元. 新编高等教育学 [M]. 北京：北京师范大学出版社，2009.

[36] 庄严. 新建本科院校发展理论与实践探索 [M]. 哈尔滨：黑龙江大学出版社，2009.

[37] 贺金玉. 中国地方新建本科院校的办学定位 [M]. 北京：高等教育出版社，2009.

[38] 华玉，李兵，赵国英. 地方新建本科院校发展概论 [M]. 北京：光明日报出版社，2009.

[39] 康芒斯. 制度经济学：上 [M]. 于树生，译. 北京：商务印书馆，2009.

[40] 潘懋元. 大学教育质量的理论与实践研究 [M]. 广州：广东高等教育出版社，2009.

[41] 樊彩萍. 新建本科院校办学定位的理论与实践 [M]. 北京：北京师范大学出版社，2010.

[42] 维尔斯马，于尔斯. 教育研究方法导论 [M]. 9 版. 袁振国，等译. 北京：教育科学出版社，2010.

[43] 刘献君. 教育研究方法高级讲座 [M]. 武汉：华中科技大学出版社，2010.

[44] 程显毅，朱倩. 文本挖掘原理 [M]. 北京：科学出版社，2010.

[45] 刘圣中. 历史制度主义 [M]. 上海：上海人民出版社，2010.

[46] 萨哈. 教育社会学 [M]. 刘慧珍，等译. 重庆：西南大学出版社，2011.

[47] 库克. 提升大学教学能力：教学中心的作用 [M]. 陈劲，郑尧丽，译. 杭州：浙江大学出版社，2011.

[48] 向梅梅，刘明贵. 应用型本科高校实践教学研究 [M]. 广州：暨南大学出版社，2011.

[49] 田中耕治. 教育评价 [M]. 高峡，田辉，项纯，译. 北京：北京师范大学出版社，2011.

[50] 潘懋元. 应用型本科高校人才培养的理论与实践研究 [M]. 厦门：厦门大学出版社，2011.

[51] 马雪松. 政治世界的制度逻辑：新制度主义政治学理论研究 [M]. 北京：光明日报出版社，2013.

[52] 曹如军. 应用型本科教师评价研究 [M]. 长春：吉林大学出

版社，2013.

[53] 姚利民. 高校学生评教研究 [M]. 长沙：湖南大学出版社，2013.

[54] 陈向明. 教育研究方法 [M]. 北京：教育科学出版社，2013.

[55] 朱松涛. 应用型本科高校教学质量监控与保障体系：济宁学院教学质量监控与保障体系整体架构 [M]. 北京：科学出版社，2013.

[56] 宋燕. 大学教学学术及其制度保障 [M]. 北京：中央编译出版社，2013.

[57] 杜瑛. 高等教育评价范式转换研究 [M]. 上海：上海教育出版社，2013.

[58] 玛丽. 制度如何思考 [M]. 张晨曲，译. 北京：经济管理出版社，2013.

[59] 李宝斌. 转型时期通往教育自觉的高校教师评价 [M]. 北京：中国社会科学出版社，2014.

[60] 默沙伊恩. 大学治理与教师参与决策 [M]. 魏进平，等译. 北京：知识产权出版社，2014.

[61] 郭元祥. 教育逻辑学 [M]. 北京：人民教育出版社，2014.

[62] 斯劳特，莱斯利. 学术资本主义 [M]. 梁骁，黎丽，译. 北京：北京大学出版社，2014.

[63] 史密斯. 后现代大学的来临 [M]. 侯定凯，译. 北京：北京大学出版社，2014.

[64] 河连燮. 制度分析：理论与争议 [M]. 2 版. 李秀峰，柴宝勇，译. 北京：中国人民大学出版社，2014.

[65] 陈金圣. 大学学术权力的制度化建构：基于组织分析的新制度主义视角 [M]. 北京：中国社会科学出版社，2014.

[66] 刘军. 整体网分析 UCINET 软件实用指南 [M]. 2 版. 上海：上海人民出版社，2014.

[67] 肖明. 知识图谱工具使用指南 [M]. 北京：中国铁道出版

社，2014.

[68] 魏崇辉. 新制度经济学意识形态理论批判与我国意识形态安全研究 [M]. 北京：中央编译出版社，2014.

[69] 孟倩. 大学内部治理的分权与制衡：博弈论的视角 [M]. 北京：中央编译出版社，2015.

[70] 刘凤芹. 新制度经济学 [M]. 北京：中国人民大学出版社，2015.

[71] 周艳辉. 当代资本主义多样性与制度调适 [M]. 北京：中央编译出版社，2015.

## （二）学位论文类

[1] 陈伟. 西方学术专业的比较研究：多学科视域中德、英、美教师的专业化运动 [D]. 杭州：浙江大学，2003.

[2] 张成武. 我国新时期教师评价的制度化历程、现存问题与对策研究 [D]. 重庆：西南大学，2004.

[3] 胡炳仙. 中国重点大学政策：历史演变与未来走向 [D]. 武汉：华中科技大学，2006.

[4] 左兵. 西部地方高校学科建设的制度分析 [D]. 武汉：华中科技大学，2006.

[5] 高军. 我国大学学术评价制度研究 [D]. 南京：南京师范大学，2008.

[6] 路华清. 我国地方新建本科院校青年教师培养模式研究 [D]. 武汉：华中师范大学，2008.

[7] 王应密. 中国大学学术职业制度变迁研究 [D]. 武汉：华中科技大学，2009.

[8] 张继平. 从冲突走向和谐：高等教育评估价值取向的社会学研究 [D]. 武汉：华中师范大学，2009.

[9] 刘珊珊. 学术职业视角中我国大学教师评价价值取向研究 [D]. 兰州：兰州大学，2010.

［10］孟凡．利益相关者视角下的大学生评教制度研究［D］．武汉：华中科技大学，2010．

［11］李硕．江西新建本科院校青年教师自主发展研究：以A学院为例［D］．南昌：南昌大学，2010．

［12］周湘林．中国高校问责制度重构［D］．武汉：华中科技大学，2010．

［13］陈丽琴．制度分析框架下的女县长发展研究［D］．武汉：华中师范大学，2010．

［14］柳友荣．我国新建应用型本科高校发展研究［D］．南京：南京大学，2011．

［15］王燕华．大学科研合作制度及其效应研究［D］．武汉：华中科技大学，2011．

［16］任艳红．高校教学评价制度的反思与重构［D］．西安：陕西师范大学，2011．

［17］谢凌凌．新建本科院校“生态位战略”的构建、运行与评价［D］．南京：南京农业大学，2011．

［18］郑延福．大学本科教师教学质量评价研究［D］．北京：中国矿业大学，2012．

［19］肖兴安．中国高校人事制度变迁研究［D］．武汉：华中科技大学，2012．

［20］吴美华．技术本科院校教师专业发展研究［D］．上海：华东师范大学，2013．

［21］杨毅．新中国高校教师聘任制度变迁研究［D］．重庆：西南大学，2013．

［22］金利．地方本科高校教师教学能力发展研究［D］．重庆：西南大学，2014．

［23］石磊．辽宁省地方高校教师聘任制问题及对策研究［D］．吉林：东北师范大学，2015．

［24］李曼．香港地区大学教师聘任制度研究［D］．重庆：西南大

学，2015.

[25] 俞佳君. 以学习为中心的高校教学评价研究 [D]. 武汉：华中师范大学，2015.

[26] 莫庆娟. 应用型本科高校教师绩效评价公平性研究：以 Q 学院为例 [D]. 广西：广西大学，2015.

[27] 张璐杰. 国家自然科学基金项目立项同行评议质量控制研究 [D]. 北京：北京科技大学，2015.

[28] 靳亚楠. 地方新建本科院校"双师型"教师队伍建设研究 [D]. 新乡：河南师范大学，2016.

[29] 李漫红. 英国大学科研评估制度变迁研究 [D]. 沈阳：东北大学，2016.

[30] 徐蕾. 我国应用技术型大学质量保障研究 [D]. 武汉：武汉大学，2016.

[31] 孔德意. 我国科普政策研究 [D]. 吉林：东北大学，2016.

[32] 陈寒. 新建本科院校教师队伍建设现状分析及对策研究：基于 21 省 37 所新建本科院校教师队伍状态数据 [D]. 武汉：华中师范大学，2016.

[33] 林春凉. 应用型本科高校教师绩效考核体系改善研究：以泉州信息工程学院为例 [D]. 泉州：华侨大学，2016.

[34] 王侨. 新建本科院校青年教师教学发展研究 [D]. 济南：山东大学，2016.

[35] 顾非石. 关于数学教师发展指导者的扎根理论研究 [D]. 上海：华东师范大学，2017.

[36] 冯东. 我国高校学术委员会制度运行评估研究 [D]. 西安：陕西师范大学，2018.

[37] 姜超. 大学教师发展制度创新研究 [D]. 上海：华东师范大学，2019.

## （三）期刊论文类

［1］王翼，陈敏．从战略目标看高等学校定位［J］．科学学与科学技术管理，2004（8）：112-114.

［2］杜伟．高校科研评价现状与完善路径探析［J］．高等教育研究，2004（4）：61-64.

［3］蔡雪峰，毛红斌．“双师型”教师在应用型本科教育中的作用及培养路径［J］．中国大学教学，2005（6）：55-56.

［4］顾建民．学科差异与学术评价［J］．高等教育研究，2006（2）：42-46.

［5］张俊友．客观对待教师绩效评价和发展性教师评价［J］．教育学报，2007（1）：47-53.

［6］余文盛，彭时敏．新建本科院校教师科研发展能力探究［J］．继续教育研究，2008（2）：188.

［7］方勤华．教师自我评价策略：促进专业发展的角度［J］．西北师大学报（社会科学版），2009（2）：99-103.

［8］周光礼，吴越．我国高校专业设置政策六十年回顾与反思：基于历史制度主义的分析［J］．高等工程教育研究，2009（5）：62-75.

［9］曹如军．大学教师与大学教师评价：人性理论的视角［J］．江苏高教，2010（6）：79-81.

［10］邹小婷．主体间性视域下高校教师评价在审视［J］．教育评论，2010（6）：49-52.

［11］王云儿，吴婵提．新建应用型本科教师评价指标探索［J］．中国高等教育，2010（10）：33-36.

［12］董泽芳，陈文娇．论我国高等教育质量标准的多样性与统一性［J］．高等教育研究，2010（6）：20-24.

［13］刘献君，吴洪福．非线性视域下大学教学与科研研究［J］．高等工程教育研究，2010（5）：77-86.

［14］束仁龙．新建本科院校加强青年教师教学能力建设的思考

[J]. 教师教育研究，2011 (3)：31-35.

[15] 张海龙，王占礼. 应用型本科人才培养师资队伍研究与对策建议 [J]. 中国大学教学，2011 (5)：65-68.

[16] 俞明传. 国外高校教师绩效多源评价内容特征研究 [J]. 国外教育研究，2013 (11)：59-65.

[17] 曹如军. 高校教师社会服务能力：内涵与生成逻辑 [J]. 江苏高教，2013 (2)：80-82.

[18] 沈红. 论大学教师评价的目的 [J]. 高等教育研究，2013 (11)：43-48.

[19] 王峰. 新建本科院校核心价值观及其培育策略 [J]. 现代大学教育，2013 (2)：89-91.

[20] 蔡晓良，庄穆. 国外教育评价模式演进及启示 [J]. 高教发展与评估，2013 (2)：37-43.

[21] 齐红娟，康钊. 我国大学教师评价价值取向探析 [J]. 教育教学论坛，2014 (2)：22-24.

[22] 王洪才. 论大学生评教中的文化冲突 [J]. 华中师范大学学报（人文社会科学版），2014 (3)：146-152.

[23] 田江. 刍议新建本科院校双师型教师队伍建设 [J]. 教育与职业，2014 (12)：72-73.

[24] 韦文联. 应用型本科高校教师实践能力建设研究 [J]. 全球教育展望，2014 (5)：43-52.

[25] 徐璐洁. 地方本科院校青年教师职业发展环境的现状与优化策略 [J]. 教育理论与实践，2014 (24)：31-33.

[26] 周玉容，沈红. 大学教学同行评价：优势、困境与出路 [J]. 复旦教育论坛，2015 (3)：47-52.

[27] 孙颖. 试析美国有效教师评价方式的价值取向 [J]. 教育理论与实践，2015 (28)：40-43.

[28] 何万国，蔡宗模，杨正强. 我国高校分类发展对策研究 [J]. 中国高教研究，2016 (2)：60-66.

［29］陈东冬，李志宏．新建本科院校师资队伍评价体系研究［J］．国家教育行政学院学报，2016（5）：67-72.

［30］韩伏彬，董建梅．地方本科高校转型之师资队伍建设探讨［J］．职教论坛，2016（2）：11-13.

［31］周卫东．新建本科院校教师专业素养存在的问题及对策［J］．教育评论，2016（2）：8-11.

［32］林健，王煦樟．加拿大合作教育项目认证制度分析：基于利益相关者的视角［J］．清华大学教育研究，2016（5）：26-32＋44.

［33］沈红，刘盛．大学教师评价制度的物化逻辑及其二重性［J］．教育研究，2016（3）：46-55.

［34］王茹，高珊，吴迪．美国2015版卡内基高等教育机构分类介绍［J］．世界教育信息，2017（9）：41-43.

［35］郭少东．地方本科高校转型发展中的应用性科研体制建设［J］．中国高校科技，2017（9）：36-39.

［36］胡德鑫．德国工程教育专业认证制度的变迁逻辑及其启示：基于历史制度主义的分析范式［J］．高校教育管理，2017（6）：74-82.

［37］刘磊．我国民办高等教育国家政策法规演变研究：基于1978年以来国家政策法规文本的历史制度主义分析［J］．复旦教育论坛，2018（4）：87-93.

［38］张侃．新制度主义多元理论视野下的大学制度变迁研究［J］．黑龙江高教研究，2018（10）：52-56.

［39］牛风蕊，张紫薇．中国博士后制度演进中的路径依赖及其突破：基于新制度经济学理论的分析视角［J］．高校教育管理，2018（1）：20-26.

［40］马雪松，吴健青．国内新制度主义政治学研究的新进展：基于2017年学术文献的评估与展望［J］．理论月刊，2018（11）：5-11.

［41］李凤云．历史制度主义范式下的制度变迁机制：内生性制度变迁的理论进展［J］．河南工程学院学报（社会科学版），2018（4）：5-9.

[42] 王朋. 新制度主义视域下的欧洲应用科学大学治理变革 [J]. 现代教育管理，2018 (10)：42-46.

[43] 余利川，段鑫星. 同构与惯性：大学学术治理的制度逻辑：基于英、德、美、加的经验 [J]. 外国教育研究，2018 (7)：27-42.

[44] 王向华，张曦琳. 新制度主义视角下我国高等教育第三方评估面临的困境及其对策 [J]. 高等教育研究，2018 (6)：36-41.

[45] 吴东姣，包艳华，马永红. 改革开放以来我国博士研究生招生制度变迁的逻辑分析：基于历史制度主义视角 [J]. 中国高教研究，2018 (6)：37-43.

[46] 张伟，张茂聪. 我国"双一流"建设的省际政策比较：基于26省"双一流"实施意见的文本分析 [J]. 高校教育管理，2018 (4)：19-26.

[47] 王思懿，赵文华. 多重制度逻辑博弈下的美国终身教职制度变迁 [J]. 教育发展研究，2018 (1)：76-84.

[48] 燕姣云，杨雪英. 高校社会服务能力综合评价指标体系的构建 [J]. 淮海工学院学报（人文社会科学版），2018 (12)：125-129.

[49] 陈寒. 欧洲专业高等教育的发展、困境及启示 [J]. 中国高教研究，2018 (10)：56-62.

[50] 俞亚萍. 高校教师评价制度：问题检视、成因诊断与优化策略 [J]. 黑龙江高教研究，2018 (10)：104-107.

[51] 朱玉成，周海涛. "双一流"背景下高校创新人才培养困境分析—基于组织分析的新制度主义视角 [J]. 研究生教育研究，2018 (1)：1-5.

[52] 赵燕，汪霞. 对我国大学教师评价制度的反思与建议 [J]. 高校教育管理，2019 (2)：117-124.

### （四）其他类型文献

[1] 国家教育委员会，人事部. 家教委、人事部关于印发《关于高等学校继续做好教师职务评聘工作的意见》的通知条例 [EB/OL].

(1994-04-10) [2018-11-13]. http://blog. chinalawedu. com/falvfagui/fg22598/56970. shtml.

[2] 中华人民共和国教育部. 中组部、人事部、教育部关于深化高等学校人事制度改革的实施意见 [EB/OL]. (2000-10-23) [2018-12-21]. http://old. moe. gov. cn/publicfiles/business/htmlfiles/moe/moe_686/200506/8905. html.

[3] 中华人民共和国教育部. 关于进一步加强高等学校本科教学工作的若干意见 [EB/OL]. (2005-01-07) [2018-11-13]. http://www.moe. gov. cn/srcsite/A08/s7056/200501/t20050107_80315. html.

[4] 中华人民共和国教育部. 教育部、国家发展改革委、财政部. 关于引导部分地方普通本科高校向应用型转变的指导意见 [EB/OL]. (2015-10-23) [2018-02-21]. http://www. moe. gov. cn/srcsite/A03/moe_1892/moe_630/201511/t20151113_218942. html.

[5] 上海市人民政府. 市教委等关于印发《上海高等教育布局结构与发展规划 (2015-2030 年)》的通知 [EB/OL]. (2015-12-30) [2018-11-13]. http://www. shanghai. gov. cn/nw2/nw2314/nw2319/nw12344/u26aw45954. html.

[6] 中华人民共和国教育部. 高等学校教师职务试行条例 [EB/OL]. (2016-06) [2018-11-13]. http://old. moe. gov. cn//publicfiles/business/htmlfiles/moe/s7077/201412/180698. html.

[7] 中华人民共和国工业和信息化部. 三部委关于印发《制造业人才发展规划指南》的通知 [EB/OL]. (2017-02-24) [2018-11-13]. http://www. miit. gov. cn/n1146290/n4388791/c5500114/content. html.

[8] 新华网客户端. 中共中央办公厅、国务院办公厅印发《关于分类推进人才评价机制改革的指导意见》[EB/OL]. (2018-02-26)[2018-11-13]. https://baijiahao. baidu. com/s?id=1593466493707338767& wfr=spider&for=pc.

[9] 中华人民共和国教育部. 教育部办公厅关于开展普通高等学校本科教学工作合格评估的通知 [EB/OL]. (2015-10-23) [2018-11-13].

http://old.moe.gov.cn//publicfiles/business/htmlfiles/moe/s7168/201403/165457.html.

[10] 中华人民共和国教育部．教育部关于深化高校教师考核评价制度改革的指导意见 [EB/OL]．(2016-08-29) [2018-02-21]．http://www.moe.edu.cn/srcsite/A10/s7151/201609/t20160920_281586.html.

[11] 广州日报．“2018广州日报应用大学排行榜”发布 [EB/OL]．(2018-05-31) [2018-11-13]．http://news.dayoo.com/guangzhou/201805/31/139995_52191475.htm.

[12] 中华人民共和国中央人民政府．中华人民共和国教育部令 [EB/OL]．(2012-01-09) [2018-11-13]．http://www.gov.cn/flfg/2012-01/09/content_2040254.htm.

[13] 高等教育部办公厅．高等教育文献法令汇编（第三辑）[G]．北京：高等教育部办公厅，1956.

[14] 辽宁省高等教育局，沈阳师范学院教育科研所．高等教育文件选编（1977．11-1982．6）[G]．沈阳：辽宁省高等教育局，1982.

[15] 员非伍，张振亚．高校师资工作资料选编 [G]．上海：华东师范大学出版社，1990.

[16] 周远清．20世纪的中国高等教育（教学卷下册）[G]．北京：高等教育出版社，2006.

[17] 周远清．20世纪的中国高等教育（教学卷上册）[G]．北京：高等教育出版社，2006.

[18] 高甄文．高等教育最新法律法规与政策文件汇编（上）[G]．南昌：华夏教育出版社，2007.

[19] 高甄文．高等教育最新法律法规与政策文件汇编（下）[G]．南昌：华夏教育出版社，2007.

[20] 教育部法制办公室．中华人民共和国教育法律法规规章汇编（套装全2册）[G]．上海：华东师范大学出版社，2010.

[21]《中国高等职业教育改革与发展报告》年度文件资料汇编编写组．中国高等职业教育改革与发展报告2017年度高等职业教育文件资

料汇编［G］. 北京：高等教育出版社，2018.

## 二、英文类

### （一）专著类

［1］PETER A H. Governing the economy：the politics of state intervention in Britain and France［M］. Oxford：Oxford University Press，1986.

［2］BEACH D，REINHARTZ J. Supervision：focus on instruction［M］. New York：Harper & Row，Publishers，1989.

［3］BOYER E L. Scholarship reconsidered：priorities of the professoriate［M］. Princeton：Carnegie Foundation for the Advancement of Teaching，1990.

［4］RITZER G. The McDonaldization of society：an investigation into the changing character of contemporary social life［M］. California：Pine Forge Press，1993.

［5］MADAUS G F，SCRIVEN M，STUFFLEBEAM D L. Evaluation models：view points on educational and human services evaluation［M］. Amsterdam：Kluwer Academic Publishers，2000.

［6］JOHN B，RUTH W. Learning and using student feedback［M］. York：York Scenic Park，2004.

［7］GOODIN R E，TILLY C. The oxford handbook of contextual political analysis［M］. Oxford：Oxford University Press，2006.

［8］HAZELKORM E. Ranking and the reshaping of higher education［M］. New York：Palgrave Macmillan，2011.

［9］JEFFREY L B. Best practices in faculty evaluation：a practical guide for academic leaders［M］. San Francisco：Jossey-bass，2012.

[10] STACK M. Global university rankings and the mediatization of higher education [M]. New York：Palgrave Macmillan，2015.

### （二）博士论文类

[1] CINEAS J K. A study of faculty perceptions of the use of student evaluation of teaching in faculty assessment，promotion and tenure decisions [D]. Boca Raton：Lynn University，2008.

[2] ING P G. Instrctions，response anchors，and scallength：how do variations affect student evaluations of teaching effectiveness [D]. Windsor：University of Windsor，2008.

### （三）期刊论文类

[1] CENTRA J A. Research productivity and teaching effectiveness [J]. Research in Higher Education，1983，18 (4)：379-389.

[2] ZYSMAN J. How institutions create historically rooted trajectories of growth [J]. Industrial Corporate Change，1994，3 (1)：243-283.

[3] CLARK B R. The modern integration of research activities with teaching and learning [J]. Journal of Higher Education，1997，68 (3)：241-255.

[4] MURRAY C E，GRANT G. Teacher peer review：possibility or pipedream? [J]. Contemporary Education，1998，69 (4)：202-204.

[5] CHAN K. The difficulties and dilemma of constructing a model for teacher evaluation in higher education [J]. Higher Education Management，2001，13 (100)：93-111.

[6] GURIN P，DEYEY E，HURTADO S et al. Diversity and higher education：theory and impact on educational outcomes [J]. Harvard Educational Review，2002，72 (3)：330-367.

[7] LAURILARD D. Rethinking teaching for the knowledge society [J]. Educause Review, 2002, 1 (2): 133-145.

[8] EMERY C R, KRAMER T R, TIAN R G. Return to academic standards: a critique of student evaluations of teaching effectiveness [J]. Quality Assurance in education, 2003 (11): 37-47.

[9] STACK S. Research productivity and student evaluation of teaching in social science classes: a research note [J]. Research in Higher Education, 2003, 44 (5): 539-556.

[10] BADRIN M A, ABDULLA M, KAMALI M A et al. Identifying potential biasing variables in student evaluation of teaching in a newly accredited business program in UAE [J]. The International Journal of Educational Management, 2006 (20): 43-60.

[11] WEI H, CHENG X, ZHAO K. On the relationship between research productivity and teaching effectiveness at research universities [J]. Frontiers of Education in China, 2007, 2 (2): 298-306.

[12] SURRATT C K, DESSELLE S P. Pharmacy students' perceptions of a teaching evaluation process [J]. American Journal of Pharmaceutical Education, 2007, 71 (1): 6.

[13] NORTH D C. Understanding the process of economic change [J]. Investigaciones De Historia Económica, 2010, 3 (8): 169-173.

[14] BORDEN V M. Accountability for student learning: views from the inside out and the outside in [J]. Alternation, 2011, 18 (2): 317-342.

[15] CAWLEY V. An analysis of the ethics of peer review and other traditional academic publishing practices [J]. International Journal of Social Science and Humanity, 2011, 1 (3): 205-215.

[16] HASSAN K E. Quality assurance in higher education in 20 MENA economies [J]. Higher Education Management and Policy, 2013, 24 (2): 73-84.

[17] CARDOSO S, TAVARES O, SIN C. The quality of teaching staff: higher education institutions' compliance with the european standards and guidelines for quality assurance—the case of portugal [J]. Educational Assessment, Evaluation and Accountability, 2015, 27 (3): 205-222.

[18] SKOLNIK M L. How do quality assurance systems accommodate the differences between academic and applied higher education? [J]. Higher Education, 2016, 71 (3): 361-378.

[19] LEND E L. The development of estonian professional higher education in the context of eropean higher education [J]. Professional Studies: Theory & Practice, 2016 (16): 5-20.

[20] MARI E. Professional higher education institutions as organizational actors [J]. Tertiary Education and Management, 2017 (4): 376-387.

[21] BENDERMACHER G W G, et al. Unravelling quality culture in higher education: a realist review [J]. High Education, 2017, 73 (1): 39-60.

# 附　　录

## 附录1：HB学院教师工作考核制度变迁的相关制度文本

| 年份 | 文件名称 |
|---|---|
| 2000 | 关于做好2000年度考核工作的通知 |
| | 关于理顺教学关系、加强教学管理的若干意见（试行） |
| | HB师专关于教学单位和教师评价职能部门的实施办法 |
| | 系级教学工作职责和评估办法（试行） |
| | 关于评选2000年先进集体和先进工作者的通知 |
| | 关于授予××等九位教师HB师专第二届“十佳教师”荣誉称号的决定 |
| | 关于开展“十佳青年教工”评选活动的通知 |
| | 关于调整职称改革领导小组的通知 |
| | 关于表彰2000年度先进教学单位与业务考核优秀教师的决定 |
| | 关于开展2000年专业技术职务评聘工作的通知 |
| 2001 | 关于做好2001年度考核工作的通知 |
| | 关于评选2001年先进集体和先进工作者的通知 |
| | 关于开展“第四届青年教师教学优秀奖”评选活动的通知 |
| | 关于调整职称改革领导小组的通知 |

续表

| 年份 | 文件名称 |
|---|---|
| 2002 | 关于做好 2002 年度考核工作的通知 |
| | 关于评选 2002 年先进集体和先进工作者的通知 |
| | 关于开展“师德十佳教师”评选活动的通知 |
| 2003 | HB 学院行政机构和院（系、所）工作职责（试行） |
| | 关于做好 2003 年度考核工作的通知 |
| | 关于评选 2003 年度先进集体和先进工作者的通知 |
| | 关于成立 HB 学院职称改革评审委员会的通知 |
| 2004 | HB 学院干部听课、评课制度（试行） |
| | 关于做好 2004 年度考核工作的通知 |
| | 关于评选 2004 年度先进集体和先进工作者的通知 |
| | HB 学院教学成果奖励实施细则（试行） |
| | 关于开展第一届校级教学成果奖暨 2005 年省级教学成果奖推荐与评审工作的通知 |
| | HB 学院教学督导管理规定（试行） |
| | HB 学院教学工作基本规范（试行） |
| | HB 学院“名师”评选办法（试行） |
| | HB 学院教师教学业务考核实施办法（试行） |
| | HB 学院青年教师教学优秀奖评选办法（试行） |
| | HB 学院课堂教学管理规定（试行） |
| | HB 学院选拔和培养中青年学科带头人与学术骨干实施办法 |
| | HB 学院关于学术著作出版社的定级标准 |
| | HB 学院科研、学术行为规范及管理办法 |
| | HB 学院科研工作定量考核标准（试行） |
| | HB 学院科研工作管理办法 |
| | 关于公布 HB 学院首批学科带头人和学术骨干的通知 |
| | 关于召开 HB 学院第一届教职工代表大会暨第一次工会会员代表大会的通知 |
| | 关于成立 HB 学院职称改革领导小组的通知 |

续表

| 年份 | 文件名称 |
|---|---|
| 2005 | 关于调整 HB 学院职称改革领导小组成员的通知 |
| | 关于做好 2005 年度考核工作的通知 |
| | 关于评选 2005 年度先进集体和先进工作者的通知 |
| | 关于表彰 2005 年中青年教师讲课比赛获奖教师的决定 |
| | HB 学院关于更改校名的请示 |
| | 关于做好 2005 年度教师教学业务考核工作的通知 |
| | HB 学院校内结构工资（津贴）分配暂行办法 |
| | 关于做好 2005 年教学检查工作的通知 |
| | 关于开展定编定岗工作的通知 |
| | HB 学院有关人事管理的补充规定 |
| | HB 学院教职工年度考核工作实施意见 |
| | HB 学院省、校两级学科带头人和学术骨干津贴发放办法 |
| 2006 | HB 学院关于加强师德建设的意见 |
| | HB 学院“教学名师”和“优秀教师”评选管理办法 |
| | HB 学院关于 2006 年专业技术职务评审工作的通知 |
| | HB 学院人事管理制度修订意见 |
| | 关于成立 HB 学院师德建设领导小组的通知 |
| | 关于做好 2006 年度教师教学业务考核工作的通知 |
| | 关于做好 2006 年度考核工作的通知 |
| | 关于评选 2006 年度先进集体和先进工作者的通知 |
| 2007 | 关于 2007—2008 学年度上学期开学教学检查情况的通报 |
| | HB 学院督导员听课实施办法 |
| | HB 学院教风建设实施方案 |
| | HB 学院教师行为规范 |
| | HB 学院院（系）工作目标管理综合评估方案（试行） |
| | 关于做好 HB 学院 2007 年度教学检查工作的通知 |

续表

| 年份 | 文件名称 |
|---|---|
| 2007 | HB 学院教学工作基本规范 |
| | HB 学院教学环节质量标准及评价方案 |
| | HB 学院教学质量监控体系 |
| | 教师课堂教学质量评估与管理办法 |
| | HB 学院关于实施教学质量和教学改革工程的意见 |
| | 关于进一步深化本科教学改革全面提高教学质量的意见 |
| | 关于召开第一届教代会暨工代会第二次会议的批复 |
| | HB 学院关于 2007 年度考核和评先工作的通知 |
| 2008 | 关于做好 2008 年度教师教学业务考核工作的通知 |
| | HB 学院关于做好 2008 年度考核和评先工作的通知 |
| | 关于成立 HB 学院机构改革与干部人事制度改革工作小组的通知 |
| | 关于我院机构和干部人事制度改革方案的报告 |
| | HB 学院本科教学工作水平评估整改方案 |
| | 关于成立 HB 学院管理体制改革领导小组的通知 |
| | HB 学院学科带头人、学术带头人和学术骨干选拔及培养实施办法 |
| 2009 | 关于公布 HB 学院科级干部及非领导岗位教职工考核工作实施方案的通知 |
| | HB 学院教师教学工作规范补充规定 |
| | 关于做好 2009 年度教学检查工作的通知 |
| | 关于成立 HB 学院 2009 年普通专升本工作领导小组的通知 |
| | 关于成立 HB 学院教学院部教学质量监控工作小组的通知 |
| | 关于印发 HB 学院综合目标责任书考核实施办法的通知 |
| | 关于开展 2009 年度 HB 学院"教学名师"和"优秀教师"评选工作的通知 |
| | 关于做好 2009 年度教师教学业务考核工作的通知 |
| | HB 学院师资队伍建设战略规划实施方案 |
| | HB 学院关于 2009 年度考核和评先工作的通知 |
| | 关于规范 XX 校区日常教学管理工作的通知 |

续表

| 年份 | 文件名称 |
| --- | --- |
| 2010 | HB学院专业技术职务评审规则 |
| | HB学院关于2010年度考核和评先工作的通知 |
| | 关于开展岗位设置工作的通知 |
| | HB学院首次教师岗位设置与聘用实施细则（试行） |
| | HB学院岗位设置管理实施办法（试行） |
| | HB学院关于将校名改为“HB学院”的请示 |
| | HB学院2010年工作要点 |
| | 关于成立HB学院2010年职务评审委员会的通知 |
| | 关于公布校内各单位岗位设置聘用工作小组名单的通知 |
| | 关于成立HB学院2010年职称改革领导小组的通知 |
| | 关于成立HB学院更名领导小组的通知 |
| | HB学院教学基层组织设置及考核管理办法 |
| | 关于认真做好2010年工作总结、综合考核和2011年工作计划的通知 |
| | 关于设立HB学院学术道德委员会的通知 |
| 2011 | 关于2010年度考核工作情况的报告 |
| | HB学院关于2011年度考核和评先工作的通知 |
| | 关于认真做好2011年工作总结、综合考核和2012年工作计划的通知 |
| | HB学院考勤管理暂行规定 |
| | 关于评选HB学院2011年度优秀教师、“十佳”教师（教学名师）的通知 |
| | HB学院编制管理暂行办法 |
| | HB学院科级干部及非领导岗位教职工考核工作实施方案 |
| | 关于成立HB学院2011年职称评审委员会的通知 |
| | 关于申请副教授资格评审权的请示 |
| 2012 | HB学院目标管理实施方案 |
| | HB学院关于2012年度考核和评先工作的通知 |
| | 关于成立HB学院2012年职称评审委员会的通知 |

续表

| 年份 | 文件名称 |
|---|---|
| 2012 | 关于成立 HB 学院 2012 年职称改革领导小组的通知 |
| | 关于成立 HB 学院招标投标工作领导小组的通知 |
| | 关于成立 HB 学院主任科员以下非领导职务评审工作领导小组的通知 |
| | 关于评选 HB 学院 2012 年度优秀教师、“十佳”教师（教学名师）的通知 |
| | HB 学院 2012 年度科级干部及非领导岗位教职工考核工作实施方案 |
| | 关于开展 2012 年度专业技术职务评审工作的通知 |
| | 关于落实管理重心下移工作的通知 |
| | 关于成立管理制度改革创新领导小组的通知 |
| 2013 | HB 学院关于表彰 2012 年度“十佳教师”“十佳科研骨干”的决定 |
| | HB 学院 2013 年度科级干部及非领导岗位教职工考核实施方案 |
| | 关于评选 HB 学院 2013 年度优秀教师、“十佳”教师（教学名师）的通知 |
| 2014 | HB 学院考勤管理暂行规定 |
| | HB 学院关于开展 2014 年度专业技术职务评审工作的通知 |
| | HB 学院 2014 年度综合目标考核实施方案 |
| | 关于成立学校转型发展试点工作领导小组的通知 |
| | HB 学院“转型发展”宣传、调研与落实工作方案 |
| | 关于成立 HB 学院 2014 年职称改革领导小组的通知 |
| | 关于成立 HB 学院人事制度改革工作领导小组的通知 |
| | HB 学院二级教职工代表大会实施细则 |
| | HB 学院科技成果转化实施细则 |
| | HB 学院加快科技成果培育、促进科技成果转化实施意见 |
| | HB 学院绩效工资实施办法（暂行） |
| | HB 学院绩效工资分配方案（暂行） |
| 2015 | HB 学院关于公布 2015 年青年教师教学比赛结果的通知 |
| | 关于评选 HB 学院 2015 年度优秀教师的通知 |
| | HB 学院 2015 年度科级干部及非领导岗位教职工考核实施方案 |

续表

| 年份 | 文件名称 |
| --- | --- |
| 2015 | 关于开展2015年校级教学成果奖评奖工作的通知 |
| | HB学院2015年科学道德与学风建设宣讲教育实施方案 |
| | HB学院关于首批专业技术二级和三级岗位人员聘期考核情况的报告 |
| 2016 | 关于公布2016年校级教学成果奖及配套奖励的通知 |
| | 关于召开HB学院第三届教职工代表大会暨工会会员代表大会第二次会议的批复 |
| | 关于调整HB学院2016年度职称工作学科评审小组的通知 |
| | 关于调整HB学院职称改革领导小组的通知 |
| | 关于设立教学质量监测与评估中心的通知 |
| | HB学院关于公布2016年青年教师教学比赛结果的通知 |
| | HB学院行政管理人员听课实施办法 |
| | HB学院教学督导管理办法 |
| | HB学院教学督导员听课实施细则 |
| | HB学院教育教学工作量化计分及奖励办法 |
| | HB学院首批专业技术二级和三级岗位人员聘期考核工作实施方案 |
| | HB学院教务管理先进个人评选方法（试行） |
| | HB学院教师教学业务考核实施办法 |
| | 关于制订2016年度目标管理任务书的通知 |
| | HB学院课堂教学质量评价实施办法 |
| | HB学院教育教学工作奖励办法 |
| | HB学院关于开展2016年度专业技术职务评审工作的通知 |
| | 关于成立HB学院本科教学工作审核评估领导小组及工作专班的通知 |
| | HB学院教师师德建设实施办法 |
| | HB学院关于教授、副教授承担本科教学任务的若干规定 |
| | 关于评选HB学院2015年度“十佳”教师（教学名师）的通知 |
| | HB学院“教学名师”和“优秀教师”评选办法 |

续表

| 年份 | 文件名称 |
|---|---|
| 2016 | HB学院本科教学工作规范 |
| | HB学院转型发展实施方案 |
| | HB学院专业技术职务评审管理办法 |
| | 2016年HB学院高层次人才考核方案 |
| | HB学院2016年度科级干部及非领导岗位教职工考核工作实施方案 |
| | HB学院高水平科研成果奖励办法 |
| | HB学院科研工作量考核办法 |
| | HB学院科研成果鉴定管理办法 |
| | HB学院专职科研人员教学工作量认定暂行办法 |
| | HB学院研究生教学工作量计算及津贴发放办法（试行） |
| | 关于深化人才发展体制机制改革促进人才创新创业的实施意见 |
| | HB学院研究生培养工作量计算及绩效发放办法（试行） |
| | 关于2015年度“楚天学者计划”考核工作有关事项的通知 |
| | HB学院目标管理办法（试行） |
| | HB学院青年教师助教工作实施办法 |
| | HB学院教学质量信息管理办法（试行） |
| | 关于开展各级领导干部听课情况检查的通知 |
| | HB学院关于2016年度专业技术二级和三级岗位聘期考核工作的报告 |
| 2017 | HB学院关于贯彻落实《事业单位人事管理条例》工作情况自查报告 |
| | HB学院关于“双一流”建设情况的报告 |
| | HB学院以“双一流”建设为契机深入推进转型发展的报告 |
| | HB学院专业技术职务评审管理办法（试行） |
| | 关于开展校内专业技术二级和三级岗位人员聘期考核工作的通知 |
| | 关于学校独立建制科研机构教学工作量的认定暂行办法 |
| | HB学院目标管理办法（试行） |
| | HB学院目标管理考核方案（试行） |

续表

| 年份 | 文件名称 |
| --- | --- |
| 2017 | 关于召开 HB 学院第三届教职工代表大会暨工会会员代表大会第三次会议的批复 |
| | 关于调整 HB 学院职称改革领导小组的通知 |
| | 关于成立 HB 学院专业技术职称评审监督委员会的通知 |
| | 关于成立 HB 学院 2017 年职称评审委员会的通知 |
| | 关于 2016 年度科级干部及非领导岗位教职工考核情况的通报 |
| | 2017 年职称评审工作总结会议纪要 |
| | HB 学院事业发展“十三五”规划（修订） |
| | HB 学院“双师双能型”教师队伍建设实施方案 |

# 附录 2：30 所样本院校在《广州日报》应用大学排行榜中的排名情况

| 学校名称 | 排名 | 应用指数 | 学术指数 | 声誉指数 | 二次评估指数 | 综合指数 | 所在地区 |
| --- | --- | --- | --- | --- | --- | --- | --- |
| 上海工程技术大学 | 6 | 100.00 | 90.61 | 85.14 | 92.19 | 93.43 | 上海 |
| 大连大学 | 18 | 86.62 | 89.10 | 84.81 | 88.41 | 87.18 | 大连 |
| 聊城大学 | 24 | 81.93 | 82.69 | 94.62 | 90.02 | 85.51 | 山东 |
| 金陵科技学院 | 39 | 93.82 | 76.53 | 72.92 | 77.91 | 82.86 | 江苏 |
| 东莞理工学院 | 41 | 83.98 | 78.24 | 85.24 | 84.47 | 82.56 | 广东 |
| 武汉纺织大学 | 54 | 78.48 | 81.85 | 82.44 | 83.80 | 80.82 | 湖北 |
| 湖州师范学院 | 60 | 85.17 | 78.56 | 73.25 | 79.19 | 80.21 | 浙江 |
| 河北经贸大学 | 61 | 77.37 | 84.20 | 79.24 | 81.14 | 80.17 | 河北 |

续表

| 学校名称 | 排名 | 应用指数 | 学术指数 | 声誉指数 | 二次评估指数 | 综合指数 | 所在地区 |
|---|---|---|---|---|---|---|---|
| 许昌学院 | 64 | 84.09 | 75.48 | 79.06 | 79.06 | 80.00 | 河南 |
| 江西科技师范大学 | 66 | 76.49 | 77.28 | 87.76 | 83.56 | 79.69 | 江西 |
| 洛阳理工学院 | 76 | 84.50 | 74.82 | 73.49 | 75.86 | 78.53 | 河南 |
| 湖北民族学院 | 91 | 77.60 | 80.45 | 74.87 | 77.88 | 77.93 | 湖北 |
| 合肥学院 | 112 | 78.81 | 75.00 | 75.93 | 76.38 | 76.85 | 安徽 |
| 中国劳动关系学院 | 114 | 76.33 | 79.61 | 74.38 | 75.42 | 76.83 | 北京 |
| 德州学院 | 118 | 78.09 | 76.38 | 74.10 | 76.42 | 76.61 | 山东 |
| 惠州学院 | 136 | 78.35 | 73.64 | 72.33 | 78.93 | 75.79 | 广东 |
| 湖南城市学院 | 157 | 80.69 | 75.55 | 63.76 | 74.71 | 75.16 | 湖南 |
| 武昌首义学院 | 158 | 81.10 | 70.65 | 70.92 | 73.06 | 75.13 | 湖北 |
| 盐城师范学院 | 161 | 71.33 | 75.36 | 80.09 | 78.93 | 75.05 | 江苏 |
| 湖北理工学院 | 167 | 76.08 | 74.54 | 72.86 | 76.00 | 74.97 | 湖北 |
| 唐山学院 | 194 | 77.81 | 72.85 | 68.63 | 71.54 | 73.86 | 河北 |
| 韶关学院 | 212 | 75.28 | 72.10 | 70.89 | 72.63 | 73.18 | 广东 |
| 湖北科技学院 | 216 | 74.18 | 72.59 | 71.64 | 72.10 | 72.98 | 湖北 |
| 石家庄学院 | 220 | 74.47 | 72.36 | 70.88 | 72.06 | 72.88 | 河北 |
| 湖南工学院 | 222 | 75.54 | 72.83 | 68.54 | 70.22 | 72.80 | 湖南 |
| 商洛学院 | 236 | 74.06 | 71.52 | 70.73 | 73.07 | 72.53 | 陕西 |
| 龙岩学院 | 245 | 74.62 | 70.88 | 69.96 | 70.41 | 72.15 | 福建 |
| 平顶山学院 | 253 | 74.65 | 70.19 | 69.57 | 70.13 | 71.84 | 河南 |
| 南昌理工学院 | 280 | 74.87 | 67.95 | 68.95 | 68.76 | 71.00 | 江西 |
| 周口师范学院 | 297 | 69.44 | 73.22 | 69.42 | 70.62 | 70.69 | 河南 |

# 附录 3：30 所样本院校教师工作考核制度相关文本名称

| 学校名称 | 文件名称 |
| --- | --- |
| 上海工程技术大学 | 上海工程技术大学教学质量评价办法 |
| | 上海工程技术大学教师科研工作考核办法 |
| | 上海工程技术大学教职员工年度考核办法 |
| | 上海工程技术大学教师岗位首任聘期考核暂行办法 |
| | 上海工程技术大学科研奖励办法 |
| | 上海工程技术大学教师职务和其他专业技术职务聘任办法实施细则 |
| 大连大学 | 大连大学教师教学质量考核实施办法 |
| | 大连大学科研工作量化考核办法 |
| | 大连大学 2017 年教职工年度考核工作实施办法 |
| | 大连大学教师岗位设置管理实施办法 |
| | 大连大学教师岗位设置与聘用实施办法 |
| | 大连大学教学科研奖励办法 |
| 聊城大学 | 聊城大学教师教学质量考核暂行办法 |
| | 聊城大学教师科研工作量考核办法 |
| | 聊城大学教职工考核办法 |
| | 聊城大学岗位聘任与考核实施办法 |
| | 聊城大学教师教学奖励办法 |
| | 聊城大学教师科研奖励办法 |
| | 聊城大学教师绩效考核分配办法 |
| 金陵科技学院 | 金陵科技学院教师年度教学质量考核办法 |
| | 金陵科技学院教师科研工作考核办法 |
| | 金陵科技学院教职工年度考核办法 |
| | 金陵科技学院岗位设置与聘用管理办法（暂行） |

续表

| 学校名称 | 文件名称 |
| --- | --- |
| | 金陵科技学院教师职业道德考核办法 |
| | 金陵科技学院教师教学工作量标准及计算办法 |
| | 金陵科技学院科技成果奖励办法 |
| | 金陵科技学院“双师双能型”教师认定标准及评选办法（试行） |
| 东莞理工学院 | 东莞理工学院教师年度教学质量考核办法 |
| | 东莞理工学院教师科研考核办法 |
| | 东莞理工学院教职员工考核办法（试行） |
| | 东莞理工学院教师岗位聘任实施办法（暂行） |
| | 东莞理工学院教师基本教学工作量结算办法（试行） |
| | 东莞理工学院科研奖励办法 |
| | 东莞理工学院绩效评价办法 |
| | 东莞理工学院“双结构型”师资队伍建设办法 |
| 武汉纺织大学 | 武汉纺织大学教师教学工作业绩考核办法 |
| | 武汉纺织大学科研工作量标准考核试行办法 |
| | 武汉纺织大学教职工个人年度考核方案 |
| | 武汉纺织大学教职工岗位聘期考核暂行办法（试行） |
| | 武汉纺织大学岗位设置管理试行办法 |
| | 武汉纺织大学科研业绩奖励办法（试行） |
| 湖州师范学院 | 湖州师范学院教师教学工作业绩考核办法 |
| | 湖州师范学院科研工作量考核办法 |
| | 湖州师范学院教职工岗位考核工作办法 |
| | 湖州师范学院第三轮岗位设置与聘任细则 |
| | 湖州师范学院科研成果奖励办法 |
| 河北经贸大学 | 河北经贸大学教师教学质量考核办法 |
| | 河北经贸大学教师科研工作考核办法 |
| | 河北经贸大学教职工考核办法 |

**续表**

| 学校名称 | 文件名称 |
| --- | --- |
| | 河北经贸大学二、三级岗位聘用基本条件 |
| | 河北经贸大学高校教师系列专业技术人员岗位职责 |
| | 河北经贸大学 2018 年教师教学工作量记分细则 |
| | 河北经贸大学科研积分标准及细则 |
| | 河北经贸大学科研奖励办法（2018 版） |
| | 河北经贸大学建立健全师德建设长效机制的实施意见 |
| 许昌学院 | 许昌学院教师教学工作量化考核办法 |
| | 许昌学院教师课堂教学质量评价办法 |
| | 许昌学院教师实践教学质量评价办法 |
| | 许昌学院科研工作量考核办法 |
| | 许昌学院教师工作考核暂行办法 |
| | 许昌学院岗位聘用工作实施细则 |
| | 许昌学院岗位聘用与考核办法 |
| | 许昌学院科研工作量核算办法 |
| | 许昌学院科研成果奖励办法 |
| | 许昌学院专业技术职务评聘管理办法 |
| | 许昌学院“双师型”教师认定与管理办法的 |
| | 许昌学院关于“双师型”教师队伍建设的意见 |
| 江西科技师范大学 | 江西科技师范大学教师教育教学质量评价办法（试行） |
| | 江西科技师范大学科研工作量考核办法 |
| | 江西科技师范大学教职工年度考核办法 |
| | 江西科技师范大学关于 2018—2021 年岗位设置、聘任与考核工作的实施办法 |
| | 江西科技师范大学科研成果奖励办法 |
| | 江西科技师范大学教师师风师德考核办法（试行） |

续表

| 学校名称 | 文件名称 |
|---|---|
| 洛阳理工学院 | 洛阳理工学院教师教学工作考核暂行办法 |
| | 洛阳理工学院教师科研工作量化考核办法 |
| | 洛阳理工学院教职工考核办法 |
| | 洛阳理工学院全员岗位聘期考核实施方案 |
| | 洛阳理工学院岗位设置与聘用管理实施办法 |
| | 洛阳理工学院科研及社会服务业绩计算办法 |
| | 洛阳理工学院科研及社会服务业绩奖励办法 |
| | 洛阳理工学院关于“双师型”教师队伍建设的意见 |
| 华北科技学院 | 华北科技学院教学质量测评与优秀认定办法（试行） |
| | 洛阳理工学院教师科研工作量化考核办法 |
| | 洛阳理工学院一般工作人员年度考核办法 |
| | 华北科技学院岗位设置与聘用实施办法（试行） |
| | 华北科技学院科研成果核算与计算办法 |
| 合肥学院 | 合肥学院教师教学质量考核实施细则 |
| | 合肥学院学院科研成果考核办法 |
| | 合肥学院教职工年度考核实施细则 |
| | 合肥学院教师首轮聘期考核实施办法 |
| | 合肥师范学院“双能型”教师资格认定实施办法 |
| | 合肥学院科研成果评奖暂行办法 |
| 中国劳动关系学院 | 中国劳动关系学院教师教学工作评估实施办法 |
| | 中国劳动关系学院科研工作量考核办法 |
| | 中国劳动关系学院教师考核评估暂行办法 |
| | 中国劳动关系学院教师岗位设置与聘用实施细则 |
| | 中国劳动关系学院科研奖励办法 |

**续表**

| 学校名称 | 文件名称 |
|---|---|
| 德州学院 | 德州学院教师教学效果量化考核办法（试用稿） |
| | 德州学院科研工作量化考核办法 |
| | 德州学院教职工考核办法 |
| | 德州学院岗位考核管理办法 |
| | 德州学院专业技术职务评聘实施办法 |
| | 德州学院科学研究优秀成果奖励办法 |
| 惠州学院 | 惠州学院教师教学质量评价实施办法（试行） |
| | 惠州学院科研工作考核与评估办法 |
| | 惠州学院教职员工年度考核办法（修订） |
| | 惠州学院岗位设置管理与人员聘用实施方案 |
| | 惠州学院科研工作量奖励办法 |
| | 惠州学院减免教学工作量办法 |
| 湖南城市学院 | 湖南城市学院教师教学质量考核办法 |
| | 湖南城市学院技术岗位科研与科技产业工作量化考核办法 |
| | 湖南城市学院教职工考核管理办法 |
| | 湖南城市学院岗位设置与聘用办法 |
| | 湖南城市学院科研成果奖励办法 |
| | 湖南城市学院专业技术岗位晋升申报条件 |
| 武昌首义学院 | 武昌首义学院教师教学质量评估方案 |
| | 武昌首义学院科研工作量化考核试行办法 |
| | 武昌首义学院教职工年度考核暂行办法 |
| | 武昌首义学院岗位职责及聘期考核办法 |
| | 武昌首义学院科技成果奖励办法（试行） |

续表

| 学校名称 | 文件名称 |
|---|---|
| 盐城师范学院 | 盐城师范学院教师教学质量评价实施方案 |
| | 盐城师范学院科研工作量计算与考核办法（试行） |
| | 盐城师范学院教职工年度考核办法 |
| | 盐城师范学院岗位职责及聘期考核办法 |
| | 盐城师范学院科研成果奖励办法（试行） |
| 湖北理工学院 | 湖北理工学院教师教学工作业绩考核实施意见 |
| | 湖北理工学院科研工作量化考核与奖励办法 |
| | 湖北理工学院全员考核工作指导性意见 |
| | 湖北理工学院教师专业技术岗位聘用办法 |
| 唐山学院 | 唐山学院教师教学质量评价与考核办法 |
| | 唐山学院科研工作量计算及考核办法 |
| | 唐山学院教师岗位职责及考核办法 |
| | 唐山学院岗位设置管理与人员聘用实施方案 |
| 韶关学院 | 韶关学院教师教学工作考核暂行办法 |
| | 韶关学院科研工作量考核与奖励办法（修订） |
| | 韶关学院教职工考核试行办法 |
| | 韶关学院岗位设置管理与人员聘用实施方案 |
| | 韶关学院教学工作量计算办法 |
| | 韶关学院教学奖励办法 |
| | 韶关学院教学科研岗位考核细则 |
| 湖北科技学院 | 湖北科技学院教师教学工作业绩考核办法 |
| | 湖北科技学院科研工作量考核办法 |
| | 湖北科技学院教师考核细则 |
| | 湖北科技学院关于强化各级各类岗位基本工作量管理的暂行规定 |
| | 湖北科技学院教师系列岗位基本工作量 |
| | 湖北科技学院科研奖励办法 |

续表

| 学校名称 | 文件名称 |
| --- | --- |
| 石家庄学院 | 石家庄学院教师教学质量评价办法 |
| | 石家庄学院科研工作量计算与考核办法（修订） |
| | 石家庄学院教职工考核试行办法 |
| | 石家庄学院岗位设置管理与人员聘用实施方案 |
| | 石家庄学院科研奖励办法 |
| 湖南工学院 | 湖南工学院教师教学考核办法 |
| | 湖南工学院教研科研业绩考核办法 |
| | 湖南工学院教职工绩效考核细则 |
| | 湖南工学院岗位职责及聘期考核办法 |
| | 湖南工学院科研奖励暂行办法 |
| 商洛学院 | 商洛学院教师教学质量考核办法 |
| | 商洛学院科研工作量考核办法 |
| | 商洛学院教师考核办法 |
| | 商洛学院工作人员岗位设置聘用管理实施办法 |
| 龙岩学院 | 龙岩学院教师教学工作业绩考核办法（试行） |
| | 龙岩学院科研工作量考核办法（试行） |
| | 龙岩学院教职工考核办法 |
| | 龙岩学院专业技术职务聘期考核管理办法（试行） |
| | 龙岩学院绩效考核与绩效工资实施办法 |
| | 龙岩学院科研奖励办法 |
| 平顶山学院 | 平顶山学院教师教学质量考评办法（试行） |
| | 平顶山学院科研工作量化考核管理暂行办法 |
| | 平顶山学院2017年度教职工考核工作实施方案 |
| | 平顶山学院岗位设置管理实施意见 |
| | 平顶山学院科研工作量核算办法 |

续表

| 学校名称 | 文件名称 |
| --- | --- |
| 南昌理工学院 | 南昌理工学院教学工作评价考核办法 |
| | 南昌理工学院科研工作量考核办法 |
| | 南昌理工学院教职工考核办法 |
| | 南昌理工学院教师聘期考核及聘任管理办法（试行） |
| | 南昌理工学院科研奖励办法 |
| 周口师范学院 | 周口师范学院教师教学质量考评暂行办法 |
| | 周口师范学院科研考核办法 |
| | 周口师范学院教职工年度考核实施办法 |
| | 周口师范学院专业技术岗位竞聘实施方案 |
| | 周口师范学院科研工作量计算办法 |
| | 周口师范学院科研奖励办法 |
| | 周口师范学院“双师双能型”教师资格认定与考核暂行办法 |

# 附录 4：访谈提纲

## 一、受访者基本资料

| 姓名 | 性别 | 年龄 | 学历 | 职称 | 职务 | 工作单位 | 工作年限 |
| --- | --- | --- | --- | --- | --- | --- | --- |
| | | | | | | | |

| 访谈日期 | 访谈时间 | 访谈形式 | 访谈地点 | 联系方式 |
| --- | --- | --- | --- | --- |
| | | | | |

## 二、访谈问题

（一）整体感受

1. 您在被考核过程中最大的感受是什么？

2. 您觉得大部分教师对当前教师工作考核制度的认同感如何？

（二）制度制定

1. 您是否参与过教师工作考核相关制度文本的制定或实施过程？如果参与过，您做了哪些工作？

2. 考核小组的成员是怎样选择的？您对此持有什么样的态度？

（三）制度特色

1. 您认为当前教师工作考核制度对院校的应用转型是否有促进作用？主要体现在哪些方面？

2. 作为应用型本科院校，您觉得您的工作与传统本科院校教师的工作有什么区别吗（教学、科研、社会服务）？如果有，贵校的教师工作考核制度是如何体现这种区别的呢？

3. 您认为当前的教学工作考核制度是否有利于推动理论与实践的融合？

4. 您认为当前的科研工作考核制度是否重视应用导向的研究？

5. 您是否参与过社会服务工作？贵校的教师工作考核制度对教师参与社会服务工作是否有所要求？

（四）考核过程

您觉得目前教师工作考核制度的公开性与透明性如何？

（五）考核内容

1. 您觉得将更多的精力投入到教学工作中和投入到科研工作中哪个收益更高？

2. 贵校如何考核教学工作和科研工作的质量？

3. 贵校的师德考核是如何开展的？

（六）考核结果

1. 贵校教师工作考核结果的主要作用是什么？

2. 对于考核成绩较差或不合格的教师，贵校是否会采取什么措施（如降低收入、培训、转岗等）？

（七）相关建议

1. 您认为当前教师工作考核制度主要存在哪些问题？应该如何改进和提高？

2. 您认为当前教师工作考核制度改革的主要机遇和阻力主要表现在哪几个方面？